养老金融发展及政策支持研究

The Research on the Development and
Policy Support of Ageing Finance

娄飞鹏　著

经济管理出版社
ECONOMY & MANAGEMENT PUBLISHING HOUSE

图书在版编目（CIP）数据

养老金融发展及政策支持研究/娄飞鹏著. —北京：经济管理出版社，2021.2（2024.11重印）

ISBN 978-7-5096-7823-7

Ⅰ.①养…　Ⅱ.①娄…　Ⅲ.①养老—金融业—研究—中国　Ⅳ.①F832

中国版本图书馆 CIP 数据核字（2021）第 038446 号

组稿编辑：宋　娜
责任编辑：张　昕　姜玉满
责任印制：黄章平
责任校对：陈晓霞

出版发行：经济管理出版社
　　　　　（北京市海淀区北蜂窝 8 号中雅大厦 A 座 11 层　100038）
网　　址：www.E-mp.com.cn
电　　话：（010）51915602
印　　刷：北京虎彩文化传播有限公司
经　　销：新华书店
开　　本：720mm×1000mm/16
印　　张：17.75
字　　数：255 千字
版　　次：2021 年 3 月第 1 版　　2024 年 11 月第 2 次印刷
书　　号：ISBN 978-7-5096-7823-7
定　　价：98.00 元

第九批《中国社会科学博士后文库》编委会及编辑部成员名单

（一）编委会

主　任：王京清

副主任：马　援　张冠梓　高京斋　俞家栋　夏文峰

秘书长：邱春雷　张国春

成　员（按姓氏笔划排序）：

卜宪群　王建朗　方　勇　邓纯东　史　丹　朱恒鹏　刘丹青

刘玉宏　刘跃进　孙壮志　孙海泉　李　平　李向阳　李国强

李新烽　杨世伟　吴白乙　何德旭　汪朝光　张　翼　张车伟

张宇燕　张星星　陈　甦　陈众议　陈星灿　卓新平　房　宁

赵天晓　赵剑英　胡　滨　袁东振　黄　平　朝戈金　谢寿光

潘家华　冀祥德　穆林霞　魏后凯

（二）编辑部（按姓氏笔划排序）：

主　任：高京斋

副主任：曲建君　李晓琳　陈　颖　薛万里

成　员：王　芳　王　琪　刘　杰　孙大伟　宋　娜　陈　效

苑淑娅　姚冬梅　梅　玫　黎　元

序 言

博士后制度在我国落地生根已逾30年，已经成为国家人才体系建设中的重要一环。30多年来，博士后制度对推动我国人事人才体制机制改革、促进科技创新和经济社会发展发挥了重要的作用，也培养了一批国家急需的高层次创新型人才。

自1986年1月开始招收第一名博士后研究人员起，截至目前，国家已累计招收14万余名博士后研究人员，已经出站的博士后大多成为各领域的科研骨干和学术带头人。其中，已有50余位博士后当选两院院士；众多博士后入选各类人才计划，其中，国家百千万人才工程年入选率达34.36%，国家杰出青年科学基金入选率平均达21.04%，教育部"长江学者"入选率平均达10%左右。

2015年底，国务院办公厅出台《关于改革完善博士后制度的意见》，要求各地各部门各设站单位按照党中央、国务院决策部署，牢固树立并切实贯彻创新、协调、绿色、开放、共享的发展理念，深入实施创新驱动发展战略和人才优先发展战略，完善体制机制，健全服务体系，推动博士后事业科学发展。这为我国博士后事业的进一步发展指明了方向，也为哲学社会科学领域博士后工作提出了新的研究方向。

习近平总书记在2016年5月17日全国哲学社会科学工作座谈会上发表重要讲话指出：一个国家的发展水平，既取决于自然科学发展水平，也取决于哲学社会科学发展水平。一个没有发达的自然科学的国家不可能走在世界前列，一个没有繁荣的哲学社会科学的国家也不可能走在世界前列。坚持和发展中国特色社会主义，需要不断在实践中和理论上进行探索、用发展着的理论指导发展着的实践。在这个过程中，哲学社会科学具有不可替代的重要地位，哲学社会科学工作者具有不可替代的重要作用。这是党和国家领导人对包括哲学社会科学博士后在内的所有哲学社会科学领域的研究者、工作者提出的殷切希望！

中国社会科学院是中央直属的国家哲学社会科学研究机构，在哲学社会科学博士后工作领域处于领军地位。为充分调动哲学社会科学博士后研究人员科研创新的积极性，展示哲学社会科学领域博士后的优秀成果，提高我国哲学社会科学发展的整体水平，中国社会科学院和全国博士后管理委员会于 2012 年联合推出了《中国社会科学博士后文库》（以下简称《文库》），每年在全国范围内择优出版博士后成果。经过多年的发展，《文库》已经成为集中、系统、全面反映我国哲学社会科学博士后优秀成果的高端学术平台，学术影响力和社会影响力逐年提高。

下一步，做好哲学社会科学博士后工作，做好《文库》工作，要认真学习领会习近平总书记系列重要讲话精神，自觉肩负起新的时代使命，锐意创新、发奋进取。为此，需做到：

第一，始终坚持马克思主义的指导地位。哲学社会科学研究离不开正确的世界观、方法论的指导。习近平总书记深刻指出：坚持以马克思主义为指导，是当代中国哲学社会科学区别于其他哲学社会科学的根本标志，必须旗帜鲜明加以坚持。马克思主义揭示了事物的本质、内在联系及发展规律，是"伟大的认识工具"，是人们观察世界、分析问题的有力思想武器。马克思主义尽管诞生在一个半多世纪之前，但在当今时代，马克思主义与新的时代实践结合起来，越来越显示出更加强大的生命力。哲学社会科学博士后研究人员应该更加自觉地坚持马克思主义在科研工作中的指导地位，继续推进马克思主义中国化、时代化、大众化，继续发展 21 世纪马克思主义、当代中国马克思主义。要继续把《文库》建设成为马克思主义中国化最新理论成果宣传、展示、交流的平台，为中国特色社会主义建设提供强有力的理论支撑。

第二，逐步树立智库意识和品牌意识。哲学社会科学肩负着回答时代命题、规划未来道路的使命。当前中央对哲学社会科学愈加重视，尤其是提出要发挥哲学社会科学在治国理政、提高改革决策水平、推进国家治理体系和治理能力现代化中的作用。从 2015 年开始，中央已启动了国家高端智库的建设，这对哲学社会科学博士后工作提出了更高的针对性要求，也为哲学社会科学博士后研究提供了更为广阔的应用空间。《文库》依托中国社会科学院，面向全国哲学社会科学领域博士后科研流动站、工作站的博士后征集优秀成果，入选出版的著作也代表了哲学社会科学博士后最高的学术研究水平。因此，要善于把中国社会科学院服务党和国家决策的大智库功能与《文库》的小智库功能结合起来，进而以智库意识推动品牌意识建设，最终树立《文库》的智库意识和品牌意识。

第三，积极推动中国特色哲学社会科学学术体系和话语体系建设。改革开放 30 多年来，我国在经济建设、政治建设、文化建设、社会建设、生态文明建设和党的建设各个领域都取得了举世瞩目的成就，比历史上任何时期都更接近中华民族伟大复兴的目标。但正如习近平总书记所指出的那样：在解读中国实践、构建中国理论上，我们应该最有发言权，但实际上我国哲学社会科学在国际上的声音还比较小，还处于"有理说不出、说了传不开"的境地。这里问题的实质，就是中国特色、中国特质的哲学社会科学学术体系和话语体系的缺失和建设问题。具有中国特色、中国特质的学术体系和话语体系必然是由具有中国特色、中国特质的概念、范畴和学科等组成。这一切不是凭空想象得来的，而是在中国化的马克思主义指导下，在参考我们民族特质、历史智慧的基础上再创造出来的。在这一过程中，积极吸纳儒、释、道、墨、名、法、农、杂、兵等各家学说的精髓，无疑是保持中国特色、中国特质的重要保证。换言之，不能站在历史、文化虚无主义立场搞研究。要通过《文库》积极引导哲学社会科学博士后研究人员：一方面，要积极吸收古今中外各种学术资源，坚持古为今用、洋为中用。另一方面，要以中国自己的实践为研究定位，围绕中国自己的问题，坚持问题导向，努力探索具备中国特色、中国特质的概念、范畴与理论体系，在体现继承性和民族性、体现原创性和时代性、体现系统性和专业性方面，不断加强和深化中国特色学术体系和话语体系建设。

新形势下，我国哲学社会科学地位更加重要、任务更加繁重。衷心希望广大哲学社会科学博士后工作者和博士后们，以《文库》系列著作的出版为契机，以习近平总书记在全国哲学社会科学座谈会上的讲话为根本遵循，将自身的研究工作与时代的需求结合起来，将自身的研究工作与国家和人民的召唤结合起来，以深厚的学识修养赢得尊重，以高尚的人格魅力引领风气，在为祖国、为人民立德立功立言中，在实现中华民族伟大复兴中国梦的征程中，成就自我、实现价值。

是为序。

王京清

中国社会科学院副院长

中国社会科学院博士后管理委员会主任

2016 年 12 月 1 日

摘　要

人口老龄化的挑战前所未有。经济发展水平的提高、人类预期寿命的延长决定了人口老龄化是一个不可逆转的大趋势，并且老龄化程度正在快速提高，成为全人类遇到的一个最大挑战。我国在 2000 年进入老龄化社会，不仅进入老龄化社会的速度较快，而且在此之后人口老龄化水平快速提高。总体来看，我国人口老龄化的特点是：老龄化绝对水平高，老龄化增长速度快，老年人绝对数量大，城乡结构、区域结构、性别结构等结构性特点突出，老龄化和高龄化基本同时出现，未来人口老龄化问题会更突出。"未富先老""未备先老"等更是直接决定了我国在应对人口老龄化上所面临的挑战更大，更需要从多方面加强对人口老龄化应对的研究，并提出有针对性的方案，养老金融就是其中一个重要方面。

积极应对人口老龄化需要发展养老金融。积极应对人口老龄化需要研究并发展好老龄产业，满足老年人的各项需求及其派生需求。在这其中，发挥金融机构的积极性，并利用有效的政策支持发展好养老金融就是一项重要内容。从金融的角度看，保障老年人的晚年生活需要有足够的养老资产储备，而储备养老资产的过程，本质上就是对各项资产进行跨时期优化配置的过程。金融的一个主要功能是从事资产的跨时期优化配置，这决定了其在应对人口老龄化方面可以发挥积极的作用，科学合理地加以运用有助于实现养老资产的保值增值。可见，发展养老金融在应对人口老龄化的过程中尤为必要。更进一步来看，养老金融发展不仅惠及老年人群体、老龄产业等，还有助于金融体系优化完善和宏观经济高质量发展。

养老金融发展需要调动多方面的力量。养老金融并没有改变金融的本质属性，仍然属于金融，但其重点服务的客户群体决定了发展养老金融将会面临高成本、高风险、低收益的问题，实现商业可持续的难度较大，而且养老金融的部分领域具有较强的公共物品或者准公共物品属性，需要政府的积极介入。从全球发达国家的经验和我国的经济发展水平看，养老金融发展既需要通过市场化的方式，充分依靠金融机构的力量，满足老年人、老龄产业、养老金的金融服务需求，提高老年人的生活质量，也需要政府提供相应的政策支持，由其主导建立完善的社会保障体系和养老体系，让老年人的基本生活得到有效保障。养老金融发展还需要个人的积极参与，尤其是支付能力较高的个人需要努力提高养老品质。

我国在养老金融发展方面成效显著但问题也较突出。金融机构作为养老金融主要的服务供给方，从发展战略与机构设置、业务与产品创新、线上线下渠道建设以及风险管理等方面做了大量的工作，也取得了较为显著的成绩，但与应对人口老龄化的金融需求相比还存在较大的差距，而且养老金融发展的主动性也还不够。政府部门在养老金三支柱框架建设、社保基金的投资管理等方面制定出台了较为完善的支持政策，也通过支持老龄产业发展间接推动了养老金融的发展，但在养老金融发展的政策激励、业务监管等方面还存在较多问题。个人为应对人口老龄化而进行的金融知识储备不足、养老规划不够科学或者欠缺、养老理念未顺应形势变化而及时调整，也让其在养老金融发展中的积极作用没有得到充分发挥。

养老金融发展需要有正确的思路并在政策上予以积极合理的支持。就现实情况看，我国在养老金融发展中没有试错的机会，需要有正确的思路来引领养老金融发展，也需要在养老金融发展中突出重点，利用有限的资源优先解决关键问题。在养老金融发展的思路方面，需要对养老金融有正确的理解认识，养老金融发展也需要与经济发展水平相适应，合理界定政府、金融机构和个人三方的责任，通过政府支持保障政策的优化、金融机构的主动参与、个人的积极参与共同推动养老金融持续健康发展。在养老金融发展的重点方面，需要完善养老金三支柱框架，尤其是充实第二支柱、第三支柱的力量，强化金融机构在养老金融发展中的作用，提高个人参与养老金融发展的积极性，推动老龄产业更好的发展。

关键词：养老金融；人口老龄化；养老金；养老金三支柱；老龄产业

Abstract

The challenge of population aging is unprecedented. The improvement of economic development level and the extension of human life expectancy determine that the population aging is an irreversible trend. And the aging degree is increasing rapidly, which has become the biggest challenge for all mankind. China entered an aging society in 2000, which not only entered the aging society at a fast rate, but also the population aging had been rapidly increasing after that. Generally speaking, the population aging of China has some characteristics, which are high absolute level, fast growing rate, large absolute number of elderly people, prominent structures of urban–rural areas and regional and gender differences, the population aging and the advanced population aging occur at the same time, and the problem of population aging will be more prominent in the future. "Getting old before getting rich" and "getting old before preparation" directly determine that China is facing great challenges in dealing with the population aging, meaning that it will be more necessary to strengthen the study of population aging from various perspectives, in which ageing finance is one of the important aspects.

Actively responding to the population aging requires the development of ageing finance. To deal with the population aging, we need to study and develop the aging industry to meet the needs of the elderly and their derived needs, in which, giving full play to the enthusiasm of financial institutions and making use of effective policies to support the development of ageing finance is an important content. From the financial point of view, to ensure the elderly's in their old age to have sufficient reserves of assets, and the process of storing endowment assets is essentially a process of optimizing the allocation of various assets over time. One of the main functions of finance is to optimize the intertemporal asset allocation, which determines that finance can play a positive role in dealing with the population aging, and scientific and rational application can help attain the preservation and appreciation of pension assets. It can be seen that it is especially necessary to develop ageing finance in the process of the population aging. Furthermore, the development of ageing finance not only benefits the elderly group and the aging industry, but also contributes to the optimization and improvement of the financial system and macroeconomic development in high quality.

The development of ageing finance needs to mobilize various forces. Ageing finance does not change the nature of finance but still belongs to finance. However, the key customer groups determine that the development of ageing finance will face problems such as high costs, high risks and low returns. It is difficult to achieve commercial sustainability. Moreover, some areas of ageing finance have strong attributes of public goods or quasi-public goods requiring the active involvement of the government. From the experience of developed countries in the world and the level of China's economic development, the development of ageing finance needs to be done in a market-oriented manner, with the full support of financial institutions, to meet financial services demand for the elderly, the aging industry and pension, and to improve the life quality of the elderly. It is also necessary for the government to provide corresponding policy support to establish a flawless social security system and pension system under its leadership so that the basic livelihood of the elderly can be effectively guaranteed. The development of ageing finance also requires the active participation of individuals, especially those who have a higher ability to pay.

China has made remarkable achievements in the development of ageing fi-nance, but the problems are also prominent. Financial institutions, as the ma-jor service providers for the development of ageing finance, have done a great deal of work in terms of development strategies and institutional set-up, busi-ness and product innovation, online and offline channel construction, and risk management, and have also achieved significant results. However, there is still a big gap between the development of ageing finance and the financial needs to cope with the population aging, with a not enough initiative of development of ageing finance. The government has formulated relatively comprehensive support-ing policies for the construction of the three pillars of pension framework and the investment management of the social security fund. They also indirectly pro-mote the development of ageing finance by supporting the development of aging industry. However, there are still many problems in the policy incentive and business supervision of the development of ageing finance. Individual financial knowledge reserve is insufficient to cope with the population aging. In lack of scientific pension planning, pension concept has not been adjusted in time with changes in the situation, and its positive role in the development of ageing fi-nance has not been fully played.

The correct thinking should be needed and the reasonable policies should be supported actively when we develop the aging finance. In reality, there is no chance of trial or error in the development of ageing finance in our country. We need to have correct ideas to guide the development of ageing finance. We also need to highlight the key points in the development of ageing finance and give priority to solve the key problems by using limited resources. In terms of the development of ageing finance, we should have a correct understanding of age-ing finance, and the development of ageing finance also needs to adapt to the level of economic development. The responsibilities should be define rationally among government, financial institutions and individuals. Through the optimization of the government support security policy, the participation of financial institutions actively and individuals jointly to promote the sustained and healthy development of ageing finance. In terms of the aging finance development, the priority should be perfect the three pillars of pension framework, especially to enrich the strength of the second pillar and the third pillar, strengthen the role of financial institutions in the development of ageing finance, and enhance the enthusiasm of individuals to participate in the development of ageing finance, and promote better development of aging industry in the end.

Key Words: Ageing Finance; Population Aging; Pension; Three Pillars of Pension; Aging Industry

目　录

第一章　绪　论 …………………………………………………… 1

　　第一节　研究意义 …………………………………………… 2
　　第二节　文献综述与研究进展 …………………………… 4
　　　　一、养老金融的界定 ………………………………… 5
　　　　二、人口老龄化的经济金融影响 …………………… 6
　　　　三、金融机构养老金融发展 ………………………… 11
　　　　四、政府对养老金融发展的政策支持 ……………… 13
　　　　五、对既有研究的评述 ……………………………… 15
　　第三节　研究框架及主要研究内容 ……………………… 17

第二章　人口老龄化的历程、现状与趋势 ………………… 21

　　第一节　人口老龄化及其界定标准 ……………………… 21
　　第二节　我国人口老龄化的历程 ………………………… 22
　　第三节　我国人口老龄化的现状 ………………………… 25
　　第四节　我国人口老龄化的趋势 ………………………… 28

第三章　人口老龄化对经济金融发展的影响 ……………… 37

　　第一节　人口老龄化与经济增长 ………………………… 37
　　　　一、人口老龄化降低劳动参与率 …………………… 38
　　　　二、人口老龄化降低人力资本积累 ………………… 40

第二节　人口老龄化与经济结构 ································· 41

一、经济结构及其变化趋势 ······························· 42

二、人口老龄化与三次产业就业结构的相互关系 ········· 43

三、人口老龄化与人口城乡结构的相互关系 ············· 44

第三节　人口老龄化与利率水平 ··························· 45

一、数据指标与样本的选择 ······························· 46

二、基于截面数据的人口老龄化与利率走势的关系 ········ 47

三、基于时间序列数据的人口老龄化与利率走势的关系 ··· 51

四、人口老龄化带来利率下降的供求成因分析 ············ 53

第四节　人口老龄化与资产配置 ··························· 57

一、资产配置的资金来源与结构变化趋势 ··············· 58

二、资产配置的机构变化趋势 ··························· 59

三、资产配置的结构变化趋势 ··························· 61

第四章　金融机构发展养老金融的做法 ················· 63

第一节　金融机构发展养老金融的战略与机构 ········· 63

一、金融机构发展养老金融的战略定位 ················· 64

二、金融机构发展养老金融的机构设置 ················· 66

三、金融机构发展养老金融战略与机构的反思和展望 ····· 68

第二节　金融机构发展养老金融的业务与产品 ········· 70

一、金融机构发展养老金融的产品创新 ················· 70

二、金融机构发展养老金融的业务拓展 ················· 76

三、金融机构发展养老金融的业务产品特点和方向 ········ 84

第三节　金融机构发展养老金融的渠道建设 ············· 89

一、老年人获取金融服务的渠道 ······················· 89

二、国内金融机构的渠道建设 ··························· 93

三、服务老年人的金融机构渠道建设思路 ··············· 96

第四节　金融机构发展养老金融的风险管理 ············· 97

一、金融机构发展养老金融的自身风险管理 ·············· 97

二、老年人投资理财中被诈骗的风险管理 ··············· 98

第五节　金融机构发展养老金融的比较与展望 ··········· 100

一、金融机构发展养老金融的优势比较 ··············· 101

二、金融机构发展养老金融的成效比较 ··············· 101

三、金融机构发展养老金融的格局研判 ··············· 103

第五章　政府部门对养老金融发展的政策支持 ··········· 105

第一节　基本养老保险制度 ····················· 105

一、基本养老保险制度的建立与发展 ················ 106

二、基本养老保险制度的实施成效 ················· 113

三、基本养老保险制度及其实施的完善思路 ············ 119

第二节　企业年金和职业年金制度 ················· 122

一、企业年金和职业年金的比较 ·················· 122

二、企业年金和职业年金制度的建立与发展 ············ 125

三、企业年金和职业年金的政策支持 ················ 128

四、企业年金建立的成效与后续努力重点 ············· 131

第三节　个人储蓄养老计划制度 ·················· 132

一、个人储蓄养老发展试点 ···················· 133

二、个人税收递延型商业养老保险政策支持的努力方向 ··· 136

第四节　全国社保基金会的投资管理 ··············· 137

一、全国社保基金会的主要工作 ·················· 137

二、全国社保基金会的工作成效 ·················· 139

第五节　老龄产业发展情况及相关政策支持 ··········· 142

一、政府支持老龄产业发展的政策 ················· 143

二、老龄产业发展的成效、问题与趋势 ··············· 145

三、推进老龄产业发展的政策支持思路 ··············· 152

第六章　国外养老金融发展及政策支持的经验与启示 ········· 155

　第一节　美国养老金融发展及政策支持的经验与启示 ·········· 156

　　一、美国养老金体系构成及政策支持 ·········· 156

　　二、美国典型的养老金融产品发展及政策支持 ·········· 161

　　三、美国的经验与启示 ·········· 165

　第二节　日本养老金融发展及政策支持的经验与启示 ·········· 167

　　一、日本的年金体系构成及政策支持 ·········· 168

　　二、日本农村养老保险发展及政策支持 ·········· 170

　　三、日本的经验与启示 ·········· 171

　第三节　德国养老金融发展及政策支持的经验与启示 ·········· 173

　　一、德国的养老金融框架及政策支持 ·········· 174

　　二、德国的李斯特养老保险改革计划 ·········· 176

　　三、德国的经验与启示 ·········· 178

第七章　优化养老金融发展及政策支持的建议 ··············· 181

　第一节　明确总体思路和重点 ················ 181

　　一、养老金融发展及政策支持的总体思路 ·········· 182

　　二、养老金融发展及政策支持的重点 ·········· 184

　第二节　优化养老金融发展的政策支持与组合 ·········· 186

　　一、政策支持的必要性 ·········· 186

　　二、加强财政政策支持 ·········· 189

　　三、优化货币政策操作 ·········· 192

　　四、丰富金融监管政策 ·········· 194

　　五、完善养老金的管理 ·········· 196

　第三节　强化金融机构在养老金融发展中的作用 ·········· 199

　　一、提高发展养老金融的主动性 ·········· 199

　　二、围绕客户加大金融产品创新 ·········· 201

三、研究对老龄产业的金融支持 …………………… 202

第四节　充分调动个人发展养老金融的能动性 ………… 204

一、树立正确的养老理念 ……………………………… 205

二、不断提高金融素养 ………………………………… 206

三、加强个人养老规划 ………………………………… 207

参考文献 …………………………………………………… 211

索　引 ……………………………………………………… 229

后　记 ……………………………………………………… 235

专家推荐表 ………………………………………………… 239

Contents

1 Introduction ·· 1

  1.1 Significance of Research ··· 2

  1.2 Literature Review and Research Progress ························· 4

  　　1.2.1 The Definition of Ageing Finance ···························· 5

  　　1.2.2 The Economic and Financial Impact of the Population
  　　　　　 Aging ··· 6

  　　1.2.3 The Development of Ageing Finance of Financial
  　　　　　 Institutions ··· 11

  　　1.2.4 The Government's Policy Support for the Development of
  　　　　　 Ageing Finance ·· 13

  　　1.2.5 Commentary on Existing Research ·························· 15

  1.3 The Framework and Main Research Contents ················· 17

2 The Process, Current Situation and Trends of Population
  Aging ··· 21

  2.1 The Population Aging and its Definition Standard ············ 21

  2.2 The Process of China's Population Aging ······················· 22

  2.3 The Current Situation of China's Population Aging ········· 25

  2.4 The Trends of China's Population Aging ························· 28

3   The Impact of Population Aging on Economic and
Financial Development ·· 37

  3.1 Population Aging and Economic Growth ····················· 37

     3.1.1 Population Aging Reducing Labor Force Participation
Rate ·· 38

     3.1.2 Population Aging Reducing the Accumulation of Human
Capital ·· 40

  3.2 Population Aging and Economic Structure ··················· 41

     3.2.1 Economic Structure and its Trend of Changes ············ 42

     3.2.2 The Relationship Between Population Aging and the
Employment Structure of the Three Industries ············ 43

     3.2.3 The Relationship Between Population Urban-Rural Structure
and Population Age Structure ······························ 44

  3.3 Population Aging and Interest Rate Level ··················· 45

     3.3.1 Data Index and Sample Selection ························· 46

     3.3.2 The Relationship Between Population Aging and Interest
Rate Trend Based on Cross Sectional Data ·············· 47

     3.3.3 The Relationship Between Population Aging and Interest
Rate Trend Based on Time Series Data ··················· 51

     3.3.4 The Declining Interest Rates Caused by Population Aging
Based on Supply and Demand Analysis ··················· 53

  3.4 Population Aging and Asset Allocation ······················ 57

     3.4.1 The Changing Trend of Asset Allocation Fund Sources and
Structure ·· 58

     3.4.2 The Changing Trend of Asset Allocation Institutions ······ 59

     3.4.3 The Changing Trend of Asset Allocation Structure ········ 61

4 Financial Institutions' Practices on the Development of
   Ageing Finance ·· 63

   4.1 The Strategy and Institution of Financial Institutions to Develop
        Ageing Finance ··· 63
        4.1.1 Strategic Orientation of Financial Institutions in Developing
               Ageing Finance ·· 64
        4.1.2 The Establishment of Financial Institutions in Developing
               Ageing Finance ·· 66
        4.1.3 Reflection and Outlook of Financial Institutions to Develop
               Ageing Finance Strategy and Institutions ···················· 68
   4.2 The Business Expand and Products Innovation of Financial
        Institutions to Develop Ageing Finance ···························· 70
        4.2.1 The Product Innovation of Financial Institutions to Develop
               Ageing Finance ·· 70
        4.2.2 The Business Expand of Financial Institutions to Develop
               Ageing Finance ·· 76
        4.2.3 The Characteristics and Direction of Business Expand and
               Products Innovation of Financial Institutions to Develop
               Ageing Finance ·· 84
   4.3 The Channels of Financial Institutions to Develop Ageing
        Finance ··· 89
        4.3.1 The Channel for the Elderly to Get Financial
               Services ··· 89
        4.3.2 The Channel Construction of Domestic Financial
               Institutions ·· 93
        4.3.3 The Channel Building Thinking of Financial Institutions for
               the Elderly ··· 96

4.4 The Risk Management of Financial Institutions for Ageing
  Finance Development ·· 97
    4.4.1 The Own Risk Management of Financial Institutions for
      Ageing Finance Development ······························· 97
    4.4.2 The Risk Management of Fraud in Elderly Investment ··· 98
4.5 Comparison and Outlook of Financial Institutions for the
  Development of Ageing Finance ······························· 100
    4.5.1 The Advantages Comparison of Financial Institutions for the
      Development of Ageing Finance ························· 101
    4.5.2 The Effectiveness Comparison of Financial Institutions for
      the Development of Ageing Finance ···················· 101
    4.5.3 Research on Pattern of Financial Institutions for the
      Development of Ageing Finance ························· 103

5 The Government Policies' Support on the Development of
  Ageing Finance ·· 105
5.1 Basic Pension Insurance System ···························· 105
    5.1.1 The Establishment and Development of Basic Pension
      Insurance System ·· 106
    5.1.2 The Effectiveness of Implementation of Basic Pension
      Insurance System ·· 113
    5.1.3 The Optimization Ideas of Basic Pension Insurance System
      and its Implementation ···································· 119
5.2 The Enterprise Annuity and Occupational Pension
  System ·· 122
    5.2.1 The Comparison of Enterprise Annuity and Occupational
      Pension System ·· 122

5.2.2 The Establishment and Development of Enterprise Annuity
and Occupational Pension System ·························· 125

5.2.3 The Support Policy of Enterprise Annuity and Occupational
Pension ·· 128

5.2.4 The Effectiveness of Enterprise Annuity and the Focus of
Follow-up Efforts ··· 131

5.3 Personal Savings Pension Plan System ······················ 132

5.3.1 Personal Savings Pension Plan System Development
Pilot ·· 133

5.3.2 The Policy Support Direction of Personal Tax Deferred
Commercial Endowment Insurance ························ 136

5.4 The National Council for Social Security Fund Investment
Management ·· 137

5.4.1 The Main Work of the National Council for Social Security
Fund ·· 137

5.4.2 The Effectiveness of the National Council for Social Security
Fund ·· 139

5.5 The Development of Aging Industry and Related Supporting
Policies ··· 142

5.5.1 The Government Policy to Support the Development of
Aging Industry ·· 143

5.5.2 Achievements, Problems and Trends in the Development of
Aging Industry ·· 145

5.5.3 Policy Support Ideas for Advancing the Development of
Aging Industry ·· 152

6 The Experience and Enlightenment of Foreign Ageing Finance
   Development and Policy Support ······································ 155

   6.1 The Experience and Enlightenment of America's Ageing
        Finance Development and Policy Support ···················· 156
        6.1.1 The Constitution and Policy Support of America's Pension
               System ··· 156
        6.1.2 The Development and Support Policy of Typical Pension
               Financial Products in America ······························ 161
        6.1.3 The Experience and Enlightenment of America ········· 165
   6.2 The Experience and Enlightenment of Japan's Ageing
        Finance Development and Policy Support ···················· 167
        6.2.1 Japan's Annuity System Composition and Policy
               Support ·· 168
        6.2.2 Japan's Rural Endowment Insurance Development and
               Policy Support ··· 170
        6.2.3 The Experience and Enlightenment of Japan ············ 171
   6.3 The Experience and Enlightenment of German's Ageing
        Finance Development and Policy Support ···················· 173
        6.3.1 Germany's Ageing Finance Framework and Policy
               Support ·· 174
        6.3.2 Germany's Riester Endowment Insurance Reform
               Plan ·· 176
        6.3.3 The Experience and Enlightenment of German ·········· 178

7 Suggestions on Optimizing Ageing Finance Development and Policy
Support ·· 181

7.1 General Idea and Key Points ······································· 181
    7.1.1 General Idea of Ageing Finance Development and Policy
           Support ·· 182
    7.1.2 Key Points of Ageing Finance Development and Policy
           Support ·· 184
7.2 Policy Support and Combination of Ageing Finance
    Development ·· 186
    7.2.1 The Necessity of Policy Support ······················ 186
    7.2.2 Strengthen Fiscal Policy Support ····················· 189
    7.2.3 Optimization of Monetary Policy Operation ············ 192
    7.2.4 Enrichment of the Financial Regulatory Policy ········· 194
    7.2.5 Improvement of the Management of Pension ············ 196
7.3 Strengthening the Role of Financial Institutions in Ageing
    Finance Development ·· 199
    7.3.1 Improvement of the Initiative of Developing Ageing
           Finance ·· 199
    7.3.2 Increase of Financial Products Innovation Around
           Customers ·· 201
    7.3.3 Research on Financial Support for Aging Industry ······ 202
7.4 Fully Mobilizing the Personal Initiative for Ageing Finance
    Development ·· 204
    7.4.1 Establishment of the Right Old-age Concept ··········· 205
    7.4.2 Continuously Improvement of Financial Literacy ········ 206
    7.4.3 Strengthening Personal Pension Planning ··············· 207

References ……………………………………………… 211

Index ……………………………………………………… 229

Postcript ………………………………………………… 235

Recommendations ……………………………………… 239

第一章 绪 论

党的十九大报告指出："积极应对人口老龄化，构建养老、孝老、敬老政策体系和社会环境，推进医养结合，加快老龄事业和产业发展。"[①] 人口老龄化是全球经济社会发展中不可逆转的大趋势，老龄化程度正在加速推进[②]，成为人类遇到的最大挑战[③]。在 1982 年和 2002 年，联合国先后倡议召开两次老龄问题世界大会，提出《老龄问题国际行动计划》来积极应对人口老龄化。[④] 我国人口老龄化趋势更加明显，面临的挑战更大。这主要体现在，我国是在经济发展水平较低的情况下进入老龄化社会，老年人绝对数量较大、增长速度较快，人口老龄化和高龄化同步出现。在积极应对人口老龄化，加快老龄产业发展中，养老金融也是其中一项重要内容。在政府政策的有效支持下，借助金融机构的专业能力，积极发展好养老金融，实现养老资产的保值增值，不仅有助于缓解"未富先老"引发的问题，也有助于缓解"未备先老"引发的问题，还有助于经济高质量发展。

---

① 习近平：《决胜全面建成小康社会 夺取新时代中国特色社会主义伟大胜利》，人民出版社 2017 年版，第 48 页。
② 世界卫生组织：《关于老龄化与健康的全球报告》，http://www.who.int/ageing/publications/world-report-2015/zh/，2016 年，第Ⅶ页。
③ Robert Holzmann：《人口老龄化和养老金融保障体系：一项乐观分析》，《劳动经济研究》2014 年第 4 期。
④ United Nations, *Political Declaration and Madrid International Plan of Action on Ageing*, New York: United Nations, 2002.

第一节　研究意义

我国于 2000 年进入老龄化社会，并且"未富先老""未备先老"的特点突出。在经济发展水平较低且准备不充分的情况下进入老龄化社会，更需要加强对如何应对人口老龄化问题的研究。这其中，如何通过有效的政策支持发展好养老金融，实现养老资产的保值增值，保障老年人的生活水平，为老龄产业发展提供适宜的金融支持，并充分利用养老资产来推动经济高质量发展，尤其值得深入研究。金融关注的是资本跨时空配置问题。面对人口老龄化，无论是个人还是社会都需要考虑如何跨时期配置收入和消费，以实现效用的最大化。从这个角度看，人口老龄化问题也是个重大的金融问题，把人口老龄化和金融结合起来研究养老金融发展及政策支持的意义重大。

一是研究养老金融发展及政策支持是应对人口老龄化的需要。我国在人均经济发展水平较低的情况下快速进入老龄化社会，面临较为突出的养老问题。2010 年第六次全国人口普查数据显示，我国 65 岁及以上老年人中，拥有养老资产的比例仅为 2%，依赖家庭养老的比例为 49%，依赖公共养老金和低保养老的比例为 29%。[①] 在对家庭养老依赖度较高的情况下，家庭的养老保障能力正在弱化。这是由于，长期实行严格的独生子女计划生育政策，让我国的人口老龄化具有不同于其他国家的特点，突出表现为"421"，即四位老人、两位成年人、一个小孩的家庭较多，一对成年夫妇赡养四位老人，加重了家庭的养老负担。同时，由于人均经济发展水平较低，老年人总数较大，政府提供公共养老的保障能力也相对较为有限，此时就更需要通过金融开展跨时期的资产配置，促进养老资产的保值

---

① 杨燕绥、张弛：《老龄产业发展依赖三个创新》，《中国国情国力》2014 年第 1 期。

增值，推动经济发展以保障老年人的生活水平。事实上，在发展老龄产业的过程中，金融也是一个重要方面，需要通过有效的政策支持推动其发展以更好地服务老年人。

二是研究养老金融发展及政策支持是金融体系优化完善的需要。人口老龄化会逐步改变金融结构，间接影响社会融资的方式，促进金融结构优化和多层次资本市场发展①。这是由于，老年人的消费需求包括金融服务需求有着自己的特点，其总量和占比的提高，也意味着具有老年人需求特点的各类需求总规模和占比增加，并逐步影响到金融结构。在美国、日本等发达国家，养老金融不仅较为发达，而且已经成为金融体系的重要组成部分，甚至直接关系到金融业的未来发展方向。同时，为应对人口老龄化、保障老年人的生活水平而积累的养老金是资本市场上重要的长期投资资金，对稳定资本市场、调整金融体系结构具有重要作用。中国证券投资基金业协会的调查数据表明，在养老问题方面，81%的基金投资者在50岁之前就开始考虑，其中11.1%的基金投资者在30岁之前就开始考虑。②随着更多的人口开始考虑养老问题并在年轻时积累养老金，而且由于个人投资能力较弱其养老金投资更多地通过机构投资者实现，这也有利于我国直接融资的发展，增强资本市场在金融体系中的重要性，并提高资本市场中机构投资者的比重。养老金总量较大，23.8%的居民认为整个养老期间需要储备超过100万元的资金，24.5%的居民实际储备的养老资产超过50万元，③如何更好地利用养老金来为资本市场提供长期稳定的资金来源，在这其中需要哪些政策支持，也需要深入研究。

三是研究养老金融发展及政策支持是宏观经济高质量发展的需要。"我国经济已由高速增长阶段转向高质量发展阶段，正处在转变发展方式、

---

① 黄志凌：《我国养老模式的变革与金融结构前瞻》，《全球化》2014 年第 10 期。
② 中国证券投资基金业协会：《基金个人投资者投资情况调查问卷分析报告（2018 年度）》，https://www.amac.org.cn/researchstatistics/report/tzzbg/201912/P020191231584835724544.pdf，2019 年 12 月 30 日。
③ 中国养老金融 50 人论坛、中国家庭金融调查与研究中心：《中国养老金融调查报告（2017）》，北京，2017 年 8 月，第 7 页。

优化经济结构、转换增长动力的攻关期。"① 从根本上看，宏观经济高质量发展是为了更好地满足人民日益增长的美好生活需要，其要以各种经济组成部分的高质量发展为基础。老年人的消费需求不同于其他年龄段人群，如因为健康问题对医疗保健需求较多，也会为这些行业发展创造更大的市场空间。这意味着，为应对人口老龄化也需要调整经济结构，尤其是加强老龄产业高质量发展，为宏观经济高质量发展做出更大的贡献，从而更好地满足老年人的各项消费需求。老龄产业也将成为未来我国宏观经济的重要组成部分，有助于满足消费需求，优化经济结构，促进经济增长。② 养老金融作为老龄产业的一个重要组成部分，其作用主要表现在：一方面是更好地推动养老金实现保值增值，增大老年人的养老资产；另一方面是为其他老龄产业提供金融服务，推动其他老龄产业高质量发展。无论是老年人还是老龄产业的金融服务需求，都有着自己的特点，简单利用现有金融服务模式难以有效对接，需要在不断加强研究的基础上，政府制定出台更具针对性的政策，金融机构研发推出更好的金融产品服务，以提高金融服务的针对性。

第二节　文献综述与研究进展

随着人口老龄化程度的日益提高，养老金融发展及政策支持的相关问题也成为国内外理论和实务界研究的一个热点，围绕这一研究主题有丰富的研究成果，并且在多个问题上有了较大的进展。结合本书的研究框架，本节从养老金融的界定、人口老龄化的经济金融影响、金融机构养老金融

① 习近平：《决胜全面建成小康社会　夺取新时代中国特色社会主义伟大胜利》，人民出版社 2017 年版，第 30 页。
② 杨良初、王敏、孟艳：《促进中国老龄产业发展的财政政策研究》，《财政科学》2016 年第 12 期。

发展、政府对养老金融发展的政策支持四个方面，对现有的研究成果进行综述，并进行相关的评述。

一、养老金融的界定

养老金融是以养老为根本目的的金融活动的总和。其本质仍然是金融，适用金融学的基本原理，主体是与养老有关的储蓄投资机制，核心是以养老为根本目的，理论基础涉及老年学、人口学和金融学等多个学科。[①]

养老金融是一个概念体系，包括养老金金融、养老服务金融、养老产业金融三部分。养老金金融的对象是养老资金，是为储备养老资产进行的一系列金融活动，主要包括养老金制度安排和养老金资产管理，目标是积累养老金资产[②]并保值增值；养老服务金融的对象是老年人群，是金融机构围绕老年人的消费需求进行的金融服务活动，目标是满足老年人各方面的金融消费需求；养老产业金融的对象是养老产业，目标是为养老产业提供投融资支持。[③]也有研究认为，养老金融主要研究的是养老金在金融市场的投资，在实现自身保值增值的同时，促进金融市场发展的理论和实践问题。[④]

在具体研究中，也有将养老金融界定为老龄金融的，其理由是养老金融的概念较为宽泛，不好翻译，并且不能体现从宏观金融方面应对人口老龄化的时代要求。所谓老龄金融是适应老龄化社会要求的新金融，具体而言，就是 60 岁以下的人口在年轻时开展资产储备，待其进入老年期之后将利用储备的养老资产来购买所需产品和服务的金融运作机制。老龄金融

① 姚余栋、王庚宇：《发展养老金融与落实供给侧结构性改革》，《金融论坛》2016 年第 5 期。
② 养老资产是支持老有所养的货币、物资和权益的总和。养老资产包括货币形式的养老金、物质形式的老年房产、权益形式的医疗保障等。杨燕绥、胡乃军、刘懿：《养老资产与养老金融》，《金融发展研究》2012 年第 12 期。
③ 董克用、孙博：《养老金融：概念界定、理论体系与发展趋势》，载董克用、姚余栋：《中国养老金融发展报告（2016）》，社会科学文献出版社 2016 年版，第 1—8 页。
④ 胡继晔：《养老金融：理论界定及若干实践问题探讨》，《财贸经济》2013 年第 6 期。

是金融体系和老龄产业的重要组成部分。[①]

二、人口老龄化的经济金融影响

人口老龄化对经济的影响主要体现在经济结构、经济增长速度以及宏观经济调控政策上，对金融的影响主要体现在社会储蓄规模、资产配置、金融结构以及汇率和利率水平上。

1. 人口老龄化对经济的影响

一是人口老龄化影响经济增长速度。大体来看，人口老龄化对经济增长的主要影响是偏负面的，也就是人口老龄化会拉低潜在经济增长速度。其根本原因在于，人口在不同年龄阶段的消费和生产能力不同，人口年龄结构变化对经济社会的影响也不同。老年人更多的是被抚养人口，其数量增加、占比提高会减少劳动力供给，降低投资、融资需求以及投资收益率，影响政府开支，拉低全要素生产率，进而影响经济增长。[②]人口老龄化也会影响通货膨胀，拉低通货膨胀率，使菲利普斯曲线更加平坦。[③]不仅是老龄化社会，超老龄化社会即 80 岁及以上老年人占总人口的比例达到或超过 5% 的社会，往往也会伴随着经济增长速度下降。具体到我国，因为城镇化水平较低，农村地区实际的老龄化水平较高[④]，还可能发生农村银

① 党俊武：《老龄金融是应对人口老龄化的战略制高点》，《老龄科学研究》2013 年第 5 期。
② 李魁：《人口年龄结构变动与经济增长》，博士学位论文，武汉大学，2010 年，第 131–150 页。Marianna Brunetti and Costanza Torricelli, "Demographics and Asset Returns: Does the Dynamics of Population Ageing Matter?", *Annals of Finance*, Vol. 6, No. 2, 2010, pp. 193–219. Elwin Tobing, "Demography and Cross–Country Differences in Savings Rates: A New Approach and Evidence", *Journal of Population Economics*, Vol. 25, No. 3, 2012, pp. 963–987. M. Keith Chen, "The Effect of Language on Economic Behavior: Evidence From Savings Rates, Health Behaviors, and Retirement Assets", *American Economic Review*, Vol. 103, No. 2, 2013, pp. 690–731. 赵昕东、李林：《中国劳动力老龄化是否影响全要素生产率?》，《武汉大学学报（哲学社会科学版）》2016 年第 6 期。
③ 高见：《老龄化对中国通货膨胀与失业率关系的影响》，《南方金融》2009 年第 2 期。
④ 农村地区老龄化超前于城市和乡镇地区。2010 年第六次人口普查数据显示，农村地区 65 岁及以上人口的占比为 10.06%，城市和乡镇地区的占比分别是 7.68%、7.98%。娄飞鹏：《商业银行积极应对人口老龄化的思路建议》，《西南金融》2014 年第 2 期。

发贫困,高龄人口健康水平下降。[①]人口老龄化对经济增长也有一定的积极作用。养老基金的建立和积累,可以减少劳动力市场的扭曲,优化劳动力资源的配置,提高资源配置效率,推动经济增长。[②]

二是人口老龄化影响经济结构。老年人的消费属性强于生产属性,人口老龄化社会往往是消费需求较多而投资需求较少的社会,将会导致在经济增长中消费的拉动作用大于投资,影响消费和投资的比例结构。人口老龄化社会是劳动力供给比例较少的社会,需要更多地依靠科技手段替代人力,也会推动科技创新。人口老龄化社会是消费拉动型和科技推动型社会[③],有助于消费和科技创新在经济中占比的提高。人口老龄化也会对三次产业结构及三次产业的就业结构、人口城乡结构等产生影响。[④]结合我国的实证研究也表明,人口老龄化促进了三次产业间结构的优化,还推动了制造业、服务业内部技术结构的优化,并且人口老龄化对产业结构升级的影响在东中西部地区表现并不一致。其机制在于,人口老龄化通过增加消费需求、加快人力资本积累和"倒逼"企业用资本和技术替代劳动来应对劳动力成本上升,促进产业结构升级。[⑤]我国人口城镇化主要依靠人口乡城迁移,人口老龄化水平提高将导致城镇化水平提高速度下降[⑥],这是由于老年人的城乡迁移规模和比例低于年轻人。在开放经济条件下,人口老龄化会导致一国从贸易顺差变为贸易逆差[⑦],也会扩大对不可贸易品的需求,从而提高不可贸易品的价格,影响不可贸易部门和可贸易部门在总体经济中的相对比例。[⑧]

① 姚余栋、王庚宇:《发展养老金融与落实供给侧结构性改革》,《金融论坛》2016年第5期。
② 金凤伟:《金融发展进程中的养老基金与经济增长研究》,博士学位论文,辽宁大学,2012年,第80–82页。
③ 杨燕绥、张弛:《老龄产业发展依赖三个创新》,《中国国情国力》2014年第1期。
④ 娄飞鹏:《三大结构性因素相互关系及对商业银行的影响》,《北京金融评论》2014年第4期。
⑤ 汪伟、刘玉飞、彭冬冬:《人口老龄化的产业结构升级效应研究》,《中国工业经济》2015年第11期。
⑥ 游士兵、任静儒、赵雨:《我国人口老龄化加速发展对城市化发展速度的影响》,《中国人口·资源与环境》2016年第6期。
⑦ 余永定:《中国的经济发展与经济安全》,http://business.sohu.com/20160917/n468567293.shtml,2016年9月17日。
⑧ 池光胜:《人口年龄结构转变对通货膨胀的影响研究》,《国际金融研究》2015年第12期。

三是人口老龄化影响宏观经济调控政策。以货币政策为例，人口老龄化对宏观经济的影响是长期的过程，其并非立即会引起货币政策的变化。[①] 人口老龄化对货币政策目标中的经济增长、通货膨胀目标有着更为显著的影响，并且其影响包括直接影响和间接影响，人口老龄化也会影响货币政策在经济增长和通货膨胀两个政策目标之间的权衡。人口老龄化一方面通过低利率传导、信贷传导、风险承担渠道的有效性来降低货币政策传导效率，另一方面通过提高财富效应传导的重要性提高货币政策传导效率。对我国来说，由于老龄化速度快，人口老龄化对货币政策的影响会更复杂。[②] 从财政政策看，人口老龄化会通过养老金、医疗保健及长期护理费用等增加公共财政的负担[③]，降低财政政策调节的空间。欧债危机的发生也说明，面对人口老龄化，财政承担过多的养老职能，建设高福利型社会存在较大的风险。[④] 而且，人口老龄化是导致政府债务风险攀升的一个重要因素，老龄化带来财政支出尤其是养老金财政支出增加，财政赤字率上升，政府债务负担加重和风险提高。[⑤]

2. 人口老龄化对金融的影响

一是人口老龄化影响社会储蓄率和储蓄规模。在这方面，弗兰科·莫迪利安尼（Franco Modigliani）的生命周期消费理论影响最大，其认为理性的个人会期望自己一生的生活水平比较平稳，并且使其一生的收入与消费规模相匹配。在年轻时期、中年时期，因为有稳定的工作，个人的收入会超过消费从而是正储蓄，而在老年时期因为没有工作，消费超过收入从而是负储蓄。[⑥] 这一理论在后续研究中也有被证实的情况。如对工业化国家人

---

①② Jean-Claude Trichet, "The Monetary Policy Implications of Aging", https://www.ecb.europa.eu/press/key/date/2007/html/sp070926.en.html, September 26, 2007. 伍戈、曾庆同：《人口老龄化和货币政策：争议与共识》，《国际经济评论》2015 年第 4 期。

③ 伍戈、曾庆同：《人口老龄化和货币政策：争议与共识》，《国际经济评论》2015 年第 4 期。

④ 郑秉文：《欧债危机下的养老金制度改革——从福利国家到高债国家的教训》，《中国人口科学》2011 年第 5 期。

⑤ 马宇、王群利：《人口老龄化对政府债务风险影响的实证研究》，《国际金融研究》2015 年第 5 期。

⑥ Franco Mondigliani and Richard Brumberg, "Utility Analysis and the Consumption Function: An Interpretation of Cross-Section Data", in Kenneth K. Kurihara ed. *Post-Keynesian Economics*, London: Rutgers University Press, New Brunswick, 1955, pp. 388-437.

口老龄化的宏观经济效应研究表明，在人的一生中，年轻时储蓄较少，中年时储蓄较多，退休之后会动用年轻时的储蓄。人口老龄化导致储蓄率降低，老年人抚养率每提高 1 个百分点，私人储蓄率将下降 1.1 个百分点。在储蓄动机上，也有为了给子女留更多遗产或者从事慈善事业而储蓄的情况。[①] 对人口老龄化与储蓄率关系的实证研究也有不同的结论。基于经济合作与发展组织（OECD）国家的研究发现，老年人抚养率每提高 1 个百分点将导致储蓄率提高 0.12 个百分点。[②] 同时，不同国家人口老龄化对储蓄率的影响方向不同，加拿大、英国在 65 岁之后增加，日本在 75 岁之后降低，美国则在 65~75 岁降低。[③] 就我国的情况看，人口老龄化虽然不是造成居民储蓄率高的主要原因，但随着人口老龄化的持续，居民储蓄率将可能进一步提升。[④]

二是人口老龄化影响资产配置。利用消费者金融调查的截面数据，以及美国退休教师基金会的面板数据进行的年龄和资产配置的研究发现，虽然没有证据支持随着年龄的增长，个人的股票投资将减少，但老年人在提取养老金的过程中有逐步全部退出股票市场的趋势。[⑤] 面对人口老龄化，公共养老金体系的不够完善将会促使年轻人改变自己家庭的储蓄和投资组合，具体表现为将更多的资金投资于股票市场。[⑥] 从家庭的金融资产配置看，人口老龄化直接影响家庭的金融资产选择。在我国，家庭金融资产的配置结构突出表现为，老龄化家庭中现金和存款的比例较高，保险资产配置比例较低。就实际情况看，保险资产配置比例的高低，也会影响家庭对

① Paul R. Masson and Ralph W. Tryon, "Macroeconomic Effects of Projected Population Aging in Industrial Countries", *Staff Papers* (*International Monetary Fund*), Vol. 37, No. 3, 1990, pp. 453-485.

②③ 莫骄：《人口老龄化背景下的家庭金融资产选择》，博士学位论文，南开大学，2014 年，第 13 页。

④ 李豫新、程谢君：《中国"后人口转变"时代老龄化对居民储蓄率的影响》，《南方金融》2017 年第 8 期。

⑤ John Ameriks and Stephen P. Zeldes, "How Do Household Portfolio Shares Vary with Age?", Columbia University Working Paper, 2000.

⑥ Axel H. Boersch-Supan and Joachim K. Winter, "Population Aging, Savings Behavior and Capital Markets", NBER Working Paper No. 8561, 2001.

股票和其他风险资产的配置比重。[①] 个人对股票等风险类资产配置与年龄呈"倒 U 形"关系，中年人配置的股票较多，年轻人和老年人配置的较少，家庭中老龄化程度越高其资产配置越保守。[②] 从国家层面看，人口老龄化意味着劳动年龄人口占比减少，资本往往显得更加充裕，资本劳动比例提高，资本收益率降低，从而影响国际资本流动。[③]

三是人口老龄化影响金融结构。人口老龄化会导致对金融服务的需求变化，金融资产的配置结构发生变化，进而影响金融结构，甚至改变金融中介的性质[④]。为应对人口老龄化，需要进行较大规模的养老基金积累。养老基金会增加中长期资本的供给，成为资本市场长期投资的重要主体，可以促进金融产品尤其是金融衍生产品的创新，增加非银行金融机构的比例。[⑤] 这一点已为发达国家的经历所证实。从金融资产配置结构看，养老基金通过专业的金融机构运营管理，增加市场交易的透明度，投资行为更加理性，会对资产价格产生影响。[⑥] 人口老龄化也通过居民储蓄、房地产、商业保险等途径，影响金融体系的整体结构。就发达国家的情况看，人口老龄化会导致金融机构资产配置结构趋同，加快金融结构的市场化变迁。[⑦]

四是人口老龄化影响汇率和利率。在汇率方面，人口老龄化通过减少储蓄引起经常账户余额下降，推动不可贸易品价格上升，带动国内一般物价水平上升，导致实际有效汇率升值。人口老龄化水平每提高 1%，将导致实际有效汇率升值约 0.2%。从不同国家类型看，人口老龄化对发展中国家实际有效汇率的影响高于发达国家。这是由于，发展中国家处于工业

---

① 莫骄：《人口老龄化背景下的家庭金融资产选择》，博士学位论文，南开大学，2014 年，第 56–58 页。

② 车树林、王琼：《人口年龄结构对我国居民投资偏好的影响——基于 CHFS 数据的实证研究》，《南方金融》2016 年第 9 期。

③⑦ 李文军、陈洪波：《人口老龄化对金融体系影响的理论分析与对策建议》，《老龄科学研究》2013 年第 8 期。

④ 国际货币基金组织：《〈全球金融稳定报告〉概要》，华盛顿：国际货币基金组织，2017 年，第 3 页。

⑤ 金凤伟：《金融发展进程中的养老基金与经济增长研究》，博士学位论文，辽宁大学，2012 年，第 29–32 页。

⑥ 金凤伟：《金融发展进程中的养老基金与经济增长研究》，博士学位论文，辽宁大学，2012 年，第 39–40 页。

化过程中，经济发展对劳动力需求更大，人口老龄化降低了劳动力供给。①
在利率方面，均衡利率由资金供求来决定，储蓄的基本决定因素是个人的
时间偏好和收入水平，一个国家的人口年龄结构可以衡量时间偏好和储蓄
能力。美国 35~54 岁高储蓄率人口占比提高往往导致利率下降。② 人口老龄
化往往伴随着经济增速、投资需求、企业投资回报率、社会物质财富创造
能力下降，带动利率下行，③ 人口老龄化、寿命延长等导致的低利率会持续
较长时间。④

三、金融机构养老金融发展

金融机构服务养老金融发展主要有两种途径：一是金融机构直接提供
养老金融服务，满足各类主体尤其是老年人及其相关主体的金融服务需
求；二是金融机构利用其金融服务实现养老资产的保值增值，带动其他养
老需求的扩大。

在银行业方面，商业银行逐步推出养老金融的相关产品和服务，对养
老金融的客户服务参与面比较广，养老客户群积累得也较多，初步建立养
老金融的产品组合。但总体而言，商业银行养老金融发展相对较为松散，
缺少完整的组织架构和独立的业务板块，养老金融业务没有形成完整的产
业链条，⑤ 业务模式零散化、产品碎片化问题突出，业务布局与金融同业相
比存在差距，考核体系不科学，面临多头监管问题。⑥ 因而，商业银行需要
明确养老金融业务发展战略，创新养老金融产品，拓宽养老金投资渠道，⑦

---

① 池光胜：《人口老龄化与实际有效汇率的实证研究》，《金融研究》2013 年第 2 期。
② 彭文生：《渐行渐近的金融周期》，中信出版集团 2017 年版，第 90~91 页。
③ 姜超：《零利率是长期趋势》，https://www.sohu.com/a/35349404_114984，2016 年 7 月 26 日。娄飞鹏：《人口老龄化与利率走势的关系——基于全球数据的实证研究》，《中国货币市场》2017 年第 11 期。
④ 国际货币基金组织：《〈全球金融稳定报告〉概要》，华盛顿：国际货币基金组织，2017 年，第 3 页。
⑤ 徐丹：《商业银行发展养老金策略分析》，《新金融》2013 年第 11 期。
⑥ 岳磊：《商业银行养老金融业务四大问题待解》，《中国银行业》2016 年第 1 期。
⑦ 冯丽英：《掘金商业银行养老金融业务》，《中国银行业》2015 年第 11 期。

完善养老金融组织架构，对老龄产业构建多元化的资金支持方式，对个人养老提供多层次、个性化的金融服务，探索养老信贷资产证券化，[1] 整合内外部资源，以构建养老金融发展的综合体系[2]。

在保险业方面，推广寿险产品直接服务于养老，在企业年金和职业年金的受托管理中发挥主力作用，并且开展了住房反向抵押养老保险试点。[3] 同时，保险业投资兴办养老服务机构或设施，开展养老机构责任保险，以及为老年人提供综合养老保障计划。[4] 养老金属于长期资金，保险业擅长资金的长期投资，在发展养老金融方面的优势明显。[5] 目前来看，商业养老保险对我国养老保险的支撑能力仍比较弱[6]，养老金融领域存在商业养老保险体系不完善的问题，需要尽快完善商业养老保险体系，让保险业在养老金融发展方面发挥更大的作用[7]。

在信托业方面，信托制度本身具有财产独立、风险隔离功能，全球养老金在具体组织形式方面大多采用了信托形式[8]，有超过 60% 都是独立的信托资产[9]，信托业在养老资产管理中的潜力较大。就国内的情况看，由于信托业创新业务较多，反而弱化了企业年金业务甚至是退出了企业年金市场。随着养老金融的发展，信托业需要更加积极地参与到养老金融业务中来，具体包括：开发个人养老信托产品，如以房养老信托等，申请企业年金投资管理人资格；整合信托公司集团内部资源并做好与外部金融机构的合作，如与有股权关系的投资管理人联合研发养老金信托产品；与其他金融机构建立战略联盟，共同发展养老金融业务。[10] 为发展好养老金融，需

① 徐丹：《商业银行发展养老金融策略分析》，《新金融》2013 年第 11 期。
② 岳磊：《商业银行养老金融业务四大问题待解》，《中国银行业》2016 年第 1 期。
③⑧ 胡继晔：《金融服务养老的理论、实践和创新》，《西南交通大学学报（社会科学版）》2017 年第 4 期。
④ 冯占军、李连芬：《保险业与养老服务的融合》，《中国金融》2018 年第 15 期。
⑤ 徐敬惠：《经营养老金融产品　保险机构独具七大优势》，《证券时报》2017 年 11 月 2 日第 A04 版。
⑥ 侯明、熊庆丽：《我国养老金融发展问题研究》，《新金融》2017 年第 2 期。
⑦ 程承坪、吴琛：《健康战略下发达国家发展养老健康产业借鉴研究》，《当代经济管理》2018 年第 3 期。
⑨⑩ 曾海军：《信托公司养老金融新路径》，《21 世纪经济报道》2014 年 11 月 6 日第 10 版。

要信托业拓宽信托财产来源，政策层面建立较为完善的信托监察人制度，夯实养老信托的法律基础。[①]

在证券业方面，受老年人理财投资知识储备较少、风险偏好较低等因素影响，养老金融领域的养老金等更多地采用金融机构受托投资的方式。养老金的积累为资本市场注入长期投资资金，证券业从中受益的同时也为养老金的保值增值提供了相应的金融服务，主要是在养老金的资本市场投资和管理中发挥积极作用。[②]总体来看，受行业特点等因素影响，证券业专门针对养老金融的创新产品相对较少。

在基金业方面，我国以养老为主题的基金仍处于发展的初步阶段，发展时间较短，尚未受到投资者的广泛认可，更多的是机构持有基金导致养老属性不够突出，基金类型较为单一无法满足不同风险偏好的投资需求。人口老龄化速度较快、人数较多使得养老金融市场前景广阔，公募基金在补充养老领域所扮演的角色也日益重要[③]，但资本市场波动较大并且熊长牛短，以及基金服务养老的理念尚未有效形成，不利于基金业发展养老金融。为了更好地发展养老金融，基金业需要从养老金融的功能定位、产品模式、产品类型、投资范围等方面积极努力，也要积极呼吁完善相关的配套制度。[④]

四、政府对养老金融发展的政策支持

一是政府发展养老金融的总体思路。发展养老金融需要纳入供给侧结构性改革，考虑我国养老体系的多种模式和产品的有效供给，通过创新使有效市场和有为且有限的政府相结合，依靠各界的共同努力，调动全社会

① 彭晓娟：《老龄化挑战下养老信托优势和发展对策研究》，《西南金融》2017 年第 4 期。
② 胡继晔：《金融服务养老的理论、实践和创新》，《西南交通大学学报（社会科学版）》2017 年第 4 期。
③ 莫莉：《全球养老基金平稳增长 公募基金重要性提升》，《金融时报》2017 年 9 月 30 日第 8 版。
④ 孙博：《养老型基金：从储蓄养老到投资养老的新途径》，载董克用、姚余栋：《中国养老金融发展报告（2017）》，社会科学文献出版社 2017 年版，第 307–347 页。

的智慧。① 养老金融的发展直接回应人口老龄化挑战，不仅是政府公共服务、老龄产业发展的重要组成部分，也关系到未来国内金融业整体的发展方向。发展养老金融需要政府和市场通力合作，采用多种产品、多种模式的有效供给。② 政府在承担全民老有所养基本职责的前提下，也需要通过多种方式和制度安排，积极营造氛围，让民众树立自主养老观念，培养养老规划意识。③

二是财政对养老金融发展进行相关的补贴和税收优惠。政府的社会养老保险计划需要在财政和政治上都是可持续的。从国外的实际情况看，农村社会养老保险的建立及其发展都离不开财政的大力支持，不论是发达国家还是发展中国家也都从财政方面对农村社会养老保险的建立和发展进行了支持，且主要是依靠中央财政。德国的农村社会养老保险中联邦政府补贴占 2/3，法国的农村社会养老保险即农业社会互助金中国家的各项支持约占一半，波兰、希腊、巴西的农村社会养老保险资金中政府补贴占比超过 90%。④ 在税收方面，对发展养老金融需要有优惠政策。我国也需要对发展养老金融提供税收优惠政策，结合税收优惠制定相关的配套政策，提高机构和个人参与养老金融的积极性。⑤

三是监管政策做好养老金融发展监管的统筹协调。在对养老金融业务发展的政策监管方面，金融监管部门、养老金管理部门和金融机构之间需要强化沟通，加强政策协调。⑥ 监管政策允许保险公司依法合规参与企业养老保障、福利计划、薪酬递延等服务，允许养老保障基金有较宽的投资范围，商业银行则缺少相关的政策支持，直接导致商业银行在与保险公司的竞争中受政策影响处于不利地位。⑦ 监管政策在资格准入方面的差异，以及

---

① 贾康：《中国超老龄化社会即将到来》，《经济》2016 年第 10 期。
② 姚余栋、王庚宇：《发展养老金融与落实供给侧结构性改革》，《金融论坛》2016 年第 5 期。
③⑤ 张建国：《发挥银行优势服务养老事业》，《中国金融》2013 年第 7 期。
④ 宫晓霞、崔华泰、王洋：《财政支持农村社会养老保险制度可持续发展：国外经验及其启示》，《经济社会体制比较》2015 年第 2 期。
⑥⑦ 岳磊：《商业银行养老金融业务四大问题待解》，《中国银行业》2016 年第 1 期。

同类产品监管标准不一致，导致金融机构发展养老金融的潜力无法有效发挥。在后续的养老金融发展中，需要解决监管职能分散在不同政府部门、各自为政的问题，按照综合监管的思路解决监管不足和重复监管的问题，也有必要专门成立养老金融监管局，专职负责养老金融体系的组织、协调和监管工作。①

四是建设好养老金三支柱②框架。我国在 20 世纪 90 年代初就提出构想，建立社会基本养老保险、企业补充养老保险、个人储蓄养老保险三位一体的养老保险体系。③但至今④养老金融发展还面临着制度隐忧和体制障碍，第一支柱社会基本养老保险、第二支柱企业年金和职业年金、第三支柱个人税收递延型商业养老保险都面临较大的保值增值问题。对第一支柱社会基本养老保险而言，养老保险费率与缴费收入之间的关系也遵循拉弗曲线的逻辑。我国养老保险费率始终较高，对经济增长和提高企业竞争力有负面影响，需要在推进供给侧结构性改革过程中把养老保险费率降下来，并推进以提高财务可持续性为核心的社会保险结构性改革，最终达到降费不减制度收入、优化职工待遇等目的。⑤第二支柱企业年金和职业年金目前参与人口较少，覆盖面较低。第三支柱个人税收递延型商业养老保险方面，2018 年 5 月开始在上海等地试点，也需要根据试点情况及时完善并扩大范围。

五、对既有研究的评述

对养老金融发展及政策支持的研究既有理论方面的，也有应用方面

---

① 胡继晔：《养老金融：理论界定及若干实践问题探讨》，《财贸经济》2013 年第 6 期。
② 理论和实务界有养老金三支柱、养老保险三支柱等不同的说法，本书总体上采用的是养老金三支柱。
③ 宗庆庆、刘冲、周亚虹：《社会养老保险与我国居民家庭风险金融资产投资》，《金融研究》2015 年第 10 期。
④ 至今具体是截止到本书出版，全书同。
⑤ 郑秉文：《供给侧：降费对社会保险结构性改革的意义》，《中国人口科学》2016 年第 3 期。

的；研究人员既有科研机构的，也有实务部门的。大体来看，对养老金融的界定、人口老龄化对经济金融的影响更偏理论，科研机构的研究成果较多，金融机构养老金融发展以及政府对养老金融发展的政策支持则偏应用，实务部门的研究成果较多。既有的研究在养老金融及其发展方面取得了显著的进展，但也存在一些问题需要进一步澄清。

一是养老金融的界定及其定位。在既有的研究中，存在养老金融和老龄金融两种说法，理论和实务界往往把两者等同看待，但实际上两者既有区别又有联系。养老金融可理解为以服务对象来界定的金融，其更多的是针对老年人的金融需求及相关需求派生的金融需求提供金融服务的金融。由于养老问题是每个人都需要面对的问题，从这个角度理解，养老金融所面对的对象不仅是老年人而是所有人群。老龄金融则可以理解为以人口年龄结构不同来界定的金融。个人的需求会随着年龄的变化而变化，社会的需求会随着人口年龄结构的变化而变化，人口老龄化社会的经济结构、社会结构等不同于成年型社会、年轻型社会，也会导致服务于经济社会发展的金融发生变化。基于这种理解，老龄金融的服务对象也包括所有的人群。可见，虽然养老金融和老龄金融从根本上都是应对人口寿命延长的金融，都服务于所有人群尤其是老年人群，但两者还是有不同点的。

二是人口老龄化对经济金融发展的影响。人口因素是经济金融发展中最核心的因素。人口既有消费属性又有生产属性，从人口对经济金融发展影响的角度开展研究往往会有不同的结论。总体来看，人口对经济金融发展的影响主要可以从数量、质量、结构三方面考虑，人口年龄结构属于结构因素。老年人往往是被抚养人口，其消费属性大于生产属性，这直接导致在人口老龄化对经济金融发展影响的研究结论上往往偏负面，即认为人口老龄化对经济金融发展更多的是负面影响。然而，需要注意的是，人口老龄化对经济金融的影响既有总量方面的也有结构方面的，尤其是对经济结构的影响，可以推动经济结构优化，从这个角度来推动经济增长。人口老龄化对金融的影响，如对储蓄率及储蓄规模的影响，从这一命题受关注至今都无定论，无论是定性研究还是定量研究，既有支持人口老龄化拉低储蓄率的研究结论，也有支持人口老龄化推高储蓄率的研究结论。

三是在养老金融发展的主体方面。发展养老金融需要社会各界共同努力，既要充分考虑市场因素，又要充分考虑政府因素。这是因为，养老金融尤其是基本养老保险在很大程度上具有公共物品的属性，并不能简单采用市场化的方式来解决，需要政府更多的投入，从政策方面提供更多的支持。养老金融发展又不能完全依靠政府，需要通过市场化的方式调动非政府机构尤其是金融机构和个人的积极性，鼓励他们积极参与进来，以追求更高的养老保障水平。从这个角度看，对于如何发展养老金融就需要从政府和市场两个方面综合考虑，也只有这样才能真正透彻研究如何更好地发展养老金融。然而，既有的研究往往只关注其中一个方面，如只关注金融机构如何发展养老金融，或者只关注政府如何对发展养老金融提供政策支持，甚至是对金融机构如何发展养老金融的问题只是从某个细分金融行业角度来分析，显得不够全面，这也成为既有研究中的一个问题。

第三节　研究框架及主要研究内容

本书围绕养老金融发展及政策支持的研究主题，主要从我国人口老龄化历程、现状与趋势，人口老龄化对经济金融发展的影响，金融机构发展养老金融的做法，政府部门对养老金融发展的政策支持，国外养老金融发展及政策支持的经验与启示，以及优化养老金融发展政策支持的建议等方面开展研究。其内在的逻辑是：人口老龄化和老年人增加是养老金融发展的社会基础，人口老龄化也会对经济金融产生影响，改变金融发展的外部环境，养老金融的发展又需要金融机构和政府的共同努力，国外养老金融发展及政策支持的经验也会给我国带来很多启示，发展好养老金融及其实施路径需要综合考虑以上因素。

第一章为绪论。从研究意义、文献综述与研究进展以及研究框架及主要研究内容三方面加以阐述。

第二章为人口老龄化的历程、现状与趋势。人口是经济发展中的一个重要影响因素，同时也是我国长期经济发展中面临的重要风险之一，[①] 在经济发展中自然需要充分重视人口因素。从理论上讲，人口对经济发展的影响主要通过其数量、质量和结构发挥作用。从人口年龄结构方面看，人口老龄化已经是我国经济发展中不可避免的问题，也是不可逆转的趋势。我国人口老龄化经历了较快的发展，"未富先老""未备先老"特点突出，并且在人口老龄化过程中结构性、高龄化特点突出。与全球和同等发展水平的国家相比，我国人口老龄化快速发展、老年人规模大的特点更加突出。尤其值得关注的是，未来我国人口老龄化水平仍然会在较长时期内快速提高，老年人规模较大的情况也将长期持续。本章主要从人口老龄化及其界定标准和我国人口老龄化的历程、现状以及趋势等方面进行分析。

第三章为人口老龄化对经济金融发展的影响。人口老龄化的趋势是既定的，老龄化程度会随着时间的推移而逐步提高。人口老龄化对经济金融发展有着重要且全面的影响，影响程度会随着老龄化程度的提高而逐步加深。人口老龄化对经济金融的影响既有总量方面的，也有结构方面的，还会影响利率等相关的价格指标。人口老龄化会通过拉低劳动参与率、人力资本积累等影响潜在经济增速；人口老龄化会影响人口城乡结构、三次产业结构、三次产业就业结构；[②] 人口老龄化也会造成利率水平下降；而且人口老龄化会引起养老金规模逐步增大，提升投资者整体的风险厌恶水平，逐步影响个人和金融机构的资产配置[③]。本章主要围绕经济增长、经济结构、利率水平和资产配置四个方面，分析人口老龄化对经济金融发展的影响。

第四章为金融机构发展养老金融的做法。养老金融不仅是老龄产业的

---

① 张维迎：《什么改变中国：中国改革的全景和路径》，中信出版社 2012 年版，第 191 页。
② 娄飞鹏：《三大结构性因素相互关系及对商业银行的影响》，《北京金融评论》2014 年第 4 期。
③ 娄飞鹏：《大类资产配置：理论、现状与趋势——基于人口老龄化的视角》，《金融理论与实践》2017 年第 6 期。

一个重要组成部分，也是金融体系的一个重要组成部分。发展养老金融不是全盘颠覆既有的金融格局，而是在现有基础上进行资源整合优化，为老年人等相关主体提供更加优质、更具有针对性的金融服务。金融机构作为养老金融的一个主要金融服务供给方，从战略定位与机构设置、业务与产品创新、渠道建设、风险管理等方面进行了积极探索并取得了明显的成效，但也存在一些问题需要解决。[①] 在金融行业内部，银行业、证券业、保险业、基金业、信托业等在发展养老金融时也有不同的优势，不仅要发挥各自的优势，还要做好相互之间的合作以更好地发展养老金融。本章从金融机构发展养老金融的战略与机构、业务与产品、渠道建设、风险管理、比较与展望等方面进行分析。

第五章为政府部门对养老金融发展的政策支持。养老金融作为老龄产业的一个重要组成部分，其本身具有准公共物品的特点，在发展过程中需要政府部门营造良好的发展环境，或者是积极参与进来直接推动养老金融发展。市场失灵的存在要求政府在养老金融发展上发挥积极作用。我国政府部门在发展养老金融的政策支持方面进行了较多的探索，具体的方向包括：直接参与养老金融的发展，建立养老金三支柱框架，同时建立全国社保基金；积极从政策层面支持老龄产业发展，对金融机构发展养老金融尤其是支持老龄产业发展提供间接的支持。总体而言，政府部门在发展养老金融的过程中，经过不断的优化完善，已经建立了相对完善的制度，为金融机构发展养老金融提供了制度保障，也增强了金融机构支持老龄产业发展的信心。本章从基本养老保险制度、企业年金和职业年金制度、个人储蓄养老计划制度、全国社保基金会的投资管理，以及老龄产业发展情况及相关政策支持等方面，对政府发展养老金融的政策支持进行分析。

第六章为国外养老金融发展及政策支持的经验与启示。人口老龄化是一个全球性的问题，养老金融发展也是全球面临的问题，尤其是发达国家总体老龄化水平较高，应对人口老龄化的准备更加充分，在养老金融领域

---

① 娄飞鹏：《以养老金融推进养老服务发展》，《学习时报》2019 年 8 月 21 日第 2 版。

有较好的发展，也有较为完善的支持政策，并积累了丰富的经验。1994年，世界银行提出建立多支柱养老保险，具体包括以税收支付为主的第一支柱基础养老金，以基金积累为主的第二支柱养老金，以及以个人储蓄为主的第三支柱私人养老金，也就是养老金三支柱框架。[①] 在此之后，各国在养老金融领域围绕三支柱框架的建立或者完善进行了多种改革探索。目前，我国在养老金三支柱框架建设方面，面临做实第一支柱，强化第二支柱、第三支柱发展的问题，也有养老金融产品亟待丰富以及农村养老金融发展薄弱的问题，发达国家的相关经验对我国发展养老金融，优化相关政策支持具有较好的借鉴意义。本章主要结合美国、日本、德国养老保险三支柱框架，并结合其他国家的相关情况，分析其具体做法和经验与启示。

第七章为优化养老金融发展及政策支持的建议。我国的人口老龄化是"未富先老""未备先老"的老龄化，在积极应对人口老龄化的过程中，发展好养老金融并做好养老金融发展的政策支持是我国面临的一个大问题。养老金融发展是个大课题，发展养老金融需要调动多方面的力量。为了更好地发展养老金融，需要明确养老金融发展的总体思路和重点，从政策方面对养老金融发展予以综合化、合理化的支持和保障，提高金融机构发展养老金融的积极性、主动性，也要充分调动个人力量积极参与到养老金融中来，最终实现通过多方努力推动养老金融的持续健康发展。本章从明确总体思路和重点、优化政策支持、强化金融机构的作用、充分调动个人能动性几个方面提出了优化养老金融发展及政策支持的建议。

① World Bank, *Averting the Old Age Crisis: Policies to Protect the Old and Promote the Growth*, New York: Oxford University Press, 1994, pp. 10–16. 刘涛：《德国养老保险制度的改革：重构福利国家的边界》，《公共行政评论》2014 年第 6 期。

第二章　人口老龄化的历程、现状与趋势

人口是经济发展中的一个重要影响因素，同时也是我国长期经济发展中面临的重要风险之一，[①] 在经济发展中自然需要充分重视人口因素。从理论上讲，人口对经济发展的影响主要通过其数量、质量和结构发挥作用。从人口年龄结构方面看，人口老龄化已经是我国经济发展中不可避免的问题，也是不可逆转的趋势。我国人口老龄化经历了较快的发展，"未富先老""未备先老"特点突出，并且在人口老龄化过程中结构性、高龄化特点突出。与全球和同等发展水平的国家相比，我国人口老龄化快速发展、老年人规模大的特点更加突出。尤其值得关注的是，未来我国人口老龄化水平仍然会在较长时期内快速提高，老年人规模较大的情况也将长期持续。本章主要从人口老龄化及其界定标准和我国人口老龄化的历程、现状以及趋势等方面进行分析。

第一节　人口老龄化及其界定标准

人口老龄化是指总人口中老年人所占比例不断增加，或者是青年人所占比例不断递减的过程。我国已经快速步入老龄化社会，现阶段人口老龄

---

① 张维迎：《什么改变中国：中国改革的全景和路径》，中信出版社 2012 年版，第 191 页。

化问题突出，且未来会进一步加剧。人口老龄化的定量界定标准主要有两个：一是联合国人口司的标准，1956年联合国《人口老龄化及其社会经济后果》中提出人口老龄化的标准是，65岁及以上人口占总人口的比例不低于7%；二是1982年世界老龄大会的标准，具体是60岁及以上人口占总人口的比例不低于10%。[①] 一般把进入老年型人口的社会称为老龄化社会。按照前一种标准，我国于2000年进入老龄化社会；按照后一种标准，我国于1999年进入老龄化社会。鉴于国家统计局的统计数据中65岁及以上人口的数据更连续完整，本书在分析时采用联合国人口司的人口老龄化界定标准。[②]

第二节　我国人口老龄化的历程

从全国层面看，我国人口老龄化的出现速度较快，且进入老龄化社会后老龄化程度呈加速发展的态势。联合国根据65岁及以上老年人占比，提出人口年龄结构类型的划分标准，占比低于4%为年轻型，占比在4%~7%为成年型，占比高于7%为老年型，具体如表2-1所示。根据这一标准，我国在1960~1973年为年轻型社会，1974~1999年为成年型社会，而2000年以来为老年型社会。

从横向比较看，我国人口年龄结构从成年型转变为老年型仅用了26年，中等偏上收入国家用了40多年才完成这一转变，[③]法国、瑞士、美国

---

① 张水辉：《进一步认识人口老龄化及其正面效应》，《市场与人口分析》2003年第4期。
② 根据联合国和世界银行的统计说明，其人口统计数据是年中数据，以每年7月1日的数据为准。国家统计局人口抽样统计数据以每年11月1日零时的数据为准。为便于表述，本书说的某年数据均以相关统计机构的截止时间为准，不再具体说明是否年中数据。中华人民共和国国家统计局：《中国主要统计指标诠释（第二版）》，中国统计出版社2013年版，第92页。
③ 根据世界银行的统计数据，1974年，我国65岁及以上人口占比为4.03%，首次超过4%；2000年我国65岁及以上人口占比为7.07%，首次超过7%。1960年，中等偏上收入国家65岁及以上人口占比为4.04%，2002年，中等偏上收入国家65岁及以上人口占比为7.05%。

表 2-1　联合国人口年龄结构类型划分标准

类型	0~14 岁人口比例	65 岁及以上人口比例	老少比	年龄中位数
年轻型	40%以上	4%以下	15%以下	20 岁以下
成年型	30%~40%	4%~7%	15%~30%	20~30 岁
老年型	30%以下	7%以上	30%以上	30 岁以上

注：老少比是指 65 岁及以上人口与 0~14 岁人口的比例。
资料来源：李魁：《人口年龄结构变动与经济增长》，博士学位论文，武汉大学，2010 年，第 46~47 页。

从成年型转变为老年型分别用了 115 年、85 年、60 年[1]。根据世界银行的统计数据，与全球相比，2001 年之前我国 65 岁及以上人口占比低于全球水平，2002 年开始超过全球水平，并且之后与全球的差距越来越大，2019 年比全球水平高出 2.37 个百分点，我国人口老龄化速度高于全球总体水平。

从纵向比较看，1960~1999 年，我国 65 岁及以上人口占比提高 2.99 个百分点；2000~2019 年，我国 65 岁及以上人口占比提高 4.66 个百分点。可见，我国人口老龄化呈加速发展态势。具体如图 2-1 所示。在这其中主要的影响因素是，我国在 1971 年开始实施计划生育政策，1982 年把计划生育政策写入宪法并且作为基本国策，人口生育率快速下降。同时，人口平均寿命快速延长，人口年龄结构变化的惯性较大，导致我国人口老龄化快速发展且问题日渐突出。[2]

从省级层面看，人口老龄化水平及其发展在各省（自治区、直辖市）[3]之间不均衡，总体来看人口老龄化水平提高是较为普遍的现象。2004 年，宁夏、青海、新疆、西藏、甘肃、黑龙江六省（自治区）65 岁及以上人口占比不到 7%，尚未进入老龄化社会。2018 年只有西藏 65 岁及以上人口占比不到 7%，尚未进入老龄化社会。从 2004~2018 年的发展变化来看，四川、山东、辽宁、黑龙江、吉林、甘肃、河北、安徽、湖北九省人口老

---

① 孙祁祥、朱南军：《中国人口老龄化分析》，《中国金融》2015 年第 24 期。
② 原新、刘士杰：《1982~2007 年我国人口老龄化原因的人口学因素分解》，《学海》2009 年第 4 期。
③ 本书分析的省、自治区、直辖市，不含香港、澳门、台湾地区。

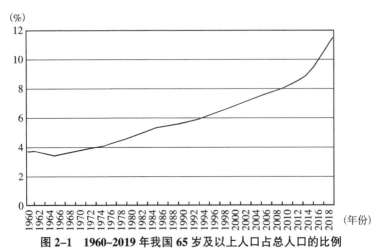

图 2-1 1960~2019 年我国 65 岁及以上人口占总人口的比例

资料来源：世界银行。

龄化水平提高在 4 个百分点以上，上海、西藏人口老龄化水平有所下降，其余省（自治区、直辖市）人口老龄化水平有不同程度的提高，具体如表 2-2 所示。

表 2-2 2004 年、2018 年各省（自治区、直辖市）人口老龄化水平及其变化

省份	2004 年 (%)	2018 年 (%)	变化 (个百分点)	省份	2004 年 (%)	2018 年 (%)	变化 (个百分点)
四川	8.76	14.99	6.23	重庆	11.45	14.47	3.02
山东	9.22	15.16	5.95	河南	8.13	11.06	2.92
辽宁	9.46	14.98	5.52	内蒙古	7.47	9.85	2.38
黑龙江	6.80	12.21	5.42	云南	7.72	9.57	1.85
吉林	7.45	12.37	4.92	江西	8.03	9.73	1.71
甘肃	6.61	11.32	4.71	青海	5.89	7.58	1.70
河北	7.99	12.69	4.70	广西	8.43	10.03	1.60
安徽	8.52	13.20	4.68	福建	8.52	9.49	0.96
湖北	8.19	12.49	4.30	新疆	6.26	7.16	0.90
贵州	7.54	11.34	3.81	海南	7.58	8.21	0.63
湖南	8.78	12.49	3.70	广东	7.91	8.26	0.35
江苏	10.72	14.30	3.57	北京	11.12	11.25	0.13

省份	2004 年 (%)	2018 年 (%)	变化 (个百分点)	省份	2004 年 (%)	2018 年 (%)	变化 (个百分点)
陕西	7.65	11.16	3.51	天津	10.81	10.92	0.11
宁夏	5.67	8.99	3.32	上海	15.40	14.95	−0.45
山西	7.05	10.32	3.27	西藏	6.40	5.68	−0.72
浙江	9.78	12.99	3.20				

资料来源：国家统计局、Wind。

第三节　我国人口老龄化的现状

我国人口老龄化总体呈现出总量较大、分布不均匀、"未富先老"的特点，具体表现为：

一是老年人绝对数量较大。我国人口总数较大，2000 年步入老龄化社会当年，65 岁及以上人口数量为 8822 万人，2002 年突破 1 亿人，至今仍是全球老年人绝对数最多的国家，而且是老年人唯一过亿的国家。[1] 根据世界银行的统计数据，2019 年，我国 65 岁及以上人口总数为 1.6 亿人，占全球 65 岁及以上人口总数 6.98 亿人的 22.97%。我国 65 岁及以上人口总数比 2019 年全球人口排名第八的孟加拉国总人口少约 270 万人，比全球人口排名第九的俄罗斯总人口多约 1590 万人。也就是说，单独把我国 65 岁及以上人口拿出来与同期全球各国总人口一起排名，我国 65 岁及以上人口总数可以排到第九名。

二是人口老龄化的结构性特点突出。首先，区域结构方面，农村地区老龄化超前于城市和乡镇地区。2010 年进行的第六次全国人口普查数据

---

[1] 娄飞鹏：《商业银行积极应对人口老龄化的思路建议》，《西南金融》2014 年第 2 期。

显示，我国农村地区 65 岁及以上人口占比为 10.06%，城市和乡镇地区这一比值分别是 7.68%、7.98%。① 如果结合城市、乡镇和农村地区的平均收入水平依次递减的现状分析，不难看出人口老龄化与平均收入水平呈反向发展的趋势。② 根据国家统计局的统计数据，2010~2019 年，我国每年的流动人口为 2.2 亿~2.5 亿人③，且以年轻人为主。人口流动主要是从经济发展水平较低的地区流向经济发展水平较高的地区，也就是从农村向乡镇、城市地区流动。如果考虑到人口流动的这一因素，则我国农村和乡镇地区人口老龄化水平更高。

其次，年龄结构方面，老年人高龄化趋势突出，人口高龄化与老龄化基本同步出现。国家统计局的人口抽样数据显示，2018 年，我国 80 岁及以上高龄人口占总人口的比例为 2.12%。2003~2018 年，我国 80 岁及以上高龄人口占总人口的比例提高 1 个百分点，65 岁及以上人口占总人口的比例提高 3.59 个百分点。同期，由于 80 岁及以上高龄人口增长速度更快，其占 65 岁及以上人口的比例从 13.75% 提升至 17.74%。这充分说明，在老年人中高龄化趋势的特点较为突出。

最后，性别结构方面，女性老年人高于男性老年人。受女性预期寿命较长等因素影响，我国女性老年人总数高于男性老年人。根据国家统计局的人口抽样统计数据，2018 年，我国各年龄段的人口中，0~64 岁男性人口占总人口的比例高于女性人口，而 65 岁及以上女性人口占总人口的比例高于男性人口，并且 65~89 岁年龄段的女性人口占总人口的比例比男性人口高的特点更突出。65~69 岁、70~74 岁、75~79 岁、80~84 岁、85~89 岁的女性人口占总人口的比例比男性人口依次高 0.07 个、0.08 个、0.11 个、0.17 个、0.1 个百分点。具体如图 2-2 所示。

三是从国际横向比较看，我国人口"未富先老"的特点突出。发达国家人口老龄化基本与工业化、现代化同步，进入老龄化社会时经济发展和

---

① ② 娄飞鹏：《商业银行积极应对人口老龄化的思路建议》，《西南金融》2014 年第 2 期。
③ 国家统计局的数据显示，2010~2019 年，我国每年有 2.6 亿~3 亿的人户分离人口。

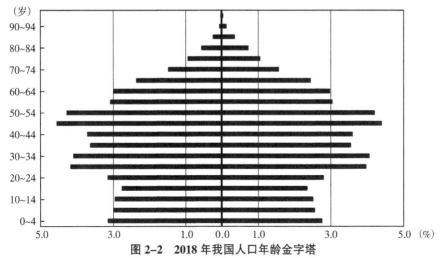

图 2-2　2018 年我国人口年龄金字塔

注：左侧为男性人口占比，右侧为女性人口占比。
资料来源：国家统计局、Wind。

人均收入水平相对较高。根据世界银行的统计数据，2002 年，全球 65 岁及以上人口占总人口的比例超过 7% 时，人均国内生产总值（GDP）为 5514 美元。美国、日本、韩国分别于 1942 年、1971 年、2000 年进入老龄化社会，其当时的人均 GDP 依次是 13138 美元、2260 美元、11948 美元。[①]我国进入老龄化社会时人均收入水平还相对较低。根据世界银行的统计数据，2000 年步入老龄化社会时我国的人均 GDP 是 959.37 美元，不到全球人均 GDP 5498.33 美元的 1/5。虽然之后我国经济增长速度较快，经济总量 2010 年跃居世界第二位，但 2019 年我国的人均 GDP 也只有 10261.68 美元，甚至低于 2016 年全球人均 GDP 10281.91 美元。同样根据世界银行的统计数据，2019 年，我国 65 岁及以上人口占比为 11.47%，比同期 9.1% 的世界总体水平高出 2.37 个百分点。综合多方面的数据来看，我国是发展中大国崛起过程中人口老龄化程度最严重的国家。

[①] 美国的人均 GDP 是不变价计算，日本、韩国的人均 GDP 是现价计算。美国的数据来自美国经济分析局、美国商务部普查局，日本、韩国的数据来自世界银行。

第四节　我国人口老龄化的趋势

人口老龄化是经济社会发展的必然结果，其发展趋势具有不可逆性。根据联合国经济和社会事务部 2019 年版的全球人口预测数据，未来我国的人口老龄化水平仍然会进一步提高，具体呈现以下几个趋势：

一是老年人绝对规模将较大。不论假定的出生率高低，我国 65 岁及以上人口一直保持较大的绝对规模，2020~2060 年总量呈上升态势，2060~2085 年总量呈下降趋势，2085~2100 年总量再次呈上升趋势。65 岁及以上人口在 2025 年将超过 2 亿人，2035 年将超过 3 亿人，并且在 2060 年达到 3.98 亿人的峰值。80 岁及以上高龄人口总量的变化趋势与此类似，2020~2075 年总量总体呈上升趋势，2075~2090 年经历较短的下降之后，2090~2100 年再次呈上升趋势。80 岁及以上高龄人口在 2050 年将超过 1 亿人，2075 年将达到 1.55 亿人的峰值。具体如表 2-3 所示。

表 2-3　2020~2100 年我国 65 岁及以上人口、80 岁及以上人口总量

单位：亿人

年份	65 岁及以上人口			80 岁及以上人口		
	高出生率	中出生率	低出生率	高出生率	中出生率	低出生率
2020	1.72	1.72	1.72	0.27	0.27	0.27
2025	2.05	2.05	2.05	0.31	0.31	0.31
2030	2.47	2.47	2.47	0.41	0.41	0.41
2035	3.02	3.02	3.02	0.60	0.60	0.60
2040	3.44	3.44	3.44	0.72	0.72	0.72
2045	3.56	3.56	3.56	0.90	0.90	0.90
2050	3.66	3.66	3.66	1.15	1.15	1.15
2055	3.97	3.97	3.97	1.32	1.32	1.32

年份	65 岁及以上人口			80 岁及以上人口		
	高出生率	中出生率	低出生率	高出生率	中出生率	低出生率
2060	3.98	3.98	3.98	1.31	1.31	1.31
2065	3.88	3.88	3.88	1.33	1.33	1.33
2070	3.76	3.76	3.76	1.55	1.55	1.55
2075	3.67	3.67	3.67	1.55	1.55	1.55
2080	3.63	3.63	3.63	1.49	1.49	1.49
2085	3.60	3.60	3.60	1.42	1.42	1.42
2090	3.63	3.53	3.43	1.41	1.41	1.41
2095	3.71	3.46	3.20	1.46	1.46	1.46
2100	3.82	3.39	2.96	1.51	1.51	1.51

资料来源：联合国经济和社会事务部。

二是人口老龄化水平将长期快速提高。从 65 岁及以上人口占总人口的比例看，未来都呈现较长时期的快速提高态势，2100 年高、中、低出生率预测方案下，65 岁及以上人口占总人口的比例依次为 24.14%、31.85%、43.3%。低出生率预测方案下，65 岁及以上人口占总人口的比例快速提高的趋势将持续到 2090 年，之后趋于平稳。中出生率预测方案下，65 岁及以上人口占总人口的比例快速提高的趋势将持续到 2065 年，在 2065~2070 年有小幅下降，之后至 2100 年呈现缓慢上升并趋于平稳的态势。高出生率预测方案下，65 岁及以上人口占总人口的比例快速提高的趋势将持续到 2060 年，在 2060~2085 年呈下降趋势，之后将有略微的上升并趋于平稳。具体如图 2-3 所示。

考虑到实际的人口出生率问题，预计未来我国 65 岁及以上人口占总人口的比例很可能会高于联合国经济和社会事务部的预测。这一判断的基础在于，自 20 世纪 80 年代末以来，我国人口出生率总体呈下降趋势。2000 年进入老龄化社会后，人口出生率从 2000 年的 14.03‰ 降至 2010 年的 11.9‰，之后在 2011 年、2013 年、2015 年国家先后实行双独二孩、单

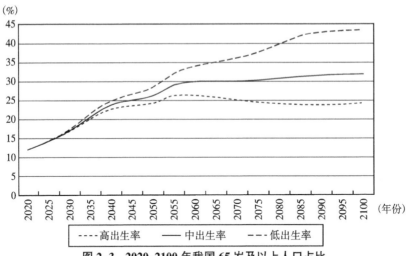

图 2-3　2020~2100 年我国 65 岁及以上人口占比
资料来源：联合国经济和社会事务部。

独二孩、全面二孩生育政策，人口出生率有所提高，但波动较为明显且总体呈下降趋势，2014 年达到 12.37‰，2015 年下降至 12.07‰，2016 年升至 12.95‰，2017 年降至 12.43‰，2018 年降至 10.94‰，2019 年进一步降至 10.48‰。一般而言，计划生育政策放松的次年，有生育意愿但之前不符合政策的育龄人口群体会抓紧生育，有带动人口出生率提高的倾向。然而，受教育、住房、医疗等各方面因素的影响，人口总体生育意愿较低，因而如果没有刺激生育的配套政策，我国人口出生率仍将保持较低水平。联合国经济和社会事务部在对我国人口未来走势进行预测时，高出生率方案总体高于目前我国人口实际的出生率，中出生率方案与目前我国人口实际的出生率相当[1]，低出生率方案虽然目前看低于我国实际的人口出生率，但不排除未来与我国实际的人口出生率相符的可能。具体如图 2-4 所示。因而，我国 65 岁及以上人口占总人口比例的发展趋势更有可能与联合国经济和社会事务部的中、低出生率方案较为接近，人口老龄化水平将会长期提高。

---

① 本节的后续分析也是以联合国经济和社会事务部中出生率预测数据为基础。

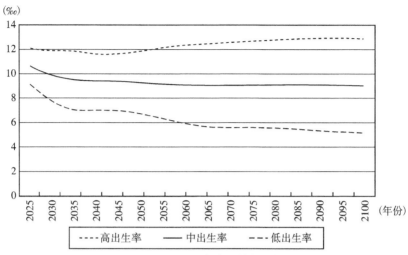

图 2-4 2020~2100 年我国的人口出生率

注：根据联合国经济和社会事务部五年新出生人口数平均数与对应年份的人口总数计算。

资料来源：联合国经济和社会事务部。

三是老年人结构将发生变化。在人口老龄化水平提高的同时，老年人的年龄和性别结构也将发生一些变化。首先，从年龄结构看，年龄较大的老年人占比在提高。65 岁及以上各年龄段人口占总人口的比例中，2030 年随着年龄的增长而降低，2050 年虽然 65~69 岁人口占总人口的比例仍然是最高的，但 75~79 岁人口占总人口的比例已经超过 70~74 岁人口占总人口的比例，2100 年转变为 65~69 岁、70~74 岁、75~79 岁人口占总人口的比例基本相当的态势。这反映出，在人口老龄化提高的同时，高龄化的趋势也会更加明显。具体如图 2-5、图 2-6、图 2-7 所示。

其次，从性别结构看，不同性别老年人占总人口的比例提高的同时，性别之间也有差异。65 岁及以上各年龄段人口中，女性人口占总人口的比例相对于男性人口而言在降低。2030 年 65 岁及以上各年龄段女性人口占总人口的比例明显高于男性人口。2050 年 80~99 岁年龄段人口中两者的差距有所扩大，而其他年龄段人口中两者的差距缩小。2100 年 65~84 岁各年龄段男性人口占总人口的比例高于女性人口，85 岁及以上各年龄段女性人口占总人口的比例高于男性人口。

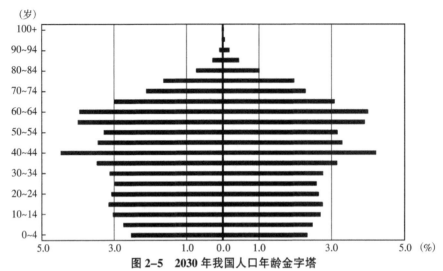

图 2-5　2030 年我国人口年龄金字塔

注：左侧为男性人口占比，右侧为女性人口占比。
资料来源：联合国经济和社会事务部。

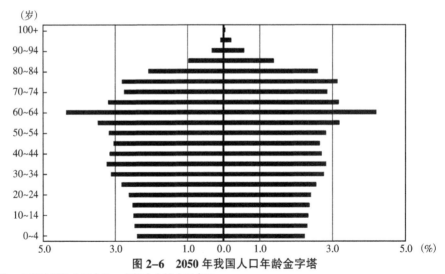

图 2-6　2050 年我国人口年龄金字塔

注：左侧为男性人口占比，右侧为女性人口占比。
资料来源：联合国经济和社会事务部。

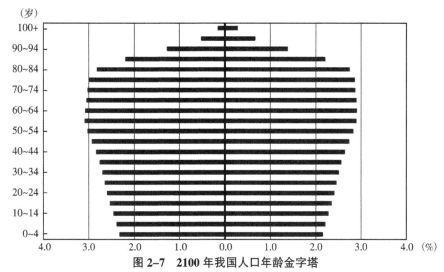

图 2-7 2100 年我国人口年龄金字塔

注：左侧为男性人口占比，右侧为女性人口占比。
资料来源：联合国经济和社会事务部。

四是从国际横向比较看，我国人口老龄化问题突出。首先，人口老龄化相对水平较高。我国 65 岁及以上人口占比不仅高于全球总体水平，而且高于与我国经济发展水平相近的欠发达国家、中等偏上收入国家，其差距在 2055~2065 年最大。从不同出生率的预测数据看，随着出生率的降低，我国 65 岁及以上人口占比与全球、欠发达国家、中等偏上收入国家的差距在扩大。高出生率情况下，我国 65 岁及以上人口占比与全球、欠发达国家、中等偏上收入国家的差距较小，中出生率情况下居中，低出生率情况下最高。也就是说，随着出生率的降低，我国人口老龄化相对水平将会更高。具体如表 2-4 所示。

表 2-4 2020~2100 年我国 65 岁及以上人口占比与全球、发展水平相近国家的差值

单位：个百分点

年份	全球			不含中国的欠发达国家			中等偏上收入国家		
	高出生率	中出生率	低出生率	高出生率	中出生率	低出生率	高出生率	中出生率	低出生率
2020	2.63	2.63	2.63	5.94	5.94	5.94	1.14	1.14	1.14
2025	3.59	3.61	3.63	7.13	7.17	7.22	1.43	1.44	1.44

年份	全球			不含中国的欠发达国家			中等偏上收入国家		
	高出生率	中出生率	低出生率	高出生率	中出生率	低出生率	高出生率	中出生率	低出生率
2030	5.13	5.20	5.27	8.95	9.09	9.23	2.03	2.05	2.06
2035	7.50	7.69	7.88	11.64	11.96	12.30	3.14	3.19	3.24
2040	9.24	9.59	9.96	13.52	14.06	14.66	3.88	3.98	4.09
2045	9.44	9.92	10.44	13.50	14.24	15.04	3.70	3.82	3.96
2050	9.51	10.16	10.88	13.33	14.29	15.34	3.41	3.56	3.71
2055	10.92	11.93	13.06	14.74	16.13	17.69	3.92	4.18	4.45
2060	10.71	12.00	13.46	14.22	15.95	17.92	3.66	3.99	4.33
2065	10.02	11.57	13.37	13.15	15.18	17.55	3.27	3.65	4.06
2070	9.18	10.97	13.14	11.95	14.25	17.05	2.85	3.28	3.75
2075	8.50	10.56	13.19	11.00	13.60	16.93	2.53	3.01	3.57
2080	8.05	10.45	13.71	10.33	13.32	17.37	2.26	2.80	3.49
2085	7.60	10.37	14.40	9.69	13.08	17.98	1.98	2.57	3.40
2090	7.24	10.05	14.36	9.19	12.60	17.75	1.74	2.29	3.11
2095	6.91	9.65	13.99	8.75	12.04	17.16	1.57	2.06	2.83
2100	6.64	9.26	13.48	8.38	11.49	16.41	1.46	1.89	2.60

资料来源：联合国经济和社会事务部。

其次，人口老龄化相对速度较高。我国总人口、65岁及以上人口占全球的比例呈下降趋势，但与总人口占全球人口的比例相比，65岁及以上人口占全球65岁及以上人口的比例较高。无论联合国经济和社会事务部的哪种预测方案，我国总人口占全球人口的比例，以及65岁及以上人口占全球65岁及以上人口的比例都呈现下降的趋势，低出生率情况下下降的趋势更加明显。但因为我国65岁及以上人口总量较大并且占我国总人口的比例在提高，所以我国65岁及以上人口占全球65岁及以上人口的比例相对较高。具体如表2-5所示。

表 2-5　2020~2100 年我国总人口、65 岁及以上人口占全球的比例

单位：%

年份	总人口占比			65 岁及以上人口占比		
	高出生率	中出生率	低出生率	高出生率	中出生率	低出生率
2020	18.47	18.47	18.47	23.68	23.68	23.68
2025	17.80	17.81	17.83	23.99	23.99	23.99
2030	17.08	17.13	17.18	24.76	24.76	24.76
2035	16.37	16.44	16.52	26.17	26.17	26.17
2040	15.66	15.75	15.85	26.44	26.44	26.44
2045	14.97	15.07	15.19	25.06	25.06	25.06
2050	14.31	14.41	14.52	23.61	23.61	23.61
2055	13.66	13.75	13.87	23.37	23.37	23.37
2060	13.06	13.13	13.23	21.97	21.97	21.97
2065	12.51	12.55	12.62	20.45	20.45	20.45
2070	12.03	12.03	12.06	19.00	19.00	19.00
2075	11.60	11.55	11.52	17.80	17.80	17.80
2080	11.21	11.11	11.02	16.86	16.86	16.86
2085	10.88	10.71	10.54	16.04	16.04	16.04
2090	10.59	10.37	10.11	15.27	15.22	15.17
2095	10.35	10.06	9.72	14.59	14.47	14.34
2100	10.15	9.79	9.34	14.00	13.81	13.56

资料来源：联合国经济和社会事务部。

第三章 人口老龄化对经济金融发展的影响

人口老龄化的趋势是既定的，老龄化程度会随着时间的推移而逐步提高。人口老龄化对经济金融发展有着重要且全面的影响，影响程度会随着老龄化程度的提高而逐步加深。人口老龄化对经济金融的影响既有总量方面的，也有结构方面的，还会影响利率等相关的价格指标。人口老龄化会通过拉低劳动参与率、人力资本积累等影响潜在经济增速；人口老龄化会影响人口城乡结构、三次产业结构、三次产业就业结构；[①] 人口老龄化也会带来利率水平下降；而且人口老龄化会引起养老金规模逐步增大，提升投资者整体的风险厌恶水平，逐步影响个人和金融机构的资产配置[②]。本章主要围绕经济增长、经济结构、利率水平和资产配置四个方面，分析人口老龄化对经济金融发展的影响。

第一节 人口老龄化与经济增长

人口老龄化导致我国潜在经济增长速度下降。[③] 国际货币基金组织（IMF）

---

① 娄飞鹏：《三大结构性因素相互关系及对商业银行的影响》，《北京金融评论》2014 年第 4 期。
② 娄飞鹏：《大类资产配置：理论、现状与趋势——基于人口老龄化的视角》，《金融理论与实践》2017 年第 6 期。
③ 蔡昉：《人口因素如何影响中国未来经济增长》，《科学发展》2013 年第 6 期。

研究认为，中长期来看，人口老龄化将使发达经济体、新兴经济体的潜在经济增长率分别降低 0.2%、0.4%。[1] 人口因素在经济增长中发挥着重要作用。按照宏观经济增长理论，从要素方面看经济增长依赖于劳动、资本、自然资源和技术。在这些要素中，人所具有的主观能动性让劳动要素的作用更重要，直接影响其他三类要素对经济增长的作用。人口因素对经济增长的影响不仅取决于总量，还取决于结构，在这其中年龄结构就是一个重要的方面。总体来看，人口年龄结构会经历高少儿抚养比、高劳动力人口比、高老年人抚养比三个阶段，其变化会引起一系列经济变量发生变化，从而影响经济增长。[2] 人口年龄结构与全要素生产率之间呈"倒 U 形"关系，40~49 岁劳动力人口对全要素生产率的贡献最大。[3] 广为讨论的人口红利也说明，劳动力人口占比较高的情况下更容易推动经济快速增长。然而，人口老龄化导致的高老年人抚养比，对经济增长的影响偏负面，并且主要通过降低劳动参与率、人力资本积累来影响潜在经济增长率。

一、人口老龄化降低劳动参与率

人口老龄化对宏观经济增长有明显的负面影响，最直接的表现是人口老龄化影响劳动年龄人口增长和劳动参与率[4]，拉低宏观经济增长速度。从人口年龄结构看，最有利于经济发展的人口年龄结构是年轻型的结构，这种年龄结构可以保障经济发展有较高的劳动力占比，且人口抚养比较低，可以有效提高劳动参与率并获得人口红利。人口老龄化意味着老年人相对较多，老年人往往是被抚养人口，其自身参与经济活动较少，对经济

[1] 王虎：《国际货币基金组织总裁拉加德认为财政政策对应对人口结构变化至关重要》，《中国财经报》2016 年 5 月 7 日第 6 版。

[2] David E. Bloom and Jeffrey G. Williamson, "Demographic Transitions and Economic Miracles in Emerging Asia", *The World Bank Economic Review*, Vol. 12, No. 3, 1998, pp. 419–455.

[3] 赵昕东、李林：《中国劳动力老龄化是否影响全要素生产率？》，《武汉大学学报（哲学社会科学版）》2016 年第 6 期。

[4] IMF, *Uneven Growth: Short and Long-Term Factors*, Washington D.C.: IMF, Apirl 2015.

增长的贡献往往不如劳动年龄人口，从而影响潜在经济增长速度。1965~
1990 年东亚经济增长中，有 1/3 可以从劳动年龄人口增长快于被抚养人口
增长方面解释。[1]我国改革开放至 2010 年，经济长期保持较高的增长速度，
虽然并非单独依靠人口红利推进，但在所有推进经济增长的源泉中都有人
口红利因素，或者说都有有利的人口年龄结构变化的贡献，而在此之后随
着人口红利的淡去，经济的增长速度也在逐步下降。[2]

　　从经济发展的角度看，人口老龄化社会往往是经济发展水平比较高的
社会，其本身就存在保持高速经济增长困难较大的问题。人口增长经历了
高出生、高死亡、低增长，高出生、低死亡、高增长，低出生、低死亡、
低增长几个阶段。在这些阶段的变化中，经济发展水平是一个重要的决定
因素。经济发展水平提高导致出生人口死亡率降低，减少预防性生育行为
以降低人口出生率；经济发展水平提高也会改善医疗水平，提高人口的健
康水平，使得人口预期寿命延长和老年人增多，导致老年人占比提高。经
济发展水平比较高的社会经济增长速度往往会较低，人口老龄化每年平均
使得发达经济体就业的年增长率下降大约 0.2 个百分点[3]。世界银行的相
关数据充分说明了这一点，具体如表 3-1 所示。随着经济发展水平的提
高，65 岁及以上人口占比在提高，GDP 增长率在降低，甚至是人均 GDP
增长率也呈降低的趋势。低收入国家人均 GDP 增长率低与其人口增长过
快有一定的关系。

① David E. Bloom, David Canning, Richard K. Mansfield and Michael Moore, "Demographic Change, Social Security Systems, and Savings", *Journal of Monetary Economics*, Vol. 54, No. 1, 2007, pp. 92 –114. David E. Bloom, David Canning and Günther Fink, "Implications of Population Aging for Economic Growth", NBER Working Paper No. 16705, 2011.
② 蔡昉：《人口因素如何影响中国未来经济增长》，《科学发展》2013 年第 6 期。
③ 国际货币基金组织：《世界经济展望：不均衡的增长——短期和长期因素》，华盛顿：国际货币基金组织，2015 年，第 75 页。

表 3-1　2019 年不同收入水平国家人口老龄化、利率和经济增长

国家或地区类型	65 岁及以上人口占比（%）	存贷款利差（%）	人口增长率（%）	GDP 增长率（%）	人均 GDP 增长率（%）	人均 GDP（美元）
高收入国家	18.26	5.99	0.43	1.68	1.24	44583.56
中高等收入国家	10.03	4.88	0.64	3.84	3.18	9040.05
中等收入国家	7.81	5.97	1.04	3.95	2.88	5575.44
中低收入国家	7.34	6.23	1.20	3.95	2.72	5080.37
中低等收入国家	5.64	6.93	1.43	4.37	2.90	2176.56
低收入国家	3.28	8.11	2.63	3.88	1.22	779.82

注：因 2019 年高收入国家、低收入国家存贷款利差数据未查到，本表分别用的是 2015 年、2017 年的数据。
资料来源：世界银行。

二、人口老龄化降低人力资本积累

　　人口老龄化不利于人力资本积累，也就是不利于提高人口质量来推进经济增长。西奥多·舒尔茨（Thodore W. Schults）提出的人力资本理论包括人的知识、能力、健康水平等，并引起了经济学家的重视。从内生经济增长理论看，人力资本是经济增长的源泉。[①] 在经济增长中，一部分可以归结为要素投入的增加，另一部分则要归结于人力资本。积累人力资本的一个有效途径是教育。受年龄和生理特点等影响，老年人学习速度相对较慢，其进一步从知识、能力方面提高人力资本积累的难度较大，不利于创新研发能力的提高，并因此而对潜在经济增长率产生不利影响。尤其是在经济发展水平较高的阶段，经济增长更需要研发创新，人力资本积累的重要性更突出。从这方面看，老年型社会对经济增长的负面影响会大于年轻型社会。这也是由于年轻型社会青年人口较多，更有利于从知识、能力等

[①] Paul M. Romer, "Endogenous Technological Change", *Journal of Political Economy*, Vol. 98, No. 5, 1990, pp. 71-102.

方面提高人力资本总量，从而推动经济增长。

　　老年人所积累的人力资本不一定适应经济发展的需要，从而会影响经济增长。不可否认的是，老年人在其年轻时期从事各类经济活动并积累了丰富的经验，对经济增长也有着积极的作用。但总体而言，经济发展的过程也是经济结构变化的过程①，产业结构、区域结构、城乡结构等都会在经济发展过程中发生变化。实现进一步的经济发展也需要有经济结构变化的支持。随着经济的发展变化，经济增长所需要的知识和技能也会随之发生变化，不仅对知识和技能的要求会更高，对知识和技能本身的内容也会有新的要求。老年人所拥有的知识和技能，往往更适合于既往经济增长的需要，对经济进一步发展的需要匹配程度较低，从而不利于经济结构的优化调整，进而会对潜在经济增长率造成一定的负面影响。

第二节　人口老龄化与经济结构②

　　按照结构主义经济发展理论，经济结构对经济增长有着重要的影响。③人口老龄化对经济增长有影响的背后，正是因为人口老龄化对经济结构有着重要的影响。在经济结构中，人口城乡结构、三次产业结构、就业结构等都是重要的经济结构指标，而且这些经济结构指标有着明确的发展趋势。人口老龄化与经济发展趋势之间有着密切的关系，总体表现为相互促进的关系，也就是说人口老龄化可以推动经济结构向着既定的趋势发展。

---

①③ 林毅夫：《新结构经济学：反思经济发展与政策的理论框架》，苏剑译，北京大学出版社 2014
　　年版，第 7–8 页。
② 本节主要参考娄飞鹏：《三大结构性因素相互关系及对商业银行的影响》，《北京金融评论》2014 年
　　第 4 期。

一、经济结构及其变化趋势

1. 人口三次产业就业结构的变化及趋势

英国经济学家威廉·配第（William Petty）和科林·克拉克（Colin G. Clark）研究发现，随着人均收入水平的提高，就业人口首先由第一产业向第二产业转移，当人均收入水平进一步提高时，就业人口进一步向第三产业转移。[①] 这就是著名的配第—克拉克定律。美国经济学家西蒙·库兹涅茨（Simon Smith Kuznets）结合统计数据分析表明，随着人均 GDP 的提高，三次产业产值和就业人口在三次产业间呈现有规律的变动。具体是，随着经济发展水平的提高，第一产业的产值占比和就业人口占比不断下降，第二产业的产值占比大体呈上升态势但就业人口占比基本稳定或略有上升，第三产业的产值占比基本稳定或略有上升但就业人口呈上升态势。换言之，随着经济的发展，就业人口在三次产业间呈现"软化"的趋势。

改革开放以来，我国人口三次产业就业结构和三次产业结构变化与威廉·配第、科林·克拉克、西蒙·库兹涅茨等的理论研究是相一致的。我国三次产业从业人数在改革开放之初为"一二三"类型，1994 年演变为"一三二"类型，2011 年演变为"三一二"类型，2014 年演变为"三二一"类型。在人口三次产业就业结构发生变化的同时，三次产业产值结构也在发生相应的变化。第一产业增加值占 GDP 的比例总体呈下降态势，第二产业增加值占 GDP 的比例虽然有波动但总体也呈下降态势，第三产业增加值占 GDP 的比例总体呈上升态势。三次产业产值结构改革开放之初为"二一三"类型，1990 年演变为"二三一"类型，2013 年演变为"三二一"类型，从此至今第三产业增加值占 GDP 的比例在三次产业中占据第一位。

---

① 苏东水：《产业经济学》，高等教育出版社 2000 年版，第 237 页。

2.人口城乡结构的变化及趋势

根据发展经济学理论和国外城镇化发展历程，随着经济的发展，人口将逐步从农村转移到城镇，这也是经济发展导致人口城乡分布结构变化的规律。改革开放之初，我国农村人口占总人口的82.08%，城镇人口仅占总人口的17.92%。改革开放至今，我国人口城乡结构一直呈现农村人口占比稳步减少、城镇人口占比稳步增加的态势。城镇化率由1978年的17.92%上升至2019年的60.6%，大幅度上升。

二、人口老龄化与三次产业就业结构的相互关系

人口三次产业就业结构与人口年龄结构存在相互促进的关系。从人口三次产业就业结构影响人口年龄结构的方向看，随着三次产业结构的进一步优化，经济发展水平会进一步提高，为进一步提高人口健康水平提供保障，有助于人口预期寿命的延长，导致人口老龄化水平进一步加速发展。从人口年龄结构影响人口三次产业就业结构的方向看，人口老龄化带来的人口年龄结构变化从供给和需求两个方面推动第三产业发展，推动产业结构的进一步优化。

从需求方面看，人口老龄化带来消费需求结构的变化，对生产消费品的产业结构产生影响。具体表现为，人口老龄化将导致对老年服务业的需求增加，包括老年人的个人服务、家庭服务、社区服务等，这些是老龄化社会的刚性需求，为此必须更加重视发展第三产业。人口老龄化将重点带动第三产业发展的原因在于：一是老年人的生理和心理特点决定了他们需要更多的服务；二是第一产业、第二产业的产品只需要根据老年人的特点稍作改进，基本不需要专门的研发，[1] 即可满足老年人的需求。人口老龄化也会导致健康保健品、医疗护理服务等高层次服务消费的比例提高，并因

---

① 林擎国、王伟：《人口老龄化对我国产业结构调整与优化的影响》，《学术研究》2001年第2期。

此扩大增值税、消费税等间接税的税基，进而提高政府税收收入。[①]

从供给方面看，人口老龄化引起劳动力的数量和质量发生变化，从而引起人口就业的行业发生变化，具体表现为第三产业就业人口的比例提高和数量增多。这是由于，与工业相比，第三产业的服务业更多的是依靠丰富的经验提高质量和效率的行业。随着从业人员年龄的增长，其对工作岗位的认知和工作经验都会有较多的积累，工作效率不会因年龄的增长而明显下降，最终有利于服务业的发展。[②] 发达国家人口老龄化的过程往往伴随着去工业化的过程，服务业在国家经济中的地位大幅上升，也佐证了这一点。但也要清醒地看到，人口老龄化有利于提高第三产业的就业比重，但不利于第三产业的高级化。主要原因在于：一是老年人的知识结构相对老化，限制劳动力人口向技术、知识密集型行业转换；二是人口老龄化导致消费习惯相对固化，对扩大新兴产业的市场需求不利；三是人口老龄化导致投资资金供给相对减少，不利于产业结构高级化。[③]

三、人口老龄化与人口城乡结构的相互关系

人口城乡结构与人口年龄结构间主要也是相互促进的关系。特别是从我国人口城镇化与人口年龄结构的关系看，两者紧密相连。人口城乡结构将影响人口老龄化水平和区域分布。从区域分布看，城乡人口迁移将降低城镇地区实际的老龄化水平，加剧乡村地区的老龄化水平，这主要是由于年轻人迁移的意愿、动力相对更强，迁入城市的比例也较高。从老龄化水平看，人口城镇化将加速人口老龄化。[④] 其原因在于：一方面，伴随着城镇化水平和质量的提高，第三产业将获得更大的发展，提供更多的就业机

① 龚锋、余锦亮：《人口老龄化、税收负担与财政可持续性》，《经济研究》2015 年第 8 期。
② 陈卫民、施美程：《发达国家人口老龄化过程中的产业结构转变》，《南开学报（哲学社会科学版）》2013 年第 6 期。
③ 鲁志国、黄赤峰：《人口老龄化与产业结构调整》，《中国经济问题》2003 年第 3 期。
④ 李芳、李志宏：《人口老龄化对城乡统筹发展的影响与对策探析》，《西北人口》2014 年第 2 期。

会，妇女的劳动参与率、生育孩子的机会成本、子女教育的成本将逐步提高，影响城镇人口的生育意愿，生育率降低进而导致人口老龄化；[1]另一方面，高度的城镇化往往伴随着较高的经济发展水平，在提高人口预期寿命的同时也有更加健全的养老保障和设施，弱化养儿防老的理念，导致城镇人口降低生育水平，加剧人口老龄化水平。

从人口年龄结构影响人口城乡结构方面看，人口老龄化在对城镇化质量起到积极促进作用的同时，对城乡人口结构的变化速度会产生一定的不利影响。从对城镇化质量的促进作用方面看，人口老龄化从需求方面作用于产业结构，进而对城镇化产生影响。[2]人口老龄化所引起的产业结构变化主要通过非均衡增长体现[3]，可进一步作用于人口迁移和区域城镇化发展。另外，人口老龄化也意味着需要城镇有更完善的养老、医疗设施，有助于提高城镇地区的基础设施水平，提高城镇化质量。[4]但是，如果基础设施投入总量既定，养老、医疗设施的增加将对其他基础设施的投入产生挤出效应，不利于提高城镇化的质量。[5]从人口老龄化影响城镇化的速度方面看，人口老龄化本身就意味着农村地区可供迁移到城镇地区的人口减少，直接影响人口城镇化水平的迅速提高。在城镇化的过程中，城乡人口迁移更多的是年轻人，老年人不愿意迁移到城镇地区，随着老年人的增加，向城镇迁移的总体意愿会逐步降低。[6]

第三节　人口老龄化与利率水平

人口老龄化的发展趋势是老龄化水平不断提高，这一发展方向基本没

①④⑤⑥ 李芳、李志宏：《人口老龄化对城乡统筹发展的影响与对策探析》，《西北人口》2014年第2期。
② 杨光辉：《中国人口老龄化与产业结构调整的统计研究》，博士学位论文，厦门大学，2006年，第107-112页。
③ 杨光辉：《中国人口老龄化与产业结构调整的统计研究》，博士学位论文，厦门大学，2006年，第204页。

有争议也不会转变。利率的变化趋势则没有人口老龄化明朗，其长期趋势有可能上升，也有可能下降。因而，分析人口老龄化趋势下的利率走势可以参考两者的相关系数，若两者呈负相关关系，则可以认为，利率将会随着人口老龄化水平的提高而降低。[①] 利用世界银行的国家或地区间的截面数据和部分国家或地区的时间序列数据，以 65 岁及以上人口占比代表人口老龄化水平，并结合利率数据的分析均表明，人口老龄化与利率之间呈负相关关系。这意味着，随着人口老龄化水平的提高，利率呈下降趋势。截面数据的分析表明，随着人口老龄化水平的提高，利率下降具有普遍性，不受国家或地区地理环境或政治制度的影响。时间序列数据的分析表明，随着人口老龄化水平的提高，利率下降也具有普遍性，不受经济发展水平高低的影响。同时，人口老龄化对利率的影响是一种长期的趋势[②]，并且使利率长期维持在较低水平[③]。

一、数据指标与样本的选择

人口老龄化指标以 65 岁及以上人口占比来代表，利率用存贷款利差、存款利率、贷款利率三个指标来代表，并且利率是名义利率，这样处理主要是因为数据的可得性。世界银行公布的统计数据中，上述四个指标的最新年份是 2019 年[④]，在截面数据分析时，就利用 2019 年的最新数据。上述四个指标数据都可以查到的国家或经济体总计为 87 个，在截面数据分析时就以这 87 个国家或经济体为样本。在对部分国家时间序列数据分析时的选择范围是，2019 年以现价美元衡量的 GDP 总量，以及人口老龄化水平在全球排名前 20 名的国家，同时符合上述两个标准的国家有日本、

---

① 娄飞鹏：《人口老龄化与利率走势的关系——基于全球数据的实证研究》，《中国货币市场》2017 年第 11 期。
② 董德志：《投资交易笔记（续）》，经济科学出版社 2016 年版，第 116 页。
③ 国际货币基金组织：《〈全球金融稳定报告〉概要》，华盛顿：国际货币基金组织，2017 年，第 3 页。
④ 这里的最新年份是针对本书写作出版而言的。本书采用的数据来自世界银行，发布的时间为 2020 年 7 月 1 日，统计公布的国家或经济体共计 217 个。

德国、法国、意大利、西班牙。同时，加入全球和我国的数据进行分析。虽然美国 2019 年 65 岁及以上人口占其总人口的比例为 16.21%，全球排名未进入前 20 名，但其经济总量全球第一，此处也对美国的数据进行分析。所以最终进行时间序列分析的七个国家是中国、美国、日本、德国、法国、意大利、西班牙。这些国家目前均是老龄化国家，可以更好地开展时间序列分析。①

二、基于截面数据的人口老龄化与利率走势的关系

从 87 个国家或经济体的数据看，65 岁及以上人口占比与存贷款利差、存款利率、贷款利率均为负相关关系，其相关系数分别为 -0.33、-0.28、-0.41。伴随着人口老龄化水平的提高，三个利率统计数据的变化趋势是：存贷款利差的波动幅度在缩小，并且存贷款利差趋于下降；存款利率波动较为稳定甚至呈现波动略微变大的特点，但其总体上仍是趋于下降；贷款利率的波动趋势与存贷款利差相似，波动幅度在缩小，并且贷款利率趋于下降。② 具体如图 3-1、图 3-2、图 3-3 所示。

---

① 2019 年，全球 GDP 为 87.75 万亿美元，65 岁及以上人口 6.98 亿人。在进行截面数据分析时，所选取的 87 个国家或经济体的 GDP 占全球 GDP 的比例为 35.87%（因数据查询不到，南苏丹、阿鲁巴、不丹、汤加的 GDP 依次为 2016 年、2017 年、2018 年、2018 年的数值，如果不含这四国则占比为 35.85%），65 岁及以上人口占全球 65 岁及以上人口的比例为 50.75%。在进行时间序列数据分析时，GDP 总量排名前 20 名国家的 GDP 占全球 GDP 的比例为 80.18%，实际分析的七国 GDP 占全球 GDP 的比例为 57.9%。65 岁及以上人口占比排名前 20 名的国家，其 65 岁及以上人口占全球 65 岁及以上人口的比例为 15.46%，实际分析的七国 65 岁及以上人口占全球 65 岁及以上人口的比例为 42.74%。实际分析的七国 65 岁及以上人口占全球 65 岁及以上人口的比例高于全球排名前 20 名国家的比例，主要是因为 65 岁及以上人口占比排名前 20 名的国家不包括中国和美国，2019 年中国、美国 65 岁及以上人口分别为 1.6 亿人、5320.63 万人，占全球 65 岁及以上人口的比例分别为 22.97%、7.62%。总体而言，无论是截面数据还是时间序列数据，所选取的样本从量的方面看均具有较好的代表性。
② 娄飞鹏：《人口老龄化与利率走势的关系——基于全球数据的实证研究》，《中国货币市场》2017 年第 11 期。

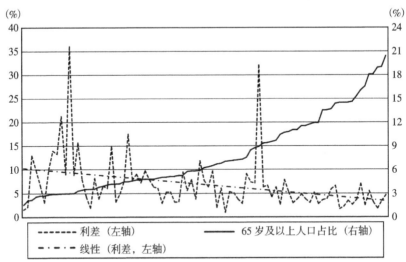

图 3-1　2019 年 65 岁及以上人口占比与存贷款利差走势

资料来源：世界银行。

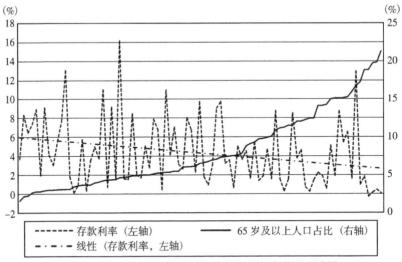

图 3-2　2019 年 65 岁及以上人口占比与存款利率走势

资料来源：世界银行。

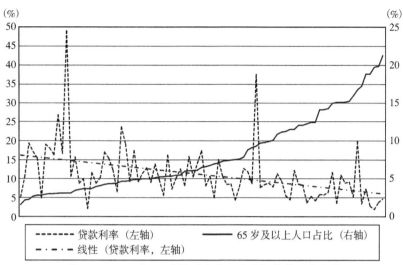

图 3-3 2019 年 65 岁及以上人口占比与贷款利率走势

资料来源：世界银行。

把 87 个国家或经济体的数据进行分组分析，也可以发现随着人口老龄化水平的提高，利率走势呈下降的趋势。首先，把 87 个国家或经济体分为两部分，即人口非老龄化及人口老龄化国家或经济体，其国家或经济体数分别为 47 个、40 个。人口非老龄化国家或经济体组 65 岁及以上人口平均占比为 4.34%，而人口老龄化国家或经济体组 65 岁及以上人口平均占比为 12.53%。人口非老龄化国家或经济体组平均的存贷款利差、存款利率、贷款利率分别为 8.17%、5.01%、13.19%，相对均较高。人口老龄化国家或经济体组平均的存款款利差、存款利率、贷款利率分别为 5.06%、3.4%、8.46%，相对均较低。也就是说，人口老龄化国家或经济体组与人口非老龄化国家或经济体组的组间利率差异明显，并且是人口老龄化国家或经济体组的利率较低。

其次，进一步对人口老龄化国家或经济体组，以及人口非老龄化国家或经济体组进行组内分组分析。分组的依据是 65 岁及以上人口的占比数值。对人口非老龄化国家或经济体组以 65 岁及以上人口占比 3.5% 为界限，分为 65 岁及以上人口占比低于 3.5% 的组，包括 14 个国家或经济体，其 65 岁及以上人口平均占比为 2.74%，平均的存贷款利差、存款利率、贷款利率分别为 11.63%、5.75%、17.38%；65 岁及以上人口占比在 3.5% 及以上且低于 7% 的组，包括 33 个国家或经济体，其 65 岁及以上人口平均占比为 5.01%，平均的存贷款利差、存款利率、贷款利率分别为 6.71%、4.7%、11.41%。对人口老龄化国家或经济体组以 65 岁及以上人口占比 14% 为界限，分为 65 岁及以上人口占比在 7% 及以上且低于 14% 的组，包括 24 个国家或经济体，其 65 岁及以上人口平均占比为 9.81%，平均的存贷款利差、存款利率、贷款利率分别为 5.95%、3.6%、9.55%；65 岁及以上人口占比在 14% 及以上的组，包括 16 个国家或经济体，其 65 岁及以上人口平均占比为 16.62%，平均的存贷款利差、存款利率、贷款利率分别为 3.74%、3.09%、6.83%。具体如表 3-2 所示。

表 3-2　2019 年国家或经济体根据 65 岁及以上人口占比分组的利率及利差

65 岁及以上人口占比	国家或经济体个数（个）	65 岁及以上人口平均占比（%）	存贷款利差（%）	存款利率（%）	贷款利率（%）
3.5%以下	14	2.74	11.63	5.75	17.38
[3.5%，7%)	33	5.01	6.71	4.70	11.41
7%以下	47	4.34	8.17	5.01	13.19
[7%，14%)	24	9.81	5.95	3.60	9.55
14%及以上	16	16.62	3.74	3.09	6.83
7%及以上	40	12.53	5.06	3.40	8.46

资料来源：根据世界银行统计数据整理计算。

以上分析说明，随着人口老龄化水平的提高，存贷款利差、存款利率、贷款利率均呈下降的趋势。进一步采用分组数据分析表明，这种趋势在人口老龄化国家或经济体和人口非老龄化国家或经济体都表现出相同的趋势，即伴随着 65 岁及以上人口占比的提高，存贷款利差、存款利率、贷款利率走势均呈下降的趋势。需要特别说明的是，世界银行发布了 217 个国家或经济体的数据，本书之所以选择其中 87 个国家或经济体分析，唯一的理由是这些国家或经济体的 65 岁及以上人口占比、存贷款利差、存款利率、贷款利率四个指标 2019 年的数据都是完整的。也就是说，从 217 个国家或经济体中选择 87 个国家或经济体进行分析，样本选择完全遵循随机原则，而且样本量足够大甚至超过整体个数的 40%，在统计学意义上，其分析结果对整体具有较好的代表性。由于不同国家或经济体处在不同的地理位置，具有不同的资源禀赋条件，政治制度也存在差异，但其利率水平总体呈随人口老龄化水平提高而降低的态势。这意味着，随着人口老龄化水平的提高，利率下降具有普遍性。

三、基于时间序列数据的人口老龄化与利率走势的关系

　　基于全球和中国、美国、日本、德国、法国、意大利、西班牙七国时间序列数据的分析结果表明，伴随着人口老龄化水平的提高，利率走势呈下降的趋势。[①] 具体理由是：从可获得的数据看，全球和七个国家 65 岁及以上人口占比与存贷款利差、存款利率、贷款利率的相关系数，除了中国、美国、德国、法国四个国家 65 岁及以上人口占比与存贷款利差的相关系数为正值，以及法国 65 岁及以上人口占比与贷款利率的相关系数为正值外，[②] 其余利用已有数据计算的相关系数均为负值。65 岁及以上人口占比呈逐步提高的趋势，其与存贷款利差、存款利率、贷款利率的相关系数为负，也就是人口老龄化水平与利率之间呈负相关关系，说明利率在逐步下降。从全球看，65 岁及以上人口占比与存贷款利差的相关系数为 -0.89，呈高度负相关关系。分国别看，日本、意大利、西班牙三个国家 65 岁及

---

① 娄飞鹏：《人口老龄化与利率走势的关系——基于全球数据的实证研究》，《中国货币市场》2017 年第 11 期。

② 可能的原因是：20 世纪 80 年代和 90 年代初，中国曾经出现存款利率高于贷款利率，以及存款利率、贷款利率相同的情况，如果以 2000~2019 年的数据分析，中国存贷款利差与 65 岁及以上人口占比的相关系数为 -0.83，也符合本书的分析。德国在 20 世纪 80 年代持续出现人口老龄化水平下降的情况，是导致其存贷款利差与 65 岁及以上人口占比相关系数为正值的一个重要影响因素。美国、法国的数据也曾出现异常情况。

以上人口占比与存贷款利差、存款利率、贷款利率的相关系数绝对值较高，负相关关系更显著；美国、德国两个国家的负相关关系相对较弱；中国65岁及以上人口占比与存贷款利差、存款利率、贷款利率的相关系数绝对值较高，人口老龄化水平与存款利率、贷款利率呈高度负相关关系，与存贷款利差呈正相关关系，这可能与分析的年份中中国曾经出现存款利率高于贷款利率，以及存款利率、贷款利率相同的情况，导致存贷款利差数据反常有关。具体如表3-3所示。

表3-3　65岁及以上人口占比与利率的相关系数

国家或区域	存贷款利差		存款利率		贷款利率	
	相关系数	对应年份	相关系数	对应年份	相关系数	对应年份
全球	−0.89	2001~2017	—	—	—	—
中国	0.67	1980~2019	−0.70	1980~2019	−0.60	1980~2019
美国	0.87	1965~2012	−0.30	1965~2012	−0.13	1960~2019
日本	−0.97	1960~2017	−0.87	1960~2017	−0.94	1960~2017
德国	0.56	1977~2003	−0.38	1977~2003	−0.09	1977~2003
法国	0.16	1966~2005	−0.73	1966~2017	0.15	1960~2005
意大利	−0.87	1992~2004	−0.96	1992~2004	−0.94	1989~2019
西班牙	−0.56	1982~2003	−0.93	1982~2003	−0.91	1982~2003

注：考虑到数据可得性问题，本表是利用世界银行2018年1月21日、2019年3月21日、2020年7月1日公布的数据汇总计算得出。

资料来源：根据世界银行统计数据整理计算。

对时间序列数据的分析，计算65岁及以上人口占比与存贷款利差、存款利率、贷款利率的相关系数对应的年份不同，年份跨度有长有短，最长的有60年，最短的也有13年，不同国家甚至同一国家65岁及以上人口占比与不同利率指标的相关系数对应的年份不同，唯一的原因是数据可得性。65岁及以上人口占比数据相对较为完整，而存贷款利差、存款利率、贷款利率数据相对较少，其能够查询到数据的年份决定了最终计算相关系数的年份及跨度时长。这也说明，在利用时间序列数据分析时，样本国家的时间选择完全遵循随机原则，以保障样本对整体具有较好的代表性。利用时间序列数据分析的全球和七个国家 65 岁及以上人口占比与存贷款利差、存款利率、贷款利率的相关系数基本为负值，相关关系基本呈负相关，且七个国家处于不同的发展阶段，经济发展水平也不一样，说明随着 65 岁及以上人口占比的提高，利率走势呈下降趋势与经济发展所处的阶段和经济发展绝对水平高低没有关系。

从更长的历史时期看，19 世纪，英国、法国、德国、瑞士、瑞典等欧洲国家的利率走势基本都呈下降的趋势。[1] 美国 19 世纪的利率高于 20 世纪，20 世纪 80 年代的利率也基本都没有高于 20 世纪 30 年代和 19 世纪的大部分时候。[2] 在利率下降的同时，65 岁及以上人口占比总体呈上升趋势，也佐证了随着人口老龄化水平的提高利率走势呈下降的趋势。

四、人口老龄化带来利率下降的供求成因分析

按照新古典经济学理论，利率水平由供求关系决定。人口老龄化会降低对投资的需求并减少对资金的需求，增加养老金的储蓄规模并增加资金的供给，利率作为资金的价格，在供过于求的情况下受供求力量影响会降低。从资金供给方看，人口老龄化将增加资金供给，丰富金融机构的资金来源。按照弗兰科·莫迪利安尼的生命周期理论，年轻时和年老时是负储蓄，中年阶段是正储蓄。[3] 虽然人口老龄化会导致老年人的负储蓄增加，但其为了养老而在年轻时进行了较多的储蓄，这些储蓄资金仍然沉淀在金融机构，可供金融机构放贷和投资使用，有利于资金供给的增加。也就是说，理性的人会在年轻时出于预防动机而多储蓄，以此增加资金的供给。针对我国的研究也表明，在我国进入老龄化社会之后，国民储蓄率不仅没

① 悉尼·霍默、理查德·西勒：《利率史（第四版）》，肖新明、曹建海译，中信出版社 2010 年版，第 169–268 页。

② 悉尼·霍默、理查德·西勒：《利率史（第四版）》，肖新明、曹建海译，中信出版社 2010 年版，第 444 页。

③ Albert Ando and Franco Modigliani, "The 'Life Cycle' Hypothesis of Saving: Aggregate Implications and Tests", *American Economic Review*, Vol. 53, No. 1, 1963, pp. 55–84.

有下降反而提高了 12.8 个百分点。[①]另外，伴随着养老金三支柱的发展，养老金规模也会快速增加。养老基金投资本身就是证券投资基金业的一个重要组成部分。[②]从国外的情况看，养老金也是保险市场、资本市场重要的长期资金来源之一。这就说明了人口老龄化会导致资金供给增加。在世界银行公布的 2017 年[③]的统计数据中，各项指标数据都完整的国家或经济体有 76 个，就总储蓄与 GDP 的平均比例看，按照 65 岁及以上人口占总人口的比例从高到低排序，排名前 25 名的国家或经济体比排名后 25 名的国家或经济体高 3.86 个百分点。具体如表 3-4 所示。考虑到选择 76 个国家或经济体的唯一标准是统计数据指标完整，因而其样本选择遵循了随机原则，对总体具有较好的代表性。

表 3-4　2017 年 76 个国家或经济体人口老龄化与储蓄和存贷款利率

年龄段	指标	年龄段人口占比	总储蓄/GDP	存款利率	贷款利率	实际利率
0~14 岁	前 25 名（%）	38.24	18.92	6.21	16.83	7.21
	后 25 名（%）	17.32	25.73	3.19	8.65	4.00
	差值（个百分点）	20.92	−6.81	3.02	8.18	3.21
15~64 岁	前 25 名（%）	70.98	25.51	3.51	9.44	4.82
	后 25 名（%）	58.00	18.35	7.24	18.04	7.40
	差值（个百分点）	12.98	7.16	−3.73	−8.60	−2.58
65 岁及以上	前 25 名（%）	13.97	24.54	4.04	8.70	3.35
	后 25 名（%）	3.22	20.68	5.80	15.95	6.82
	差值（个百分点）	10.75	3.86	−1.76	−7.25	−3.47

注：按照各年龄段人口占比从高到低的顺序排名。
资料来源：根据世界银行统计数据整理计算。

———————

① 汪伟、艾春荣：《人口老龄化与中国储蓄率的动态演化》，《管理世界》2015 年第 6 期。
② 姚余栋、王赓宇：《发展养老金融与落实供给侧结构性改革》，《金融论坛》2016 年第 5 期。
③ 世界银行公布的 2019 年的数据中，表 3-4 所列指标数据都完整的国家或经济体只有 41 个，样本量相对较小，故此处的分析采用样本量相对较多的 2017 年。

观察表 3-4 可以发现，15~64 岁人口占比较高会提高总储蓄与 GDP 的比例，65 岁及以上人口占比提高同样有助于提高总储蓄与 GDP 的比例。虽然 0~14 岁人口、65 岁及以上人口都是非劳动年龄人口，但这两个群体对总储蓄和利率的影响方向完全相反。0~14 岁人口在总人口中的占比越高，总储蓄与 GDP 的比例越低且利率越高；65 岁及以上人口在总人口中的占比越高，总储蓄与 GDP 的比例越高且利率越低。[①] 同时，65 岁及以上人口在总人口中的占比、15~64 岁人口在总人口中的占比，对总储蓄与 GDP 的比例、利率影响方向完全一样。这种情况出现的原因在于，一是人的行为选择是由预期决定的，面对人口老龄化，人们在劳动年龄阶段会增加储蓄，以保证将来退休之后生活水平不出现大幅度下降。虽然进入老年阶段是负储蓄，但在劳动年龄阶段为养老而进行的高额储蓄足以抵消其老年阶段的负储蓄。也就是说，人们有为了应对寿命延长而提高储蓄率的动机，[②] 促使其在劳动年龄阶段为养老而多储蓄，并且有能力和机会实现这一目标。0~14 岁人口没有经历过有工资收入的阶段，其没有机会为此而增加储蓄，从而导致 0~14 岁人口在总人口中的占比较高时总储蓄与 GDP 的比例会较低，不同于 65 岁及以上人口、15~64 岁人口在总人口中占比较高的情况。二是有为了给子女提供遗产而储蓄的情况。人们年轻时的储蓄并不一定都是为了老年的消费，也有很大一部分是为了给子女提供遗产，特别是当财富超过退休后所需的消费时，人们会有更强的为了遗赠给子女财产而储蓄的动机。[③] 我国人口遗赠动机更加强烈，也会进一步促使老年人

---

① 对资本市场的实证研究也有类似结论。如利用国内 27 个省（自治区、直辖市）在深圳证券交易所的股票开户数、交易金额等数据的实证分析发现：少年抚养比对不同地区的股市参与率和参与程度存在显著的负向作用，而老年抚养比的影响在统计上不显著。研究结论是：在其他条件不变的情况下，随着我国少年抚养比的逐年下降，未来我国居民股市参与率和参与程度将有一定幅度的上升。周小波、周立群：《人口结构对股市参与率和参与程度的影响》，《证券市场导报》2017 年第 6 期。

② 汪伟、艾春荣：《人口老龄化与中国储蓄率的动态演化》，《管理世界》2015 年第 6 期。

③ Laurence J. Kotlikoff and Lawrence H. Summers, "The Role of Intergenerational Transfers in Aggregate Capital Accumulation", *Journal of Political Economy*, Vol. 89, No. 4, 1981, pp. 706-732.

将储蓄的财产遗留给子女，[①] 从而增加储蓄总量。

从资金需求方看，人口老龄化将导致投资和消费需求减少，降低总体的投资和消费派生出的资金需求。这是由于，从风险偏好的角度看，从事投资活动的经济主体属于风险偏好型，而老年人风险规避的特点更明显，其更追求稳定而对投资需求不高，降低了投资需求。与此同时，老年人预期未来收入上涨的可能性较小，消费习惯较为保守，一般不会贷款消费，对汽车等耐用消费品的需求也较少，因为消费行为而派生出的贷款行为也较少。[②] 这样一来，老龄化社会资金借贷市场的供求关系是，资金供给相对充裕，资金需求相对疲软，供求力量作用的结果是资金利率价格降低。根据世界银行人口年龄结构和利率的统计数据，预人口红利国家或地区 65 岁及以上人口占比较低，存贷款利差较高；早期人口红利、后期人口红利国家或地区 65 岁及以上人口占比居中，存贷款利差居中；人口红利之后国家或地区 65 岁及以上人口占比最高，存贷款利差最低。具体如表 3-5 所示。

表 3-5　2019 年人口红利阶段与存贷款利差数据

单位：%

国家或地区类型	65 岁及以上人口占比	存贷款利差	人口增长率
预人口红利	2.77	11.37	2.76
早期人口红利	5.97	6.24	1.29
后期人口红利	11.18	4.11	0.46
人口红利之后	19.29	3.66	0.31

注：预人口红利国家的存贷款利差是根据截面分析的 87 个国家或经济体中 65 岁及以上人口占比从低到高排名前 15 名的国家或经济体的存贷款利差计算的平均值，其 65 岁及以上人口占比简单算术平均数为 2.79%。人口红利之后国家的存贷款利差是根据截面分析的 87 个国家或经济体中 65 岁及以上人口占比从高到低排名前 10 名的国家或经济体的存贷款利差计算的平均值，其 65 岁及以上人口占比简单算术平均数为 18.85%。

资料来源：根据世界银行统计数据整理计算。

---

① Sausan M. Collions, "Saving Behavior in Ten Developing Countries", in B. Douglas Bernheim and Jhon B. Shoven, eds. *National Saving and Economic Performance*, Chicago: University of Chicago Press, 1991, pp. 349-376.

② 姜飞鹏：《老龄化社会中的商业银行老龄金融发展分析》，《甘肃金融》2014 年第 7 期。

从价格弹性的角度也可以说明，人口老龄化会通过供求弹性影响利率水平。人口老龄化导致为养老而进行预防性储蓄的需求更强烈，且养老问题是必须面对的问题，决定了对预防性储蓄的需求价格弹性较低，也就是说其储蓄规模并不会因为利率变化而做出较大调整。在借贷市场就表现为资金的供给价格弹性较小。因为人口老龄化导致整个社会投资主体的风险偏好降低，且从微观角度看投资需求并非生活所必需，投资需求下降且其资金需求价格弹性较大，利率的变化会导致相对较大的资金需求量变化。经济学理论表明，在供求双方的博弈中，价格弹性较大的一方往往处于占优地位，其可以更好地根据价格变化调整供给量或需求量，引导价格向着对己有利的方向发展。在人口老龄化的情况下，资金的供给价格弹性较小，需求价格弹性较大，导致利率会向着有利于需求方的方向变化以及利率水平降低。因为人口老龄化是一个持续渐进的过程，方向也基本不可逆转。老年人会不断出现且规模增大，用于养老的资金总量也在不断增加，不论社会养老保障完善程度如何，个人都会出于谨慎的考虑而多储蓄，加上老年人借贷需求较少，可以让资金供给充裕的状态持续存在进而维持低利率。

第四节　人口老龄化与资产配置①

人口年龄结构是影响金融资产配置的一个重要因素。② 从资产选择的视角看，在不同年龄阶段人们有不同的资产需求，随着年龄的增长人们会调整其资产配置，增加或减少特定资产的持有，导致资产配置具有生命周期

---

① 本节主要参考娄飞鹏：《大类资产配置：理论、现状与趋势——基于人口老龄化的视角》，《金融理论与实践》2017 年第 6 期。
② 车树林、王琼：《人口年龄结构对我国居民投资偏好的影响——基于 CHFS 数据的实证研究》，《南方金融》2016 年第 9 期。

特征。人口老龄化本身会增加对低风险金融资产的配置，减少对高风险金融资产的配置。[1] 由于老年人占比的提高和对老年生活质量追求的提高，通过资产的合理配置来实现养老资金保值增值的需求日益突出，而且资产配置在养老资金中的作用很大。相关研究表明，在养老基金的投资总回报中，93.6%是由资产配置因素引起的。[2] 相对而言，受预期收入增长较低以及劳动参与率较低等因素影响，老年人厌恶风险的特点更加突出，人口老龄化也会直接影响整个社会对特定大类资产的总需求，决定其投资策略选择并影响各类机构的资产配置策略。总体而言，人口老龄化对资产配置的影响主要从资金来源、机构发展以及资产配置占比等方面发挥作用。

一、资产配置的资金来源与结构变化趋势

人口老龄化水平不断提高将导致资产配置的资金来源中长期可投资资金规模占比提高。这主要是因为：从个人角度看，为了养老更有保障，居民会更多地存款并且其存款以长期为主，以获取长期存款相对于活期和短期存款的高收益。收入水平较高的群体会更多地购买商业养老保险，增加保险公司可配置的资金规模，而保险公司本来就是提供长期资金的重要金融机构，其资金运用中不仅存款比例相对较高，而且长期存款较多。1995~2014 年，日本居民的资产配置中，年均复合增长率最高的两个领域是保险及退休金、现金和存款，分别为 2.13%、2.04%，远高于股票、证券以及其他资产投资的年均复合增长率。[3]

从机构角度看，我国的养老保障体系也在逐步完善，养老金三支柱中基本养老金、企业年金和职业年金构成的职业养老金，以及个人税收递延

① 明明：《浅谈人口问题对经济和市场的影响》，https：//www.sono.com/a/218840124_313170，2018 年 1 月 25 日。

② Gary P. Brinson, L. Randolph Hood and Gilbert L. Beebower, "Determinants of Portfolio Performance", *Financial Analysts Journal*, Vol. 42, No. 4, 1986, pp. 39~44.

③ 中国光大银行、波士顿咨询公司：《中国资产管理市场 2015 报告》，http：//www.cebbank.com/site/gryw/yglc/ggxx/5413698/16197340/index.html，2016 年 4 月 6 日。

型商业养老保险金的覆盖面会进一步扩大，积累的资金规模会更大，投资规模也会更大。根据人力资源和社会保障部、国家统计局的统计数据，2019 年底，全国参加城镇职工基本养老保险和城乡居民基本养老保险的人员占全国总人口的比例为 69.1%；全国建立企业年金的企业占国有及规模以上非国有工业企业的比例为 25.74%，企业年金累计结存 1.8 万亿元。这些数据都说明，我国在养老金三支柱建设完善方面还有很大的提升空间。作为人口老龄化高峰时期养老保险等社会保障支出的补充和调剂的全国社会保障基金（简称"全国社保基金"），其规模会随着人口老龄化的发展而进一步扩大，投资也以长期投资为主。2018 年底，全国社保基金总规模 2.24 万亿元，境内投资占比为 92.2%，[①] 是资本市场投资的一个重要资金来源。这些因素也决定了，随着人口老龄化的发展，资产配置资金来源中的长期资金占比会提高。

二、资产配置的机构变化趋势

人口老龄化的持续发展将引起保险公司、基金公司可配置的资金规模增加、占比提高，信托公司也会因为其投资更多元灵活而从中受益。按照宏观经济学的分析框架，居民部门是重要的资金提供方。在金融机构进行资产配置时，其资金很大一部分来源于居民部门，居民部门资金配置结构的变化将影响金融机构资产配置时的资金获取规模。人口老龄化会增加对长期养老资金的需求，在年轻时也会有更多的人为养老考虑购买商业养老保险，增加对商业保险的需求，有利于保险行业发展壮大。人口老龄化导致保险公司配置的资产规模增加主要是保险资产的增加，这一点已为日本的经历所证实。1995~2014 年，日本的保险及退休金年均复合增长率为 2.13%，远高于现金与存款、股票、证券以及其他资产投资的年均复合增

长率。①

　　基金业也会在人口老龄化过程中逐步发展壮大。美国劳工部调研发现，基金抵御通货膨胀和长寿风险的优势明显。②中国证券投资基金业协会的调查数据表明，2014 年底，60 岁及以上基金投资者的有效账户数占总的基金投资有效账户数的比例为 8.91%，其持有的基金市值占比为 11.48%，并且 60 岁及以上基金投资者平均每户持有的基金净值为 4.28 万元，在各个年龄段中是最高的，2008~2014 年，平均每户净值最高的基金投资者均为 60 岁及以上的投资人群。③同时，在基金投资目的调查中，养老储备是主要目的之一，养老金的主要来源是基本养老保险。④这意味着，随着时间的推移，为了养老更有保障而进行基金投资的人口不局限于老年人，年轻人也开始参与其中，会进一步助推基金业的发展。基金个人投资者将基金作为养老金投资的首选，尤其偏好以养老或者生命周期为主题的基金，约有 81.1% 的投资者在 50 岁以前就考虑养老金问题。⑤

　　以上情况出现的原因在于：首先，基金公司提供的基金产品属于被动型投资产品，不需要投资人具备更多的专业投资技能，也不需要投资人花费较多的精力，契合老年人的投资特点。其次，随着经济发展水平的提高，老年人的收入水平在提高，有开展投资理财的经济实力，为实现资产的保值增值其也会主动开展一些投资理财，并且对基金的购买需求增加。在社会保障体系较为完备的情况下，也存在个人投资理财的风险偏好随年龄增加而提高的情况。⑥最后，养老基金本身就是资本市场上长期投资的重

---

① 中国光大银行、波士顿咨询公司：《中国资产管理市场 2015 报告》，http://www.cebbank.com/site/gryw/yglc/ggxx/5413698/16197340/index.html，2016 年 4 月 6 日。

② 胡继晔：《养老服务金融报告：跨行业的金融探索与创新》，载董克用、姚余栋：《中国养老金融发展报告（2016）》，社会科学文献出版社 2016 年版，第 126–158 页。

③ 中国证券投资基金业协会：《基金投资者情况调查分析报告（2014 年度）》，http://www.amac.org.cn/tjsj/sjbg/389549.shtml，2015 年 7 月 20 日。

④⑤ 中国证券投资基金业协会：《基金个人投资者投资情况调查问卷分析报告（2018 年度）》，https://www.amac.org.cn/researchstatistics/report/tzzbg/201912/P020191231584835724544.pdf，2019 年 12 月 30 日。

⑥ Paul Gerransa, Marilyn Clark-Murphya and Craig Speelman, "Asset Allocation and Age Effects in Retirement Savings Choices", *Accounting and Finance*, Vol. 50, No. 2, 2010, pp. 301–319.

要资金来源，有助于资本市场发展。尤其是各国养老基金投资主要集中在国内，且以长期投资为主，其发展壮大对国内资本市场发展有积极的推动作用。事实上，养老基金和资本市场发展之间存在良性互动已经被理论和实践证实。[1] 在人口老龄化情况下，老年人的个人风险偏好降低，减少对股票等权益类资产的直接持有[2]，积累的养老金通过金融机构进行专业投资，会逐步改变金融机构的资产配置[3]。

信托业也会在人口老龄化发展中获得较大发展。国外养老金大多选择信托公司代为管理，尤其是第二支柱的企业年金和职业年金构成的职业养老金几乎全部采用信托公司管理的模式，而且信托业提供的金融服务几乎可以满足人一生不同阶段对金融服务的需求，加之信托公司成为国外养老金融发展的主流模式，[4] 自然会在人口老龄化发展中获益并获得较大发展。从国外的经验看，国内信托业也会受益于人口老龄化。

三、资产配置的结构变化趋势

人口老龄化将导致房地产投资吸引力下降，也会影响大宗商品配置的比例，有助于债券等大类资产规模扩大。就对房地产和大宗商品的负面影响而言，其都是因为需求减少而降低房地产和大宗商品配置对投资者的吸引力。从房地产方面看，主要是老年人对房子的居住和投资需求较少，不利于增加房子的总需求，拉低房地产价格上涨速度，从而对投资者的吸引力下降，减少对房地产的配置需求。就现实情况而言，老年人自己拥有住房的比例更高，在房地产市场上他们往往不是需求方，而是供给方，供给较大而需求较少决定了房子保值增值的作用会降低，不利于吸引投资资金。大宗商品方面，人口老龄化会拉低经济增速，老年人对服务性消费的

①④ 胡继晔：《养老服务金融报告：跨行业的金融探索与创新》，载董克用、姚余栋：《中国养老金融发展报告（2016）》，社会科学文献出版社 2016 年版，第 126–158 页。

②③ David S. Gerber and René Weber, "Aging, Asset Allocation, and Costs: Evidence for the Pension Fund Industry in Switzerland", IMF Working Paper, 2007.

需求增加而对工业用品消费的需求减少，第三产业的发展速度会提高，在经济总量中的占比会增加，第二产业的发展速度会降低，在经济总量中的占比也会相应有所降低。从产业需求的角度看，第二产业特别是重工业发展对大宗商品的需求更多，第三产业快速发展对大宗商品需求的带动作用相对不明显，不利于大宗商品价格上涨，并降低各类资金投资大宗商品的吸引力。

人口老龄化将会导致对债券等固定收益类资产配置的增加。在收入水平较高的中年阶段，个人对资产配置的敏感度不是特别高，甚至可以说是敏感度最低的阶段，进入老年阶段后随着年龄的增长对固定利息收入的需求会相应增加[1]，并将资产更多地配置到固定收益类资产。债券作为大类资产的一类，其收益相对固定且一般高于存款，风险低于股票、基金等资产，国债更是如此，尤其符合老年人的投资特点，决定了其将会随着人口老龄化水平的提高而有较大的发展空间。

① Paul Gerransa, Marilyn Clark‑Murphya and Craig Speelman, "Asset Allocation and Age Effects in Retirement Savings Choices", *Accounting and Finance*, Vol. 50, No. 2, 2010, pp. 301‑319.

第四章　金融机构发展养老金融的做法

　　养老金融不仅是老龄产业的一个重要组成部分，也是金融体系的一个重要组成部分。发展养老金融不是全盘颠覆既有的金融格局，而是在现有基础上进行资源整合优化，为老年人等相关主体提供更加优质、更具有针对性的金融服务。金融机构作为养老金融的一个主要金融服务供给方，从战略定位与机构设置、业务与产品创新、渠道建设、风险管理等方面进行了积极探索并取得了明显的成效，但也存在一些问题需要解决。[①] 在金融行业内部，银行业、证券业、保险业、基金业、信托业等在发展养老金融时也有不同的优势，不仅要发挥各自的优势，还要做好相互之间的合作以更好地发展养老金融。本章从金融机构发展养老金融的战略与机构、业务与产品、渠道建设、风险管理、比较与展望等方面进行分析。

第一节　金融机构发展养老金融的战略与机构

　　随着人口老龄化的快速发展，养老金融服务需求日益凸显，未来发展趋势看好。对此，已经有部分金融机构从战略层面越来越重视养老金融发展，并且为了推动战略的有效实施，专门组建相关的专业机构来发展养老

---

① 娄飞鹏：《以养老金融推进养老服务发展》，《学习时报》2019 年 8 月 21 日第 2 版。

金融业务。在这方面，主要有两种模式，即在机构内部成立专门的部门来发展养老金融业务，以及成立独立法人机构来专业发展养老金融业务。相比之下，前一种方式可以更好地发挥金融机构内部的协同效应，后一种方式则更有利于专业做好养老金融业务。

一、金融机构发展养老金融的战略定位

金融机构在制定发展战略方面，对养老金融相关的业务予以高度重视。不仅专业的养老金融机构直接定位为发展养老金融业务，如养老保险公司、养老金管理公司，其他金融机构也在战略制定中明确了养老金融业务发展战略。

银行业方面，工商银行将养老金业务先后定位为新兴业务[1]、重点发展的新业务[2]，明确要加快业务发展以优化公司金融业务结构[3]，抓住养老金业务新机遇，做好机关事业单位养老保险改革配套金融服务[4]。中国银行将企业年金定位为新兴业务[5]、轻资本型业务[6]，托管业务中明确提出做强养老金托管[7]，启动银发场景建设[8]，并从资源配置等方面予以倾斜，以加快养老金融业务战略布局。建设银行把养老金业务作为战略性业务加快发展[9]，培育战略性新兴业务增长点[10]。交通银行从战略上关注健康养老金融服务需求。[11]民生银行从战略上高度重视养老金业务的发展，并积极开展与养老金管理公司、基金公司的合作，打造养老金融综合服务平台，通过

① 中国工商银行：《中国工商银行股份有限公司 2009 年年度报告》，2010 年，第 15 页。
② 中国工商银行：《中国工商银行股份有限公司 2011 年年度报告》，2012 年，第 13 页。
③ 中国工商银行：《中国工商银行股份有限公司 2011 年年度报告》，2012 年，第 47 页。
④ 中国工商银行：《中国工商银行股份有限公司 2018 年年度报告》，2019 年，第 36、50 页。
⑤ 中国银行：《中国银行股份有限公司 2009 年年度报告》，2010 年，第 11 页。
⑥ 中国银行：《中国银行股份有限公司 2018 年年度报告》，2019 年，第 14 页。
⑦ 中国银行：《中国银行股份有限公司 2018 年年度报告》，2019 年，第 39 页。
⑧ 中国银行：《中国银行股份有限公司 2019 年年度报告》，2020 年，第 34 页。
⑨ 中国建设银行：《中国建设银行股份有限公司 2012 年年度报告》，2013 年，第 10、13、39 页。
⑩ 中国建设银行：《中国建设银行股份有限公司 2013 年年度报告》，2014 年，第 68 页。
⑪ 交通银行：《交通银行股份有限公司 2018 年年度报告》，2019 年，第 15 页。

重点产品推动养老金业务发展。[①] 兴业银行把养老金融作为七大核心业务领域之一[②]，制定养老金融三年发展规划，确定养老金金融、养老零售金融与老龄产业金融三大领域，建立养老金融服务的组织、产品与营销三套体系，把握社区银行、互联网以及第三方合作机构三个抓手，拟定了具体的工作计划与实施步骤，有序推进养老金融业务发展。[③] 招商银行大力发展企业年金等新兴中间业务、养老金金融等新兴业务、重点业务[④]，加快打造养老金业务特色发展模式[⑤]，重点拓展养老金融等新兴业务市场[⑥]。上海银行把养老金融、消费金融、财富管理等作为零售金融三大战略特色业务。[⑦]

　　基金业方面，南方基金、易方达基金、嘉实基金、汇添富基金、博时基金、银华基金等国内多家基金管理公司，都开辟了专门的养老基金或者养老金业务板块，并在战略上进行明确定位。易方达基金把养老基金业务作为长期战略业务，并把养老金业务与国际业务、特定客户资产管理、公募基金并列为公司四大业务板块。华夏基金明确提出，为养老金提供专业的金融服务是其长期的战略重点。南方基金将企业年金投资管理业务作为公司的核心主营业务优先发展，并做出了重大的战略规划，其战略发展目标是逐步成为国内最大、最专业，并与国际接轨的规范的养老金资产管理公司，在行业内保持领先地位。

---

① 中国民生银行:《中国民生银行股份有限公司 2008 年年度报告》，2009 年，第 25 页。中国民生银行:《中国民生银行股份有限公司 2009 年年度报告》，2010 年，第 33 页。中国民生银行:《中国民生银行股份有限公司 2010 年年度报告》，2011 年，第 32 页。中国民生银行:《中国民生银行股份有限公司 2012 年年度报告》，2013 年，第 40 页。

② 兴业银行:《兴业银行股份有限公司 2015 年年度报告》，2016 年，第 18 页。兴业银行:《兴业银行股份有限公司 2016 年年度报告》，2017 年，第 17 页。

③ 兴业银行:《兴业银行股份有限公司 2016 年年度报告》，2017 年，第 53 页。

④ 招商银行:《招商银行股份有限公司 2006 年年度报告》，2007 年，第 30 页。招商银行:《招商银行股份有限公司 2008 年年度报告》，2009 年，第 11 页。招商银行:《招商银行股份有限公司 2010 年年度报告》，2011 年，第 13 页。招商银行:《招商银行股份有限公司 2011 年年度报告》，2012 年，第 5、11 页。

⑤ 招商银行:《招商银行股份有限公司 2012 年年度报告》，2013 年，第 53、76 页。

⑥ 招商银行:《招商银行股份有限公司 2013 年年度报告》，2014 年，第 7 页。

⑦ 上海银行:《上海银行股份有限公司 2019 年年度报告》，2020 年，第 54 页。

另外，资产管理公司方面，泰康资产将发展企业年金业务列入重点战略进行部署。

二、金融机构发展养老金融的机构设置

1. 金融机构在机构内部成立专门的养老金融部门

金融机构在整合原有与养老金融有关业务的基础上，成立专门的部门发展养老金融业务。国有大型商业银行中，工商银行 2004 年在总行成立企业年金中心，2008 年将其更名为养老金业务部，同时调整了部门职能定位，以适应业务资格和业务领域的变化，推动与之相关的各项业务全面协调发展①。工商银行在 2012 年将养老金业务部定位为营销与产品部门，2013 年起将养老金业务部定位为利润中心。2018 年，工商银行进一步在集团层面建立养老金战略配置团队，深化集团在养老金融业务方面的协同，提高资产配置能力，其子公司工银安盛被列入个人税收递延型养老保险试点公司，控股子公司工银瑞信拥有职业年金、基本养老保险投资管理人等业务资格。②建设银行于 2007 年获得企业年金基金受托人和账户管理人资格③，2008 年在总行成立企业年金中心，作为专业化机构经营养老金业务，2011 年改为养老金业务部④，直至建信养老金管理有限责任公司（简称"建信养老金公司"）成立，才撤并养老金业务部。农业银行 2013 年在总行托管业务部加挂养老金管理中心的牌子。⑤

全国性股份制商业银行中，招商银行于 2003 年在总行成立企业年金管理中心。2011 年，招商银行将企业年金管理中心改为养老金金融部，同年零售金融总部成立后，养老金金融部归其管理，并于 2014 年改为零

---

① 中国工商银行：《中国工商银行股份有限公司 2008 年年度报告》，2009 年，第 67 页。
② 中国工商银行：《中国工商银行股份有限公司 2018 年年度报告》，2019 年，第 50、51、57 页。
③ 中国建设银行：《中国建设银行股份有限公司 2007 年年度报告》，2008 年，第 48 页。
④ 中国建设银行：《中国建设银行股份有限公司 2013 年年度报告》，2014 年，第 122 页。
⑤ 中国农业银行：《中国农业银行股份有限公司 2013 年年度报告》，2014 年，第 140 页。

售基础客户部（养老金金融部）至 2016 年结束，2017 年开始在公司金融总部机构客户部下设二级部养老金金融部①。2016 年，兴业银行在总行成立养老金融中心，其职责定位于统筹研究并制定养老金融业务发展规划，加强产品和服务体系建设、客户营销推动、渠道拓展等工作。

基金公司中，南方基金率先在基金行业内成立了专户投资管理部，定位为专门的年金基金投资管理部门；同时成立养老金业务部，定位为专门的年金基金投资综合管理和服务的部门。

资产管理公司中，泰康资产建立完善的年金业务管理体系，专门设置了年金投资部、养老金理财业务部，在风险控制、法律合规、运营保障、客户服务等各环节都建立了年金专业团队。

2. 金融机构发起设立独立法人养老金融机构

在发起设立独立法人养老金融机构方面，金融行业中保险业步伐相对更快，并且力度也更大。2019 年底，国内的保险公司已经成立八家养老保险公司，中国银保监会当年批准设立恒安标准养老保险有限责任公司。作为专业的养老保险公司，其经营业务范围包括团体和个人养老保险及年金业务、短期和长期健康保险业务，以及这些业务的再保险业务，受托管理委托人委托的以养老保障为目的的人民币和外币资金，养老保险资产管理业务，保险资金运用业务，其他经监管部门批准的业务。具体如表 4-1 所示。

表 4-1　国内保险公司成立的专业养老保险公司

单位：亿元

公司名称	成立日期	注册地	注册资本	总资产
平安养老保险股份有限公司	2004-12-13	上海	48.60	526.56
太平养老保险股份有限公司	2005-01-26	上海	30.00	122.19
长江养老保险股份有限公司	2007-05-18	上海	30.00	48.18

---

① 招行银行：《招商银行股份有限公司 2017 年年度报告》，2018 年，第 110 页。招行银行：《招商银行股份有限公司 2019 年年度报告》，2020 年，第 106 页。

公司名称	成立日期	注册地	注册资本	总资产
泰康养老保险股份有限公司	2007-08-10	北京	26.00	405.15
中国人寿养老保险股份有限公司	2007-01-15	北京	34.00	55.53
大家养老保险股份有限公司	2013-12-31	北京	33.00	285.25
新华养老保险股份有限公司	2016-09-19	北京	50.00	59.61
中国人民养老保险有限责任公司	2017-10-12	河北保定	40.00	46.22
恒安标准养老保险有限责任公司	—	天津	2.00	—

注：总资产为 2019 年底的数据，其中大家养老保险股份有限公司总资产为 2016 年底的数据。恒安标准养老保险有限责任公司信息源自《中国银保监会关于设立恒安标准养老保险有限责任公司的批复》（银保监复〔2019〕336 号）。
资料来源：根据公开资料整理。

银行业也开始成立专门的养老金融机构。2015 年 11 月 4 日，建信养老金公司正式成立，这是国务院批准试点设立的国内首家专业养老金管理机构。该公司由建设银行发起，引入全国社会保障基金理事会（简称"全国社保基金会"）作为战略投资者，双方分别持股 85%、15%。其主要业务范围包括：全国社保基金投资管理业务、企业年金基金管理相关业务、受托管理委托人委托的以养老保障为目的的资金，以及与上述资产管理相关的养老咨询业务等。2019 年底，建信养老金公司总资产 30.88 亿元，净资产 24.72 亿元，管理资产规模 5417.01 亿元，全年实现净利润 1.97 亿元。[①]

三、金融机构发展养老金融战略与机构的反思和展望

金融机构从战略与组织机构建设方面高度重视养老金融发展，并取得了明显的成绩，其中也存在一些问题需要解决。

一是战略定位方面。首先，金融机构发展养老金融的战略定位不够清晰，其发展养老金融是长远战略还是短期战略，是机构层面的发展战略还

---

① 中国建设银行：《中国建设银行股份有限公司 2019 年年度报告》，2020 年，第 49 页。

是具体业务的发展战略界定不清。如招商银行曾经把养老金融业务归入零售、公司、中间业务[①]，浦发银行把养老金融业务归入批发业务，也有中国银行等把养老金融业务归入中间业务。其次，金融机构发展养老金融的战略定位不够坚定，部分金融机构虽然提出了养老金融发展战略，但主要是出于短期的考虑，或者是出于商业宣传以及迎合政府政策导向的考虑，对养老金融发展战略认同感还不够强，战略定位摇摆不定。具体表现在机构设置上，养老金融专业机构弱化。最后，金融机构发展养老金融的战略执行不够有效，由于对养老金融发展战略定位不清，定位存在摇摆，导致在实际战略执行时，对养老金融发展的投入不够，机构建设不能有效支撑战略执行，导致战略执行效果不好。

二是机构组建方面。首先，独立法人专业金融机构总体实力较弱。如2019 年底，八家已成立的专业养老保险公司总资产为 1548.69 亿元，占保险业总资产 20.56 万亿元的 0.75%。其次，金融机构内设部门不够系统。银行业金融机构在总行成立专业的养老金融部门，但分支行建设力度较弱，不仅不利于养老金融战略的执行，而且也不利于养老金融业务发展能力的提升。

养老金融发展的市场空间广阔，对金融机构发展有较大贡献，需要金融机构切实从战略方面予以足够的重视。如 2019 年底，上海银行养老金客户数仅占其零售客户数的 10.13%，但却贡献了全行 45.24% 的零售客户综合资产。[②] 为更好地发展养老金融，金融机构需要对发展养老金融的战略

---

① 如 2008 年，招商银行强力推动中间业务特别是现金管理、企业年金、商务卡等新兴中间业务发展（招商银行：《招商银行股份有限公司 2008 年年度报告》，2009 年，第 11 页）；2011 年，招商银行在批发业务领域，积极发展投资银行、现金管理、资产托管、离岸金融、国际业务、养老金金融等重点业务，不断提升其市场竞争力（招商银行：《招商银行股份有限公司 2011 年年度报告》，2012 年，第 5、11 页）；2012~2013 年，招商银行在零售金融领域，重点发展财富管理、小微业务、私人银行、信用卡和电子银行业务，大力开发远程银行、互联网金融、养老金融等新兴业务市场，巩固和扩大零售银行领先优势（招商银行：《招商银行股份有限公司 2013 年年度报告》，2014 年，第 7 页）；2014 年开始，招商银行公司金融通过大力营销代发工资、商务卡、养老金等业务，带动零售金融客户拓展（招商银行：《招商银行股份有限公司 2014 年年度报告》，2015 年，第 54 页）。
② 上海银行：《上海银行股份有限公司 2019 年年度报告》，2020 年，第 55、57 页。

有清醒的认识，提高对养老金融发展战略的认同感，厘清养老金融业务的定位，从长远发展的视角稳定养老金融发展战略，并在组织架构上切实支撑战略的落地执行。对成立专业部门或者条线发展养老金融业务的，不仅要健全机构、形成体系，而且要对专业的部门或者条线进行充分的授权，不断强化养老金融业务的战略地位，让其能够真正实现专业发展养老金融业务。对独立法人的养老金融机构，更要坚守好养老金融发展战略，根据业务发展的需要合理设置内部机构，并结合自身情况和市场拓展计划做好分支机构的建设，不断提高机构的总体实力，以增强养老金融发展能力。

第二节　金融机构发展养老金融的业务与产品

金融机构在发展养老金融时，积极拓展业务范围，其可以分为两大类：一类是金融机构主要出于商业考虑的产品创新。金融产品是连接金融机构和客户的桥梁。在发展养老金融的过程中，金融机构进行了诸多的产品创新，也有金融机构在产品创新的同时进行了养老金融的品牌建设。产品创新不仅增强了金融机构发展养老金融的针对性，也有效提高了养老金融发展的成效。另一类是金融机构结合政府政策导向和经济社会发展需要，基于自身特点积极申请获得相关资格，从事养老金融业务。这一类主要是从事基本养老金、全国社保基金的托管或者投资管理，以及从事企业年金、职业年金基金的账户管理、托管或者投资管理，还有各类养老金的代发等。

一、金融机构发展养老金融的产品创新

银行业发展养老金融的业务全面涵盖资产业务、负债业务和中间业务。其重点是服务老年人的存取款、支付结算和理财需求。同时，银行业

也积极通过代销基金、保险等产品的方式服务老年人。非银行金融机构，尤其是保险公司和基金公司，也结合老年人的特点开展投资理财产品创新。金融机构不仅注重养老金融的产品创新，提供养老金融领域的综合金融服务，而且在此基础上进行养老金融产品的品牌建设。

一是金融机构创新专门针对老年人的支付结算产品。老年人有着丰富的支付结算金融服务需求，金融机构对此进行了有针对性的产品创新，在支付结算产品中提供了综合服务。工商银行推出泰康特需医疗金银行联名卡。建设银行与中国老龄产业协会金融涉老服务发展委员会合作推出建设银行养老金卡。① 中信银行创新推出"幸福年华卡"，是中老年人的专属借记卡，该卡附加健康、理财、休闲服务等多项增值服务。其与面向青年白领、职业经理人、小企业主等的菁英卡，以及面向女性群体的香卡，合称为中信银行"三卡"。② 在推出创新产品后，中信银行又将"三卡"和出国金融一并开展"三卡一金"客户群营销。③ 2017 年底，中信银行"三卡"对应客户合计为 1593 万人。④ 2019 年底，中信银行老年客户数达到 1376.21 万户。⑤ 光大银行推出颐享阳光卡，专门针对 55 岁以上老年人客户，该卡不仅具有借记卡基本功能，还具有出行、健康等增值服务。⑥ 广发银行不仅与中国人寿合作推出联名借记卡和信用卡，还面向 50 岁以上中老年客户推出"自在卡"，并分为男性版和女性版，集支付结算、理财、增值服务和商超优惠等于一体。⑦ 上海银行对养老金客户采用免除开卡和补卡工本费、代发手续费、借记卡年费、小额账户管理费、ATM 跨行取现手续费等多项优惠。⑧ 建信养老金公司积极探索产品和渠道创新，推出失地农民团体养

① 中国建设银行：《中国建设银行股份有限公司 2013 年年度报告》，2014 年，第 37 页。
② 中信银行：《中信银行股份有限公司 2016 年年度报告》，2017 年，第 55 页。
③ 中信银行：《中信银行股份有限公司 2015 年年度报告》，2016 年，第 50 页。
④ 中信银行：《中信银行股份有限公司 2017 年年度报告》，2018 年，第 60 页。
⑤ 中信银行：《中信银行股份有限公司 2019 年年度报告》，2020 年，第 70 页。
⑥ 周省诚：《倒按揭专属"卡"只为争食养老金融》，《杭州金融研修学院学报》2014 年第 6 期。
⑦ 李丹：《建设综合养老金融生态圈》，《中国金融家》2018 年第 2 期。
⑧ 施红敏：《塑造有温度的养老金融服务品牌》，《中国银行业》2018 年第 4 期。

老保障产品，发展安心养老综合服务平台，构建养老金融生态圈①。

二是金融机构做好养老金融的理财产品创新。一方面是结合老年人理财注重安全性、流动性，对收益的关注相对较弱的特点，在保障安全性和流动性的前提下，适当提高老年人的理财收益。建设银行创新推出"养颐无忧"补充医疗计划产品、"养颐安康"城镇化农民养老保障计划、"养颐乐家"住房补贴计划和"养颐普惠"员工持股计划四项养老金新产品服务方案，丰富以"养颐"为主品牌的养老金融产品体系，并实现对补充医疗、新型城镇化等多个养老保障和福利计划细分市场的有效延伸。② 交通银行整合推出"沃德养老计划"，形成"蓄""享"两个系列、五类产品的养老产品体系，如"超享存"签约型灵活计息存款产品③，也结合广场舞大赛持续发行养老大额存单④。2016 年，招商银行首次发行"金颐养老"系列理财产品，满足老年人的长期稳健型投资和每月分红的需求。⑤ 光大银行在2014 年 5 月曾推出颐享阳光养老理财产品，存续期 15 年，以便于进行养老长期投资。⑥ 另一方面是创新保险产品，提高年轻人为养老做储备的积极性。长江养老开发"盛世天伦""安享天伦""安享人生""君享金鑫"等个人养老保障产品。中国人寿养老推出国寿福瑞安康保险组合计划，涵盖重疾、意外、养老、理财、传承等功能。太平养老推出康爱卫士老人专属癌症保险。新华保险推出定期寿险、重大疾病险等。在 2014 年保监会发文明确开展保险版的"以房养老"，即老年人住房反向抵押养老保险试点

---

① 中国建设银行：《中国建设银行股份有限公司 2019 年年度报告》，2020 年，第 49 页。
② 中国建设银行：《中国建设银行股份有限公司 2015 年年度报告》，2016 年，第 39 页。
③ 交通银行：《交通银行股份有限公司 2018 年年度报告》，2019 年，第 30、60 页。
④ 交通银行：《交通银行股份有限公司 2019 年年度报告》，2020 年，第 49 页。
⑤ 招商银行：《招商银行股份有限公司 2016 年年度报告》，2017 年，第 63 页。
⑥ 周省诚：《倒按揭专属"卡"只为争食养老金融》，《杭州金融研修学院学报》2014 年第 6 期。

后，幸福人寿等保险公司开展该业务研发试点。[①]此外，信托公司积极发展养老金与员工福利信托管理业务。华宝信托研发推出"乐享人生""乐逸人生""写意人生"薪酬福利信托业务。上海国际信托研发推出"薪动力"员工福利及激励信托，为企业和个人提供养老方案设计、资产保值增值等服务。[②]

三是金融机构创新发展养老金融的信贷产品。农业银行专门制定养老服务业信贷政策，研发推出县域养老机构贷款等产品。[③]中信银行推出申请人年龄提高至70岁的老年专属信用卡。[④]建设银行子公司建信养老金公司创新发展"存房+养老"产品模式，发挥养老金融优势，助力解决社会养老痛点难点问题。[⑤]

四是金融机构创新发展养老金融的综合金融服务。老年人虽然有较为充裕的闲暇时间，但其对新生事物接触和使用得较少，在金融服务上也需要更多的综合金融服务。2012年5月，兴业银行在国内推出首个"安愉人生"养老金融服务方案，其以关爱、服务老年人为出发点，以老年人客户为服务对象，针对老年人客户的健康、保险、法律、理财等生活需要提供全方位专业服务。[⑥]2013年10月，兴业银行升级并发布优化后的"安愉人生"2.0版综合金融服务方案，通过对金融产品和老年人客户权益两套

① 2014年6月17日，中国保监会《关于开展老年人住房反向抵押养老保险试点的指导意见》（保监发〔2014〕53号）提出，在北京、上海、广州、武汉开展老年人住房反向抵押养老保险试点，试点期自2014年7月1日起至2016年6月30日止。2016年7月4日，中国保监会《关于延长老年人住房反向抵押养老保险试点期间并扩大试点范围的通知》（保监发〔2016〕55号）提出："老年人住房反向抵押养老保险试点期间延长至2018年6月30日……试点范围扩大至各直辖市、省会城市（自治区首府）、计划单列市，以及江苏省、浙江省、山东省和广东省的部分地级市。"2018年7月31日，中国银保监会《关于扩大老年人住房反向抵押养老保险开展范围的通知》（银保监发〔2018〕43号）提出，将住房反向抵押养老保险业务开办范围扩大至全国。
② 曾海军：《信托公司养老金融新路径》，《21世纪经济报道》2014年11月6日第10版。
③ 中国农业银行：《中国农业银行股份有限公司2018年年度报告》，2019年，第28、59页。
④ 中信银行：《中信银行股份有限公司2019年年度报告》，2020年，第69页。
⑤ 中国建设银行：《中国建设银行股份有限公司2018年年度报告》，2019年，第46页。
⑥ 佚名：《银发浪潮来袭 "安愉人生"升级破解养老金融难题》，https://www.cib.com.cn/cn/aboutCIB/about/news/2013/20131030_3.html，2013年10月30日。

方案的优化，整合专属的理财、结算、信用贷款和增值服务等，[①] 满足老年人客户的多元化需求，打造国内养老金融第一品牌。[②] 2014 年，兴业银行将"安愉人生"与社区银行相结合[③]，之后进一步培育发展绿色金融、养老金融、银银平台、资产托管等特色业务和新的盈利增长点[④]。2016 年底，兴业银行的"安愉人生"VIP 客户数约为 131 万户，占全行零售 VIP 客户总数的 49.74%，"安愉人生"客户综合金融资产 6391 亿元。[⑤] 之后，兴业银行的"安愉人生"也在不断优化养老金融服务体系，创新推出安愉老年学院、优化"安愉人生"俱乐部、推出安愉信托，并积极开发养老储蓄产品。具体如表 4-2 所示。2017 年底，兴业银行养老金融的老年人客户超过 1300 万户。[⑥] 建设银行把住房租赁战略作为与普惠金融战略、金融科技战略并列的三大战略之一，在建设住房租赁综合服务平台中与专业机构合作提供养老房源。[⑦] 华夏银行发展养老金融不再局限于个人养老服务、金融产品的研发推广，还支持老龄产业发展，在实际运行中，由华夏银行的子公司为发起人成立养老产业引导基金，以股权投资和劣后债投资的模式为老龄产业提供融资支持。[⑧] 工商银行也积极为企事业单位提供全方位、一站式养老金管理服务。[⑨] 中信银行以中信集团旗下银行、信托、证券、保险协同组成的综合金融平台为基础，完善六大老年特色服务，全面覆盖老年人金融、健康、学习、娱乐、旅游、精神文化生活等多个方面。[⑩] 上海银行致力于打造养老金融服务特色专家，把养老金融作为战略特色业务，持续完善养老客户经营策略，借助养老专属存款、理财及贵金属等产品，

① 屈燕：《做"养老金融"领跑者——对话兴业银行副行长陈锦光》，《当代金融家》2014 年第 12 期。
② 兴业银行：《兴业银行股份有限公司 2015 年年度报告》，2016 年，第 48 页。
③ 兴业银行：《兴业银行股份有限公司 2015 年年度报告》，2016 年，第 6、50 页。
④ 兴业银行：《兴业银行股份有限公司 2016 年年度报告》，2017 年，第 5 页。
⑤ 兴业银行：《兴业银行股份有限公司 2016 年年度报告》，2017 年，第 53 页。
⑥ 兴业银行：《兴业银行股份有限公司 2017 年年度报告》，2018 年，第 6、50 页。
⑦ 中国建设银行：《中国建设银行股份有限公司 2019 年年度报告》，2020 年，第 38-39 页。
⑧ 李克纯：《养老产业金融混战升级　卡位老龄化中国》，《中国房地产报》2014 年 9 月 29 日第 B01 版。
⑨ 中国工商银行：《中国工商银行股份有限公司 2018 年年度报告》，2019 年，第 42 页。
⑩ 中信银行：《中信银行股份有限公司 2019 年年度报告》，2020 年，第 69 页。

实现客户综合资产提升。[①] 中信信托推出中信和信居家养老消费信托服务，为客户提供居家养老基础、健康管理、社区医养等养老服务。[②] 中铁信托积极探索养老信托新模式，将以收益为导向的信托产品，优化为"现金收益+养老服务"的模式，让有养老需求的高端客户获得相对丰厚的回报。[③]

表4-2　兴业银行安愉人生综合服务内容

项目	服务内容
金融服务体系	专属金融产品：安愉储蓄、安愉理财、安愉信托；便利结算服务：专属借记卡、账户安全保障、便捷支付手续、应急取款服务；信用融资服务：综合消费贷款、个人旅游贷款、医疗贷款；养老金
客户基础服务体系	存款安全保障，健康医疗服务，机场贵宾服务，异地高端养老服务，法律顾问服务，资费优惠减免
专属服务权益	保险保障服务，私人律师服务
客户交流活动平台	"安愉人生"俱乐部，安愉老年学院

资料来源：根据兴业银行官网整理。

五是金融机构做好发展养老金融的产品品牌建设。一方面，金融机构以客户群体细分实施养老金融的品牌建设。中信银行以"菁英跑、广场舞、嗨美丽"活动为主，打造青年、中老年、女性客户即"三卡"客群品牌，通过活动场景进行品牌的口碑传播，并在中信红权益体系中，为"三卡"客户群体分别设置了专属权益。[④] 兴业银行结合"四大人生"[⑤] 品牌培育建设的实施推进，在养老金融领域打造"安愉人生"服务品牌。[⑥] 另一方面，金融机构以产品为依托实施养老金融的品牌建设。工商银行打造"如意养老"企业年金集合计划系列产品品牌[⑦]，光大银行打造"养福全程

① 上海银行：《上海银行股份有限公司2018年年度报告》，2019年，第17、20、46页。
② 侯明、熊庆丽：《我国养老金融发展问题研究》，《新金融》2017年第2期。
③ 曾海军：《信托公司养老金融新路径》，《21世纪经济报道》2014年11月6日第10版。
④ 中信银行：《中信银行股份有限公司2017年年度报告》，2018年，第60页。
⑤ "四大人生"品牌战略具体包括：养老金融领域的"安愉人生"，信用卡领域的"活力人生"，财富管理领域的"百富人生"，出国金融领域的"寰宇人生"。兴业银行：《兴业银行股份有限公司2015年年度报告》，2016年，第52页。
⑥ 兴业银行：《兴业银行股份有限公司2015年年度报告》，2016年，第52页。
⑦ 中国工商银行：《中国工商银行股份有限公司2008年年度报告》，2009年，第53页。

通"金融服务品牌[1]。中国人寿推出"国寿嘉园"养老品牌，集养老产业投资、健康养老服务和综合金融服务于一体。[2]天弘基金与兴业银行共同打造"红叶养老金融"服务品牌，合力打造养老金融综合服务方案。

二、金融机构发展养老金融的业务拓展

金融机构发展养老金融的业务拓展，主要是通过申请获得相关资格，从事全国社保基金、基本养老保险基金的托管和投资管理，养老金的代收代发，以及企业年金及企业年金基金的托管、账户管理和投资管理，在政府积极应对人口老龄化，发展老龄事业中做出积极贡献。与金融机构自主创新金融产品不同的是，金融机构参与政府机关的政策实施从事养老金融发展，需要先取得相关的业务资格，才能从事相关的金融业务，其在具有商业性色彩的同时也具有一定的公益性色彩。

1. 全国社保基金和基本养老保险基金的投资与管理

全国社保基金作为国家社会保障储备基金，专门用于人口老龄化高峰时期的养老保险等社会保障支出的补充、调剂，在基金投资运营过程中，选择并委托投资管理人、托管人对社保基金和基本养老基金委托资产进行投资运作和托管，委托多家金融机构开展投资。具体如表4-3所示。委托管理机制的引入有利于完善全国社保基金营运管理机制，分享金融机构专业托管、投资管理的比较优势，促进全国社保基金的稳健发展。对金融机构而言，全国社保基金托管是金融机构受全国社保基金会的委托，安全保管社保基金资产，并行使监督职责，提供投资管理绩效评估等托管服务的金融业务。金融机构提供的基本服务包括：资产保管、资金清算、会计核算、资产估值、投资监督、托管报告等。

---

① 中国光大银行：《中国光大银行股份有限公司2014年年度报告》，2015年，第43页。
② 李丹：《建设综合养老金融生态圈》，《中国金融家》2018年第2期。

表4-3 全国社保基金、基本养老保险基金托管机构和证券投资管理机构

委托类型	机构名称
托管机构	工商银行、中国银行、交通银行、招商银行
证券投资管理机构	证券公司：中信证券 保险公司：长江养老、平安养老、中国人寿养老 基金管理公司：博时基金、大成基金、富国基金、工银瑞信基金、广发基金、海富通基金、华夏基金、汇添富基金、嘉实基金、南方基金、鹏华基金、易方达基金、银华基金、招商基金 资产管理公司：华泰资产、泰康资产、人保资产

资料来源：全国社会保障基金理事会：《基本养老保险基金托管机构评审结果公告》，http://www.ssf.gov.cn/yljjtzgl/201611/t20161129_7191.html，2016年11月29日。全国社会保障基金理事会：《基本养老保险基金证券投资管理机构评审结果公告》，http://www.ssf.gov.cn/yljjtzgl/201612/t20161206_7195.html，2016年12月6日。

从全国社保基金投资管理的发展趋势和未来发展导向看，委托投资资产在全国社保基金中的占比在提高，而直接投资资产的占比在下降。2003~2018年，全国社保基金中直接投资资产金额从1006.14亿元增加至9915.4亿元，占比从75.93%下降至44.36%；同期委托投资资产金额从318.88亿元增加至12438.38亿元，占比从24.07%提高至55.64%。具体如表4-4所示。

表4-4 2003~2018年全国社保基金的投资结构

年份	资产总额（亿元）	直接投资资产		委托投资资产	
		金额（亿元）	占比（%）	金额（亿元）	占比（%）
2003	1325.01	1006.14	75.93	318.88	24.07
2004	1711.44	1098.77	64.20	612.69	35.80
2005	2117.87	1387.58	65.52	730.30	34.48
2006	2827.69	1771.05	62.63	1056.64	37.37
2007	4396.94	2327.54	52.94	2069.40	47.06
2008	5623.69	3057.89	54.38	2565.81	45.63
2009	7766.22	4145.07	53.37	3621.15	46.63
2010	8568.12	4977.56	58.09	3589.34	41.89
2011	8688.20	5041.12	58.02	3647.08	41.98
2012	11060.37	6506.67	58.83	4553.70	41.17

年份	资产总额 (亿元)	直接投资资产		委托投资资产	
		金额（亿元）	占比（%）	金额（亿元）	占比（%）
2013	12415.64	6697.74	53.95	5717.90	46.05
2014	15356.39	7718.12	50.26	7638.27	49.74
2015	19138.21	8781.77	45.89	10356.44	54.11
2016	20423.28	9393.56	45.99	11029.72	54.01
2017	22231.24	9414.91	42.35	12816.33	57.65
2018	22353.78	9915.40	44.36	12438.38	55.64

资料来源：全国社保基金会、Wind。

2. 养老金等的代收代发和增值保值服务

一方面，银行业金融机构利用其本身具备的支付结算功能，网点渠道覆盖面广的优势，代发养老金，代理财政对农村地区涉农资金新农保的发放等。具体如表 4-5 所示。物理网点数量比较多，在农村地区覆盖面比较广的商业银行，发展这项业务的优势更加突出。如邮储银行充分发挥其机构网点优势，做好养老金的代收代付工作。2019 年，代收养老金 583.01 亿元，代付养老金 9503.54 亿元。[1]

表 4-5　2015~2018 年农村地区财政补贴涉农资金新农保发放及代理情况

年份	新农保业务发放量		新农保业务发放金额		新农保业务发放单笔金额	
	发放量 (亿笔)	代理发放量 (亿笔)	发放金额 (亿元)	代理发放金额 (亿元)	单笔金额 (元)	代理单笔金额 (元)
2015	13.49	4.50	1590.35	724.50	117.85	160.79
2016	11.19	2.11	1553.04	625.45	138.73	309.20
2017	—	1.52	—	678.32	—	446.26
2018	—	1.33	—	630.62	—	474.15

资料来源：中国人民银行、Wind。

---

[1] 中国邮政储蓄银行：《中国邮政储蓄银行股份有限公司 2019 年年度报告》，2020 年，第 49 页。

另一方面，金融机构发挥专业投资管理优势，进行养老金的理财产品创新。2010年，工商银行推出"如意人生"养老金系列理财产品，延伸理财产品功能，满足企事业单位在养老、住房、医疗等福利以及延期薪酬激励基金管理等方面的需求。2012年，建设银行创新研发养颐四方—专享A、B等养老金资产管理类产品，形成包含四大类产品、15款可售产品的养老金产品体系。[①] 2013年，建设银行首发"乾元—养颐四方"养老金理财产品。[②]

3. 企业年金、企业年金基金的托管和投资管理

企业年金作为多层次养老保险第二支柱的重要组成部分，国内在其发展方面也更加追求稳健。为提高效率，强化监管，我国企业年金建立之初就选择了信托型的基金管理模式，由取得企业年金基金管理资格的金融机构运作。[③] 按照《企业年金基金管理办法》（中华人民共和国人力资源和社会保障部、中国银行业监督管理委员会、中国证券监督管理委员会、中国保险监督管理委员会令第11号），以及《企业年金办法》（中华人民共和国人力资源和社会保障部、中华人民共和国财政部令第36号）的相关规定，要有托管人、账户管理人、投资管理人提供受托管理、账户管理和投资管理服务。具体的资格认定根据《企业年金基金管理机构资格认定暂行办法》（中华人民共和国劳动和社会保障部令第24号）、《人力资源社会保障部关于企业年金基金管理机构资格有关事项的通告》（人社部函〔2018〕48号）的相关规定执行。目前，参与企业年金、企业年金基金管理的金融机构包括商业银行、证券公司、保险公司、基金公司、资产管理公司、养老金管理公司等，具体如表4-6所示。2019年，21家投资管理机构在人力资源和社会保障部备案养老金金融产品533个。

---

① 中国建设银行：《中国建设银行股份有限公司2012年年度报告》，2013年，第10、13、39页。
② 中国建设银行：《中国建设银行股份有限公司2013年年度报告》，2014年，第37页。
③ 曹伟、丁阅越：《商业银行企业年金业务发展展望》，《新金融》2017年第8期。

表 4-6 企业年金基金管理机构名单

权限类型	机构名称
受托机构	商业银行：工商银行、农业银行、中国银行、招商银行 保险公司：长江养老、平安养老、泰康养老、太平养老、中国人寿养老、中国人民养老 信托公司：华宝信托、中信信托 养老金管理公司：建信养老金公司
账户管理机构	商业银行：工商银行、农业银行、中国银行、交通银行、招商银行、民生银行、中信银行、浦发银行、光大银行 保险公司：长江养老、平安养老、泰康养老、太平养老、中国人寿养老、新华养老、中国人民养老 信托公司：华宝信托 养老金管理公司：建信养老金公司
托管机构	工商银行、建设银行、农业银行、中国银行、交通银行、招商银行、民生银行、中信银行、浦发银行、光大银行
投资管理机构	证券公司：中金公司、中信证券 保险公司：长江养老、平安养老、太平养老、中国人寿养老、新华养老、中国人民养老 基金公司：博时基金、富国基金、国泰基金、工银瑞信基金、海富通基金、华夏基金、嘉实基金、南方基金、易方达基金、银华基金、招商基金 资产管理公司：华泰资产、泰康资产 养老金管理公司：建信养老金公司

资料来源：人力资源和社会保障部：《企业年金基金管理机构名单》，http://www.mohrss.gov.cn/gkml/shbx/shbxjjjg/qynjjd/201808/t20180831_300283.html，2018 年 8 月 31 日。人力资源和社会保障部：《人力资源社会保障部关于建信养老金管理有限责任公司企业年金基金管理机构资格延续的通告》（人社部函〔2018〕184 号），http://www.mohrss.gov.cn/gkml/shbx/shbxjjjg/qynjjd/201901/t20190102_308018.html，2019 年 1 月 2 日。人力资源和社会保障部：《人力资源社会保障部关于企业年金基金管理机构资格延续的通告》（人社部函〔2019〕152 号），http://www.mohrss.gov.cn/shbxjjjds/SHBXJDSzhengcewenjian/201910/t20191031_338400.html，2019 年 10 月 31 日。

一是金融机构积极做好企业年金的受托管理、账户管理和资产托管。商业银行、保险公司、信托公司、养老金管理公司等金融机构，为企业年金提供受托账户管理和资产管理服务。在这其中，保险公司、商业银行充分利用其机构规模较大的优势，发挥了较大的作用。2012~2019 年，保险公司受托管理的企业数占比为 90%~93%、职工数占比为 73%~80%、资产余额占比为 68%~77%，商业银行受托管理的企业数占比为 2%~10%、职工数占比为 11%~26%、资产余额占比为 11%~30%，具体如表 4-7 所示。从发展趋势看，保险公司管理的规模占比在提高，商业银行则在下降。

2008 年，工商银行推出其作为受托人的"如意养老"企业年金计划产品，后续不断完善"如意养老"系列企业年金集合计划产品，为中小企业提供标准化、专业化的企业年金管理服务。[①]

表 4-7 2012~2019 年金融机构受托管理企业年金账户数和资产金额

项目	机构	2012 年	2013 年	2014 年	2015 年	2016 年	2017 年	2018 年	2019 年
受托管理企业数（个）	合计	44502	48034	48135	51187	56016	59997	66261	76012
	商业银行	2878	4433	4504	3787	3137	3040	1923	2289
	保险公司	41330	43280	43300	47052	51577	55358	61368	70131
	信托公司	294	321	331	348	372	260	256	306
	养老金管理公司	—	—	—	—	—	1339	2612	3035
受托管理职工数（万个）	合计	1018	1107	1197	1221	1333	1409	1588	1905
	商业银行	234	259	304	277	230	215	187	194
	保险公司	769	832	877	928	1040	1113	1235	1457
	信托公司	16	16	16	16	16	13	12	14
	养老金管理公司	—	—	—	—	—	68	117	138
受托管理资产金额（亿元）	合计	2870	3546	4613	5735	6928	8224	9930	12461
	商业银行	796	981	1365	1479	1289	1363	1311	1468
	保险公司	2017	2501	3174	4170	5164	6258	7505	9098
	信托公司	58	64	74	86	91	89	93	108
	养老金管理公司	—	—	—	—	—	514	734	934

注：本表的商业银行包括工商银行、建设银行、招商银行，保险公司包括太平养老、中国人寿养老、泰康养老、平安养老、长江养老，信托公司包括中信信托、华宝信托，养老金管理公司包括建信养老金公司。2019 年商业银行数据不含建设银行。

资料来源：人力资源和社会保障部、Wind。

与此同时，商业银行在自身受托管理企业年金基金的同时，也接受企业年金投资管理人委托，依据法律法规和合同规定，安全保管企业年金产

----

① 中国建设银行：《中国建设银行股份有限公司 2012 年年度报告》，2013 年，第 10、13、39 页。

品的资产，办理企业年金养老金产品资金清算、证券交收、会计核算、资产估值、投资监督等业务。2012~2019 年，商业银行企业年金托管资产余额从 4821.04 亿元提高至 17985.33 亿元，其中国有商业银行企业年金托管余额从 3744.08 亿元提高至 14063.31 亿元，股份制商业银行企业年金托管余额从 1076.96 亿元提高至 3922.02 亿元。具体如图 4-1 所示。

图 4-1 2012~2019 年商业银行企业年金托管资产余额

注：本图国有商业银行包括工商银行、农业银行、中国银行、建设银行、交通银行，股份制商业银行包括招商银行、民生银行、中信银行、浦发银行、光大银行。

资料来源：人力资源和社会保障部、Wind。

　　二是金融机构做好企业年金基金的账户管理和投资组合管理。商业银行、保险公司、信托公司、养老金管理公司参与企业年金基金的账户管理，并且商业银行、保险公司在其中发挥了较大作用。2012~2019 年，商业银行管理的企业年金基金企业账户数占比为 69%~87%、个人账户数占比为 72%~89%，保险公司管理的企业年金基金企业账户数占比为 13%~22%、个人账户数占比为 11%~14%。同样可以发现，商业银行占比大致呈下降趋势，保险公司占比大致呈上升趋势。具体如表 4-8 所示。

表 4-8　2012~2019 年金融机构企业年金基金账户管理情况

项目	机构	2012 年	2013 年	2014 年	2015 年	2016 年	2017 年	2018 年	2019 年
企业账户数（个）	合计	54737	66120	73261	75454	76298	80429	87368	95963
	商业银行	45781	56725	63080	60899	59155	60294	64245	66665
	保险公司	8661	9071	9845	14187	15682	16916	18396	19901
	信托公司	295	324	336	368	394	283	283	336
	养老金管理公司	—	—	—	—	1061	2928	4327	8541
个人账户数（万个）	合计	1847	2056	2293	2316	2325	2331	2388	2548
	商业银行	1609	1809	2021	2034	1963	1847	1817	1837
	保险公司	219	228	252	262	281	313	338	359
	信托公司	18	19	20	20	21	18	18	21
	养老金管理公司	—	—	—	—	60	152	213	323

注：本表商业银行包括工商银行、农业银行、中国银行、建设银行、交通银行、招商银行、民生银行、中信银行、浦发银行、光大银行，保险公司包括新华人寿、中国人寿养老、泰康养老、平安养老、长江养老，信托公司包括华宝信托，养老金管理公司包括建信养老金公司。2019 年商业银行数据不含建设银行。
资料来源：人力资源和社会保障部、Wind。

同时，金融机构对企业年金基金进行投资组合管理。证券公司、保险公司、基金公司、资产管理公司、养老金管理公司都参与其中。保险公司、证券公司进行的企业年金基金投资组合管理的规模较大、占比较高。2012~2019 年，保险公司管理的企业年金基金投资组合数占比为 44%~48%，基金公司管理的企业年金基金投资组合数占比为 28%~37%。2013~2019 年，保险公司管理的企业年金基金投资组合资产金额占比为 36%~39%，基金公司管理的企业年金基金投资组合资产金额占比为 36%~42%。总体来看，保险公司管理的企业年金基金投资组合数量和资产金额占比较为稳定，基金公司则在明显下降。具体如表 4-9 所示。

表4-9　2012~2019年金融机构企业年金基金投资组合数和资产金额

项目	机构	2012 年	2013 年	2014 年	2015 年	2016 年	2017 年	2018 年	2019 年
企业年金基金投资组合数（个）	合计	2184	2496	2750	2993	3207	3451	3748	4027
	证券公司	155	196	201	210	201	189	189	210
	保险公司	989	1121	1303	1423	1520	1634	1769	1884
	基金公司	804	858	869	902	950	1004	1077	1152
	资产管理公司	236	321	377	458	530	605	680	732
	养老金管理公司	—	—	—	—	6	19	33	49
企业年金基金投资组合资产金额（亿元）	合计	—	5757	7403	9260	10673	12391	14214	16960
	证券公司	—	550	676	828	883	958	1158	1496
	保险公司	—	2160	2854	3463	4001	4694	5231	6120
	基金公司	—	2418	2973	3642	4055	4571	5170	6203
	资产管理公司	—	628	900	1328	1731	2105	2574	3036
	养老金管理公司	—	—	—	—	3	63	80	104

注：本表证券公司包括中金公司、中信证券，保险公司包括平安养老、太平养老、长江养老、中国人寿养老，基金公司包括海富通基金、华夏基金、南方基金、易方达基金、嘉实基金、招商基金、富国基金、博时基金、银华基金、国泰基金、工银瑞信基金，资产管理公司包括华泰资产、泰康资产、中国人保资产，养老金管理公司包括建信养老金公司。

资料来源：人力资源和社会保障部、Wind。

三、金融机构发展养老金融的业务产品特点和方向

金融机构发展养老金融的产品创新与业务拓展上，通过不断结合老年人和老龄产业特点创新产品，积极申请全国社保基金、养老保险金基金、企业年金基金相关管理等资格，丰富了产品，拓宽了业务，增强了金融机构发展养老金融的能力，取得了显著的成绩，也呈现出明显的特点，但仍需要继续努力进一步丰富服务类型，提高服务质量。

1. 金融机构发展养老金融的业务与产品特点

一是不断丰富养老金融产品体系。金融机构都能够做到以客户为中心，结合客户群体特点进行有针对性的产品创新，不断丰富养老金融的产品业务体系。金融机构在产品创新中，对客户进行细分，结合老年人特点创新相关的金融产品，提高了养老金融发展的针对性。农业银行稳步推进企业年金、农民养老金、^①新型养老金产品托管以及新型农村社会养老保险基金保管和各类社保基金存管业务，促进养老金业务多元化发展^②。中国银行围绕国家社会保障体系建设，拓展业务范围，由企业年金拓展到职业年金、社会保障、薪酬福利、^③员工持股计划以及养老保障管理等一系列养老金融服务^④。建设银行创新推出机关事业单位职业年金服务方案、企业年金税收筹划咨询、保险保障型补充养老计划产品，基本实现养老保障市场的全覆盖。^⑤光大银行推出"阳光乐选计划"弹性福利产品、"乐享人生"信托型福利计划产品、^⑥"乐容健康管理计划"弹性福利产品^⑦，将金融服务与企事业单位薪酬福利管理相结合^⑧，为企事业单位及员工的养老金与福利管理提供全流程、立体化、一站式的金融服务^⑨。

二是注重提供综合金融服务。金融机构都能够结合客户的需求，打通养老金融的各项业务，打通养老金融业务和其他业务，通过业务综合设计或者机构之间合作提供综合金融服务。工商银行在推动企业年金受托管理、账户管理、基金托管等各项业务协调发展的同时，^⑩不断完善养老金服务体系，将服务范围拓展到企业年金、职业年金、全国社保基金、企事业

---

① 中国农业银行：《中国农业银行股份有限公司 2008 年年度报告》，2009 年，第 69 页。
② 中国农业银行：《中国农业银行股份有限公司 2014 年年度报告》，2015 年，第 55 页。
③ 中国银行：《中国银行股份有限公司 2011 年年度报告》，2012 年，第 36 页。
④ 中国银行：《中国银行股份有限公司 2017 年年度报告》，2018 年，第 31 页。
⑤ 中国建设银行：《中国建设银行股份有限公司 2015 年年度报告》，2016 年，第 40、52 页。
⑥ 中国光大银行：《中国光大银行股份有限公司 2010 年年度报告》，2011 年，第 37 页。
⑦ 中国光大银行：《中国光大银行股份有限公司 2011 年年度报告》，2012 年，第 44 页。
⑧ 中国光大银行：《中国光大银行股份有限公司 2013 年年度报告》，2014 年，第 40–41 页。
⑨ 中国光大银行：《中国光大银行股份有限公司 2014 年年度报告》，2015 年，第 43 页。
⑩ 中国工商银行：《中国工商银行股份有限公司 2008 年年度报告》，2009 年，第 53 页。

单位综合养老保障基金、个人养老金等诸多领域，并针对大型客户开展全程跟踪营销和个性化服务，[1] 依托其托管、资产管理、养老金等业务优势，以及基金、保险、租赁、投行等子公司功能，构建覆盖全价值链的大资管业务体系，为客户提供多元化、一体化的专业服务[2]。同时，工商银行通过大力发展现金管理、资产托管、企业年金、代理、理财等业务，也有效促进客户资金在工商银行内部循环流转。[3] 建设银行推出了"民本通达"民生领域系列综合化金融服务方案，针对客户的现实需求和潜在需求，提供"教育慧民""医疗健民""社保安民""环保益民"四个系列的服务方案。"社保安民"包括"安全无忧""增值有道""实全实美""和乐随心""神州畅转""颐养天年"六个子方案，针对社保基金安全监管，社保基金保值增值，养老保险个人账户做实，养老保险关系转移接续，以及企业年金等服务需求为参保人提供多层次、便利的社会保险服务。[4] 民生银行也以企业年金账户管理和托管业务资质为基础，健全产品体系，整合内外部资源，为机构和个人客户提供包括企业年金、养老保障管理产品等在内的综合性养老金管理服务。[5] 浦发银行在公司金融业务方面，为客户提供信贷、投资银行、贸易融资、资产托管、养老金等综合化、集团化的金融服务。[6] 泰康人寿投资建设全国第一家由保险资金投资的养老社区，将养老保险、医疗保险、护理保险等产品延伸到养老社区，扩大金融服务范围。[7] 2017 年 6 月底，全国有八家保险公司投资兴建了 29 个养老社区项目，覆盖北京、天津、河北、上海、江苏、海南等多个省（直辖市），总占地面积超过 1200 万平方米，床位数超过 4 万张。[8]

---

[1] 中国工商银行：《中国工商银行股份有限公司 2007 年年度报告》，2008 年，第 93 页。
[2] 中国工商银行：《中国工商银行股份有限公司 2017 年年度报告》，2018 年，第 42–43 页。
[3] 中国工商银行：《中国工商银行股份有限公司 2008 年年度报告》，2009 年，第 50 页。
[4] 中国建设银行：《中国建设银行股份有限公司 2009 年年度报告》，2010 年，第 35 页。
[5] 中国民生银行：《中国民生银行股份有限公司 2017 年年度报告》，2018 年，第 53 页。
[6] 上海浦东发展银行：《上海浦东发展银行股份有限公司 2014 年年度报告》，2015 年，第 22 页。
[7] 田新朝：《养老消费金融发展路径与政策研究》，《理论月刊》2016 年第 12 期。
[8] 冯占军、李连芬：《保险业与养老服务的融合》，《中国金融》2018 年第 15 期。

三是做好养老金融服务品牌的塑造。金融机构在发展养老金融的过程中，也要注重做好品牌的打造，提高金融服务的增加值。除了全国社保基金、企业年金基金、基本养老金托管或者投资管理中，基金公司、保险公司、资产管理公司等都打出自己的品牌外，银行业也积极在养老金融发展中塑造品牌。工商银行打造"如意养老"系列产品品牌①，建设银行开展以"养颐"为主品牌的养老金融品牌建设，浦发银行推出"阳光慈善"托管服务产品和品牌②，光大银行全面打造"养福全程通"金融服务品牌③，上海银行推出"美好生活"品牌建设④。

2. 金融机构发展养老金融的业务与产品创新方向

养老金融有着较大的发展空间，金融机构也有必要进一步加强产品创新，丰富业务类型，以提高养老金融的发展成效。

一是丰富养老金融产品业务体系。养老金融的产品仍然集中在银行储蓄产品上，保险产品有一定的开发，证券类产品较少，信托类产品基本是空白。⑤与此同时，金融机构围绕养老金、企业年金开展产品创新和业务拓展，这些更大程度上是在配合政府和非金融企业发展养老金融，自身主动创新的产品相对较少。因而，金融机构需要更多地从商业持续发展的角度，创新养老金融产品，拓宽养老金融业务。

二是稳步提高产品创新的针对性。金融机构虽然以客户细分为基础，针对养老金融进行了产品创新，但创新的针对性不够强，也不能很好地满足老年人的金融消费需求。银行业养老金融产品基本为已有产品的微调或者组合，即使是专门针对老年客户推出的定制式理财产品，大多数也存在存续期较短，⑥不能有效满足养老投资更偏好长期投资的需求。对此，有必要进一步加强对老年人金融消费特点的研究分析，创新更具有针对性的

① 中国工商银行：《中国工商银行股份有限公司 2008 年年度报告》，2009 年，第 53 页。
② 上海浦东发展银行：《上海浦东发展银行股份有限公司 2013 年年度报告》，2014 年，第 42 页。
③ 中国光大银行：《中国光大银行股份有限公司 2014 年年度报告》，2015 年，第 43 页。
④ 上海银行：《上海银行股份有限公司 2019 年年度报告》，2020 年，第 57 页。
⑤ 姚余栋、王庚宇：《发展养老金融与落实供给侧结构性改革》，《金融论坛》2016 年第 5 期。
⑥ 徐丹：《商业银行发展养老金融策略分析》，《新金融》2013 年第 11 期。

金融产品,提高客户服务满意度。如针对不同区域、不同类型、不同支付能力的老年人,创新不同的金融产品,既保障各类老年人都能获得基本的金融服务,也充分满足高端老年人的差异化金融服务需求。[①] 按照服务个人客户全生命周期的思路,对不同年龄段客户创新不同的金融产品,并把满足老年人的金融产品作为其中一个有机组成部分开展创新。

三是在养老金融发展中注重做好异业合作。老年人的服务需求既有多样化的特点,又有集中度高的特点,受年龄和身体条件限制,其对医疗、保健等方面的服务需求较多,金融机构可针对这种情况,探讨与医疗、保健机构合作,形成金融与医疗、保健等相互融合的服务产品或模式。

四是提高养老金融业务对收入的贡献度。目前,养老金融业务对金融机构的收入贡献度较低。以 2013~2017 年基金公司管理费收入为例,企业年金管理费收入占比约为 2%,社保基金管理费收入占比约为 3%,管理费收入中的占比都很低,决定了其难以配置足够的资源支撑这些业务发展。具体如表 4-10 所示。因而,需要以提高养老金融业务收入贡献度为目标,加强养老金融业务的产品创新和业务拓展,不断提高其收入的贡献度。

表 4-10　2009~2017 年基金公司管理费收入与结构

年份	合计	社保基金		企业年金		证券投资基金		专户理财	
		金额(亿元)	占比(%)	金额(亿元)	占比(%)	金额(亿元)	占比(%)	金额(亿元)	占比(%)
2009	294.97	4.96	1.68	1.57	0.53	280.39	95.06	2.12	0.72
2010	319.78	4.92	1.54	2.32	0.72	303.71	94.98	8.84	2.76
2011	306.54	7.30	2.38	2.19	0.71	288.67	94.17	8.39	2.74
2012	280.87	6.53	2.32	3.67	1.31	262.41	93.43	8.26	2.94
2013	305.79	9.30	3.04	4.95	1.62	278.05	90.93	13.49	4.41
2014	347.01	10.86	3.13	8.94	2.58	296.00	85.30	31.21	8.99

---

① 娄飞鹏:《金融机构发展养老金融的创新实践与建议》,《北京金融评论》2019 年第 2 期。

续表

年份	合计	社保基金		企业年金		证券投资基金		专户理财	
		金额（亿元）	占比（%）	金额（亿元）	占比（%）	金额（亿元）	占比（%）	金额（亿元）	占比（%）
2015	604.03	18.31	3.03	12.38	2.05	473.28	78.35	99.86	16.53
2016	616.47	18.74	3.04	12.99	2.11	474.72	77.01	110.02	17.85
2017	657.97	21.79	3.31	12.65	1.92	511.10	77.68	111.81	16.99

资料来源：中国证券投资基金业协会、Wind。

第三节　金融机构发展养老金融的渠道建设

金融机构服务客户需要借助于渠道来实现。目前，金融机构服务客户的渠道主要包括物理网点渠道，自动取款机（ATM）、自动存款机（CDM）、自动存取款机（CRS）、自助发卡机等自助机具，互联网、移动终端等电子渠道。受金融消费习惯、自身对新事物接触学习较慢等因素影响，老年人在获取金融服务方面更多地依赖物理渠道，对电子渠道的依赖性相对较低。从渠道建设方面看，国内金融机构在发展养老金融时，短期内对物理网点渠道还有较大的依赖，长期中会逐步更多地转向电子渠道。

一、老年人获取金融服务的渠道

一是随着人口年龄的增长，使用电子渠道的比例在降低。老年人更偏好使用存折，从物理网点支取现金，其消费时也更多地使用现金。同时，老年人对互联网、智能手机使用较少，在实际获得金融服务时，通过电子渠道获得金融服务的比例较低。这一情况在国内外都有明显的表现。由于缺少专门针对 65 岁及以上人口的统计数据，此处以世界银行的统计数据来说明这一点。根据世界银行的 20 国集团（G20）普惠金融统计数据，按照年龄把人口分为 15 岁及以上、15~34 岁、35~59 岁、60 岁及以上四个组，可以发现不同年龄段人口通过电子渠道获得金融服务的比例有明显差异。在这其中，中国、日本、俄罗斯、印度四国国内 15~34 岁年龄段人口使用手机或互联网支付的比例最高，美国、英国、法国、德国、意大利五国国内 35~59 岁年龄段人口使用手机或互联网支付的比例最高，这可能与该年龄段人口为成年人并且更多地参与经济活动有关。九个国家 60 岁及以上人口通过手机或互联网支付的比例均最低。[①] 具体如表 4-11 所示。这不仅在一定程度上说明老年人通过电子渠道获得金融服务的比例较低，而且意味着对此不能简单从是否会使用电子渠道方面解释，还需要从老年人的消费习惯、风险偏好等方面寻找原因。

表 4-11　2017 年各年龄段人口使用手机或互联网支付的比例

单位：%

国家	15 岁及以上	15~34 岁	35~59 岁	60 岁及以上
中国	39.81	63.43	29.24	3.22
美国	67.26	72.45	73.20	53.70
英国	46.69	42.51	61.31	28.29
法国	49.09	50.80	59.08	30.25
德国	60.60	70.82	69.95	36.57
意大利	22.22	26.48	28.16	10.10
日本	33.30	52.69	47.24	9.65
俄罗斯	33.24	47.58	32.49	12.16
印度	5.63	6.14	5.92	2.62

资料来源：世界银行。

---

① 世界银行发布的 2014 年相关统计数据，有单独使用互联网支付和手机支付的数据，对其分析表明，九个国家使用互联网支付的人口的比例普遍高于使用手机支付的人口的比例。中国和除印度以外的其他国家的不同之处在于，中国通过两种方式支付的人口的比例差距较小，而除印度以外的其他国家的差距较大，并且中国通过手机支付的人口的比例相对于通过互联网支付的人口的比例较高。

二是就经济发展水平看，发达国家使用电子渠道获得金融服务的比例高于新兴经济体国家。美国、日本、德国、英国、法国、意大利六个发达国家通过电子渠道支付的比例，总体高于中国、俄罗斯、印度三个新兴经济体国家。这说明，随着经济发展水平的提高，通过电子渠道获得金融服务的人口比例在提高，人们的金融服务获取渠道在逐渐发生变化。如果以每十万人[①]商业银行网点数量作为衡量通过物理网点渠道获得金融服务的便利性指标，则进一步分析可以发现，通过电子渠道获得金融服务的比例与通过物理网点渠道获得金融服务的便利性没有显著关系。发达国家人口通过电子渠道获得金融服务的比例高于发展中国家，而其每十万人商业银行网点数量，除德国以外的其他国家也明显高于新兴经济体国家。具体如表 4-12 所示。从每十万人 ATM 数看，发达国家总体上也比发展中国家多。具体如表 4-13 所示。

表 4-12　2004~2017 年每十万人商业银行网点数量

单位：个

年份	中国	美国	英国	法国	德国	意大利	日本	俄罗斯	印度
2004	—	32.69	29.03	21.55	21.30	56.17	34.61	26.69	8.97
2005	—	33.28	28.32	21.99	20.21	56.72	34.38	28.37	8.93
2006	—	33.94	26.43	45.87	16.70	57.96	34.12	30.35	8.90
2007	—	34.77	26.38	44.87	16.32	59.12	33.90	33.70	9.01
2008	—	35.15	26.03	44.54	16.32	62.56	33.85	35.56	9.31
2009	—	35.90	25.42	41.91	15.86	59.66	33.82	34.63	9.60
2010	—	35.40	24.71	41.55	15.71	58.40	33.82	35.05	10.04
2011	—	35.13	24.06	41.35	15.85	57.96	33.90	36.71	10.51
2012	7.69	34.87	22.09	38.96	14.18	56.43	33.95	38.22	11.18
2013	7.78	33.61	25.14	38.58	14.89	53.26	33.90	38.50	11.85
2014	8.01	32.38	—	38.00	14.55	50.79	33.89	37.02	12.87
2015	8.49	33.02	—	37.54	14.05	49.83	34.14	32.91	13.54

① 世界银行统计的范围是 15 岁及以上人口，涉及的相关指标都是这一标准。

续表

年份	中国	美国	英国	法国	德国	意大利	日本	俄罗斯	印度
2016	8.78	32.64	—	37.08	13.51	47.63	34.10	30.14	14.06
2017	—	31.46	—	35.86	12.89	44.62	34.03	29.22	14.72

资料来源：世界银行。

表 4-13　2004~2017 年每十万人 ATM 数量

单位：台

年份	中国	美国	英国	法国	德国	意大利	日本	俄罗斯	印度
2004	—	165.78	—	85.49	—	74.22	124.37	16.23	—
2005	—	169.37	117.65	92.79	—	75.38	123.90	22.82	2.29
2006	9.57	167.17	120.94	92.10	—	79.94	124.12	32.43	2.74
2007	11.91	173.81	125.82	99.86	107.05	87.33	125.13	45.02	3.38
2008	15.49	168.01	125.59	101.53	109.87	99.16	125.45	61.60	4.29
2009	19.70	173.90	121.19	104.04	112.31	106.89	132.81	72.39	5.31
2010	24.67	—	121.96	106.01	116.68	99.93	130.93	95.54	7.27
2011	30.17	—	123.46	109.11	121.06	101.53	128.58	116.89	8.85
2012	37.36	—	125.95	109.25	118.53	99.25	127.90	142.00	10.99
2013	46.52	—	128.52	108.81	118.29	92.38	128.30	156.51	12.87
2014	54.75	—	129.50	108.07	123.39	92.41	127.49	185.32	17.80
2015	76.79	—	131.31	107.04	122.17	96.26	127.65	172.60	19.70
2016	81.45	—	129.57	104.44	119.26	94.10	127.80	168.70	21.24
2017	—	—	128.13	—	—	92.40	127.77	163.93	22.07

资料来源：世界银行。

三是消费者习惯对其在获得金融服务过程中的渠道选择仍然有明显的影响，这种情况不能排除。虽然发达国家人口通过互联网和手机渠道支付的比例明显高于发展中国家，但总体看两类国家不同年龄段人口使用手机或者互联网比例的差异并没有那么大，尤其是使用手机的比例差异更小。具体如表 4-14 所示。同时，结合表 4-11、表 4-14 分析可以发现，不同年龄段人口使用手机或者互联网比例的差距，也没有不同年龄段人口使用手机和互联网支付比例的差距大。这种情况可以从一个侧面说明，使用手机或者互联网的方便程度及其覆盖面，并不能完全决定消费者获得金融服务时的渠道选择，因年龄不同而导致的消费者习惯差异在其中仍然发挥着作用。

表4-14　2017年不同年龄段人口使用手机和互联网的比例

单位：%

国家	互联网				手机			
	15 岁及以上	15~34 岁	35~59 岁	60 岁及以上	15 岁及以上	15~34 岁	35~59 岁	60 岁及以上
中国	64.12	93.04	53.85	10.21	93.45	96.21	94.93	80.17
美国	90.40	93.13	93.06	83.89	94.86	96.50	95.95	91.64
英国	88.83	97.95	94.52	68.56	94.54	100.00	97.12	83.72
法国	86.75	95.62	94.04	64.44	87.12	89.86	91.73	76.25
德国	91.16	98.75	96.39	75.95	89.03	90.17	90.10	86.29
意大利	85.90	98.56	96.73	60.12	97.11	98.80	99.29	92.61
日本	69.97	95.71	92.42	34.36	88.54	97.48	93.65	79.02
俄罗斯	75.84	94.13	82.26	35.46	96.58	97.73	98.55	91.18
印度	14.14	20.02	9.36	4.65	68.53	72.01	68.09	55.52

资料来源：世界银行。

二、国内金融机构的渠道建设

国内金融机构在渠道建设方面，自助机具、电子渠道增长速度较快，物理网点渠道在不同行业呈现不同的趋势，银行业物理网点数量小幅增长，保险业营业网点数量平稳下降，证券业营业部快速上升。考虑到数据的可得性问题，物理渠道建设以物理网点数量来表示，物理网点数量越多表明金融服务的便利性越高；电子渠道建设以客户数量来代表，使用的客户数量越多表明金融服务的可得性越高。

从银行业看，银行物理网点数量小幅增长，自助机具、电子渠道增长速度较快。2010~2018 年，银行物理网点数从 19.49 万个增加至 22.86 万个，ATM 数从 27.1 万台增加至 111.08 万台，联网 POS 机从 333.4 万台增加至 3414.82 万台，网上银行累计开通户数从 13948 万人增加至 41980 万人。2013~2017 年，手机银行累计开通户数从 11713 万人增加至 37024 万人。具体如表 4-15 所示。目前，国内商业银行电子渠道替代率已普遍超过 90%，其中多家银行电子渠道替代率超过 95%。

表 4-15　2010~2018 年国内金融机构渠道建设情况

	指标	2010 年	2011 年	2012 年	2013 年	2014 年	2015 年	2016 年	2017 年	2018 年
银行	物理网点（万个）	19.49	20.09	20.51	21.03	21.71	22.4	22.79	22.87	22.86
	ATM（万台）	27.10	33.38	41.56	52.00	61.49	86.67	92.42	96.06	111.08
	POS 机（万台）	333.40	482.65	711.78	1063.21	1593.50	2282.10	2453.50	3118.86	3414.82
	网上银行（万人）	13948	16624	22148	25006	28214	33639	36552	39911	41980
	手机银行（万人）	—	—	—	11713	19813	27675	33357	37024	—
保险	营业部（个）	2535	2506	2410	2382	2343	2380	2370	2407	2491
	营销服务部（个）	45519	43413	42973	42077	41240	40911	40760	40741	41734
证券营业部（个）		4630	—	4978	5785	7199	8170	9385	10873	11468

注：网上银行、手机银行开通户数为累计数；保险业仅限中资保险公司。
资料来源：银行业数据来自中国人民银行、中国互联网络信息中心，保险业数据来自国家统计局，证券业数据来自中国证券业协会，Wind。

在专门服务养老金融发展的渠道建设方面，2007 年，建设银行企业网上银行开通企业年金服务。[1] 2009 年，建设银行开通企业年金业务电话银行、手机银行服务渠道，升级企业年金受托、账户管理、委托人系统，实现企业年金信息的无缝对接。[2] 2015 年，建设银行手机银行新增"银医服

[1] 中国建设银行：《中国建设银行股份有限公司 2008 年年度报告》，2009 年，第 58 页。
[2] 中国建设银行：《中国建设银行股份有限公司 2009 年年度报告》，2010 年，第 48、57 页。

务""养老金""社保账户"等功能，企业手机银行新增一户通账户查询功能。① 2018 年，建设银行利用金融科技赋能，打造建颐人生 APP 安心养老综合服务平台。② 上海银行专门成立 50 家养老金融特色支行，在上海市全市 220 多家网点提供养老金融特色服务，定位于服务养老金客户，对网点进行适老性调整，在养老金业务量较大的网点，根据老年人的习惯调整或延长营业时间，同时对 ATM 进行适老性优化，如增大字体、提高提示音量等。③ 上海银行也与社区及商户合作，深度融入养老客户的生活场景，以及通过大数据技术进行精准营销，从而丰富养老金融服务渠道。④ 2017 年，兴业银行完成养老金管理系统一期建设，成功上线"安愉人生"养老金融手机端服务平台，提高互联网渠道的获客能力。2018 年，工商银行优化"工银 e 养老"功能，为客户提供便捷安全的线上年金服务。⑤ 2019 年，中信银行推出专为老年人设计的幸福年华版手机银行，让老年人无需老花镜也可轻松享受移动金融服务。⑥

从保险业看，保险公司营业部和营销服务部数量都在平稳下降。以中资保险公司为例，2010~2018 年，营业部数量从 2535 个降至 2491 个，营销服务部数量从 45519 个降至 41734 个，均有较为明显的下降，具体如表 4-15 所示。考虑到保险公司的产品销售通过银行等代理渠道较多，并且随着互联网金融的发展，通过电子渠道购买保险的客户数也在增多，保险公司营业部数量变化对其业务发展影响并不是很大。

从证券业看，证券公司营业部数量出现较为明显的上涨。2010~2018 年，证券公司营业部数量从 4630 个增加至 11468 个，具体如表 4-15 所示。

总体来看，金融科技的快速发展对金融业渠道建设的影响正在逐步显

① 中国建设银行：《中国建设银行股份有限公司 2015 年年度报告》，2016 年，第 40、52 页。
② 中国建设银行：《中国建设银行股份有限公司 2018 年年度报告》，2019 年，第 17、46 页。
③ 施红敏：《塑造有温度的养老金融服务品牌》，《中国银行业》2018 年第 4 期。
④ 上海银行：《上海银行股份有限公司 2019 年年度报告》，2020 年，第 57 页。
⑤ 中国工商银行：《中国工商银行股份有限公司 2018 年年度报告》，2019 年，第 42 页。
⑥ 中信银行：《中信银行股份有限公司 2019 年年度报告》，2020 年，第 69 页。

现，也将最终改变金融业提供金融服务的主要渠道。虽然金融机构渠道建设方面的变化并非都是出于发展养老金融，以及应对人口老龄化方面的考虑，但金融机构渠道建设方面的变化也会对老年人获得金融服务有一定的影响，也可以在一定程度上说明金融机构发展养老金融的渠道变化。

三、服务老年人的金融机构渠道建设思路

从服务老年人，发展养老金融的角度看，金融机构的渠道建设需要综合考虑各种渠道的特点，根据金融科技发展的趋势和老年人的特点，做好物理网点的优化转型，增加电子渠道的比重并提高电子渠道的安全性。考虑到以电子渠道为代表的线上渠道和以物理网点为代表的线下渠道之间既有替代性，又有互补性，金融机构在渠道建设方面需要充分关注各种渠道的特点，统筹推进各种渠道建设，让不同渠道可以实现优势互补，提高养老金融发展的质量。

一方面，分类做好各种渠道的建设。在这方面，重点是平衡好各种渠道建设。虽然金融科技发展势头迅猛，但在数字货币完全替代纸质货币，以及金融专业知识没有完全普及之前，物理网点仍然有存在的必要。[①] 从不同渠道之间的互补作用看，发展电子渠道也需要有一定数量的物理渠道来与客户面对面交流，服务高端客户，维系客户情感，这也需要保留一定数量的物理网点。面对金融科技的发展，线上渠道的低成本、高效率优势逐渐凸显，物理网点渠道也需要做好转型，让物理网点向着智能化、专业化、多元化、综合化方向发展。与此同时，电子渠道可以作为未来渠道建设的重点，加大投入力度，进一步提高电子渠道金融服务的可得性。

另一方面，推动渠道服务质量提升。首先，提高各类渠道的服务质量。面对人口老龄化的趋势，在物理网点渠道做好便利设施的建设，便利设备的摆设，方便老年人在物理网点获得金融服务。电子渠道除了要增强

---

① 娄飞鹏：《商业银行物理网点的存续、布局与转型》，《金融教学与研究》2015年第6期。

其便利性之外，更重要的是增强电子渠道的安全性，减少通过电子渠道发生金融诈骗的概率。其次，增加各种渠道的组合运用。在物理网点加大自助设备的布放，把物理网点渠道与自助设备、电子渠道有效组合，实现线上线下无缝对接，① 为老年人提供更加方便、快捷、多渠道的金融服务。

第四节　金融机构发展养老金融的风险管理

金融机构在发展养老金融的风险管理上，一方面是做好自身的风险管理，通过强化研究，加强内控风险管理，减少或者规避投资等方面的风险；另一方面是做好老年人投资理财中被欺骗的风险管理，通过做好金融消费者教育，普及金融知识，提高老年人的金融素养，减少老年人在投资理财中被欺骗的情况发生。

一、金融机构发展养老金融的自身风险管理

金融机构在发展养老金融中更需要重视风险管理。金融机构本身经营的就是风险，本身就需要做好风险管理，在发展养老金融的过程中更需要重视风险管理。养老金基金、社保基金等之所以委托金融机构托管、投资管理，不仅是利用金融机构的专业投资能力提高收益，也是要充分利用金融机构的风险管理能力，更多地保障资金安全并提高收益。这就要求金融机构在发展养老金融的过程中，需要完善风险管理的组织体系，充分利用自己的专业能力做好市场风险、信用风险、操作风险管理。

一是市场风险方面，金融机构需要强化研究，提高对市场的研判能力。金融机构需要强化对研究力量的配置，密切关注宏观经济形势变化，

---

① 娄飞鹏：《商业银行物理网点的存续、布局与转型》，《金融教学与研究》2015 年第 6 期。

形成完善的风险管理组织、风险量化指标、信息披露报告等体系，明确信息采用标准，做好量化分析模型和指标体系建设，及时对模型和指标体系优化升级，提高专业研究水准，严格监控市场风险，降低市场风险发生后的损失程度。金融机构也要实时跟踪政策变化，严格按照有关的法律法规、监管政策、投资管理合同的规定，在投资目标、投资范围、投资策略和投资限制等方面切实做到符合要求，降低或者杜绝合规风险问题。

二是信用风险方面，金融机构需要加强客户管理，充分了解客户的发展前景，减少信用风险的发生，尤其是要杜绝信用风险集中爆发。金融机构需要做好对投资客户的全面调查了解，采取内部量化信用评估与外部信用评级相结合的方法，分析客户的信用情况，并从宏观、中观和微观层面对客户发展前景进行研判，严格执行机构内部的审查审批制度要求，把控好信用风险。在资产投放方面，要做好行业的分散投资，降低单个行业的集中度，防止单个行业内客户信用风险集中爆发引发更大的风险。

三是操作风险方面，金融机构需要强化内部流程管理，做好人员培训，增加科技投入，通过科技替代人工减少操作风险的发生。首先，做好制度建设。从人员管理、金融产品、操作流程等方面分析风险点，做好管理制度建设，明确制度规定，提高管理制度的可操作性，通过科学的制度约束从业人员的行为。其次，强化员工教育。通过员工技能培训，提高员工的操作技能。采用警示教育等方式，降低员工道德风险发生概率。加强监督稽核，及时发现操作风险苗头。最后，用好科技手段。对于常规的重复性操作，研究通过科技手段替代人工操作，提高操作的精准度并且减少操作风险发生。

二、老年人投资理财中被诈骗的风险管理

在老年人投资理财中被诈骗的风险管理上，金融机构面临较大的压力。受多方面因素的影响，65 岁及以上老年人尤其是独居老年人更容易

成为金融诈骗的目标。① 2017 年 9 月，美国信用合作社协会的抽样调查表明，67%的老年人看护者表示有针对老年人的欺诈行为，28%的老年人至少受到一次金融诈骗的伤害。② 在金融诈骗的渠道上，53%的金融诈骗通过电子邮件，49%的金融诈骗通过电话，16%的金融诈骗通过手机短信。③ 中国养老金融 50 人论坛、中国家庭金融调查与研究中心的调查数据显示，在理财或其他金融消费活动中有被诈骗经历的占比超过 30.3%，其中 60 岁及以上老年人有被诈骗经历的占比达到 26.1%。④ 诈骗手段主要是通过高收益率的投资理财产品等，骗取老年人的养老金，轻则导致老年人的资金血本无归，重则让老年人因此而家破人亡。金融机构出于履行社会责任的考虑，对老年人防范金融诈骗做了多方面的工作，但相比之下还不够。

对于老年人在投资理财中被诈骗的风险管理，金融机构可以着重从以下方面着手做工作：

一是营造舆论氛围。金融诈骗多发，与对金融诈骗的惩处力度不够、犯罪成本较低有关。金融机构要积极呼吁加大对金融诈骗的打击力度，严惩金融诈骗犯罪团伙和个人。

二是加大金融常识普及。老年人在投资理财中被欺骗，一个很重要的原因是缺少金融知识。美国自学金融常识的人口只占 17%⑤，我国的比例尤其是老年人应该更低。从国际比较看，我国居民的金融素养并没有明显的优势。⑥ 中国证券投资基金业协会的调查数据表明，认为自身与基金管理公司之间的关系是契约关系、经纪关系、保证关系、储蓄关系、其他关系的比例依次是 53%、19%、9%、3%、16%，⑦ 相当比例的基金投资者对自

① 刘阳禾：《金融陷阱致养老危机 65 岁以上独居老人最容易受骗》，http://business.sohu.com/20161130/n474492578.shtml，2016 年 11 月 30 日。
②③⑤ 新华网：《调查表明美国老年人易遭金融诈骗》，http://www.xinhuanet.com/2017_10/17/c_1121816867.htm，2017 年 10 月 17 日。
④ 中国养老金融 50 人论坛、中国家庭金融调查与研究中心：《中国养老金融调查报告（2017）》，北京，2017 年 8 月，第 22 页。
⑥ 清华大学老龄社会研究中心、清华大学经济管理学院中国保险与风险管理研究中心、腾讯金融科技智库：《国人养老准备报告》，北京，2018 年 10 月，第 19 页。
⑦ 中国证券投资基金业协会：《基金投资者情况调查分析报告（2014 年度）》，http://www.amac.org.cn/tjsj/sjbg/389549.shtml，2015 年 7 月 20 日。

己与基金公司之间的关系并没有正确的认识。同时，65.7%的基金投资者有了解证券、基金、期货投资知识的需求。[1] 对此，金融机构可以发挥自身的专业优势，结合老年人的特点，引导老年人树立正确的理财观念，并加大向其普及理财、投资等专业知识的力度，提高老年人的金融风险识别能力。

三是做好电子渠道安全建设。金融机构需要积极做好对老年人账户异动、交易模式异常等方面的风险监测并及时进行提示。[2] 老年人知识结构老化，而金融互联网化快速发展，也导致通过电子渠道的金融诈骗呈现多发态势且更加隐蔽。为了减少金融诈骗，金融机构需要强化电子渠道、支付网络安全建设，减少网络诈骗。

四是增强业务办理的规范性。老年人对金融机构的信任度也较高，其更愿意到物理网点办理业务。因而，金融机构要提高物理网点办理业务的规范性，尤其是对通过物理网点办理支付业务的，要切实履行好应尽职责，减少老年人在物理网点办业务被欺骗的事件发生。

第五节　金融机构发展养老金融的比较与展望

从对比的角度看，不同行业金融机构的商业模式、面临的金融监管等存在差异，所能够提供的金融服务也不一样，在养老金融发展中也都结合自身优势进行了积极探索，并取得了较好的成绩。但这其中也不乏一些金融细分行业在养老金融发展中没有发挥好自身的优势，在养老金融领域的潜力未充分挖掘，市场占有率在降低。面对养老金融发展的广阔市场，金

---

① 中国证券投资基金业协会：《基金个人投资者投资情况调查问卷分析报告（2018 年度）》，https://www.amac.org.cn/researchstatistics/report/tzzbg/201912/P020191231584835724544.pdf，2019 年 12 月 30 日。
② 侯明、熊庆丽：《我国养老金融发展问题研究》，《新金融》2017 年第 2 期。

融机构有必要结合自身优势，积极开拓创新，强化机构合作，共同促进养老金融获得更大的发展。

一、金融机构发展养老金融的优势比较

总体来看，不同细分行业的金融机构在发展养老金融方面都有着自身的优势。商业银行具有资金雄厚、渠道多元、客户量大、品牌可信等优势[1]，也是国内最早参与养老金制度设计的机构[2]，如工商银行2001年就开始企业年金的研究并于次年成立企业年金理事会。保险公司具有长期资金投资的优势，国内的人寿保险公司负债资金的平均久期为11.18年[3]，可以投资建设保险养老社区，开展养老机构责任保险，以及为老年人提供综合保障计划，而且在发展长期护理保险等方面具有市场垄断地位。证券公司具有丰富的证券投资、债券承销等经验，在养老金投资领域的优势明显。基金公司所提供的各项基金更契合老年人的投资理财特点，国外养老金融的发展经历也充分说明了这一点。信托业提供的金融服务可以覆盖个人从工作到退休的全过程[4]，信托公司经营更加灵活，业务贯通货币市场、资本市场和实业市场，在国内最早的两批企业年金基金管理牌照发放时，就有中信信托、华宝信托、中诚信托、上海国际信托获得六项管理资格[5]，也有着自己的比较优势。

二、金融机构发展养老金融的成效比较

金融机构都充分发挥了自身的优势，在养老金融发展中进行了积极努力。除了积极做好养老金基金、社保基金的账户、托管和投资管理外，金

①② 冯丽英：《掘金商业银行养老金融业务》，《中国银行业》2015年第11期。
③ 冯占军、李连芬：《保险业与养老服务的融合》，《中国金融》2018年第15期。
④ 胡继晔：《金融服务养老的理论、实践和创新》，《西南交通大学学报（社会科学版）》2017年第4期。
⑤ 曾海军：《信托公司养老金融新路径》，《21世纪经济报道》2014年11月6日第10版。

融机构发展养老金融的成效主要表现为：银行业主要集中在支付结算、投资理财的产品创新，通过提供以养老基金的保值增值为核心，养老规划、支付结算等金融服务，间接提升老年人对其他养老产品或服务的购买能力，满足老年人的消费需求并推动老龄产业发展；[1] 保险业成立多家专业的养老保险公司，推出专业的养老保险创新产品，推出多个寿险产品以直接服务于养老，并试点住房反向抵押养老保险业务[2]；基金业研发推出多种养老金基金产品；信托业开展养老信托服务，弥补了基本养老保险和商业养老保险等的不足，而且采用高准入门槛的方式，为金融风险管理奠定了基础[3]，信托业不仅自身研发与养老金融有关的信托产品，而且与外部机构合作开展老龄产业投融资，投资养老服务机构或者集医疗养老为一体的体验基地；[4] 证券业开展相关资金的受托投资。

通过金融机构的共同努力，养老金融业务发展取得了明显的成效，但也存在一定的问题。在养老基金管理领域，保险公司和基金公司牢牢控制了运作的核心环节和主动权。以企业年金业务为例，受托人直接面向客户，是年金业务的核心环节，投资管理人直接连接资本市场，可以获取较高的管理费用。银行业作为资金规模最大的金融行业，在养老金融布局方面与金融同业存在差距，产品创新的针对性也不够。[5] 信托公司在企业年金基金发展之初，积极参与其中并获得较好的发展，但随着企业年金基金市场的扩大，信托公司却在逐渐退出年金业务市场。目前的情况是：上海国际信托主动提出不再延续受托人资格；中诚信托以参股的形式，将受托人资格整合进中国人寿养老；中信信托仅保留受托人资格，其账户管理人资格转移给中信银行；只有华宝信托具有受托人、账户管理人两项资格。[6]

---

① 冯丽英：《掘金商业银行养老金融业务》，《中国银行业》2015 年第 11 期。
②③ 胡继晔：《金融服务养老的理论、实践和创新》，《西南交通大学学报（社会科学版）》2017 年第 4 期。
④ 侯明、熊庆丽：《我国养老金融发展问题研究》，《新金融》2017 年第 2 期。
⑤ 岳磊：《商业银行养老金金融业务四大问题待解》，《中国银行业》2016 年第 1 期。
⑥ 曾海军：《信托公司养老金融新路径》，《21 世纪经济报道》2014 年 11 月 6 日第 10 版。

三、金融机构发展养老金融的格局研判

一是金融机构发展养老金融的战略更加清晰明确。目前看来，国内养老金融发展总体仍处于初期阶段，发展的思路和方向有待进一步明确，为金融机构发展养老金融带来诸多不便，影响金融机构发展养老金融的积极性、主动性。在实际中，出现金融机构发展养老金融主要依靠政府政策推动，为获取牌照或者政策支持而被动发展养老金融的特点明显，积极主动发展养老金融的力度相对不足的情况。随着养老保险制度的架构建设完成，基本养老保险制度、企业年金或职业年金、个人税收递延型商业养老保险的制度建立并逐步完善，养老金融发展的市场空间将会更大，也会更加规范。[1] 这种情况将会让金融机构更加清晰地看到养老金融业务发展的市场前景，促使其从战略层面更加重视养老金融发展。金融机构也会为了将养老金融发展战略落到实处，更加突出以客户为中心，组织架构不断融合优化，业务服务范围不断拓宽，产品创新的针对性更高，养老金融专业人才储备更多，综合化金融服务更加突出，风险管理措施更加完善等。

二是金融机构在养老金融发展中的差异化经营特点更加突出。总体而言，随着人口老龄化发展以及养老基金的积累，金融行业内的非银行金融机构会获得更大的发展，逐步改变金融行业的结构。[2] 金融机构在发展养老金融方面，银行业要积极发挥作用，非银行金融机构也要挖掘自身的潜力，发挥各自优势进行差异化经营。

首先，银行业有可能在养老金融发展中占据更大的市场份额。从国际养老金融发展情况看，银行业占据养老金融绝大部分的市场份额。如瑞典银行业掌控 80% 的养老资产投资，德国和法国各自的前五大银行控股了超过本国 60% 的养老基金公司，美国银行业是仅次于投资基金的第二大养老

---

① 冯丽英：《掘金商业银行养老金融业务》，《中国银行业》2015 年第 11 期。
② 金凤伟：《金融发展进程中的养老基金与经济增长研究》，博士学位论文，辽宁大学，2012 年，第 29 页。

金计划服务供应商。与此同时，发达国家的大型银行不仅控制了本国养老金市场，还渗透到发展中国家市场。拉美国家 84% 的养老金市场由银行机构尤其是发达国家的大型银行占据。[1]

其次，基金业、证券业有更大的潜力。中国证券投资基金业协会的调查数据表明，投资者进行养老金投资方式占比从高到低依次是购买基金、银行存款或购买国债、购买商业养老保险，40% 的投资者会选择以养老或者生命周期为主题的基金。[2]

最后，保险业作为有着丰富长期投资经验的金融机构，也可以在养老金融业务发展中发挥更大的作用。从国外的情况看，养老金是资本市场重要的长期资金，而无论是老年人自己还是政府的养老金管理机构，都缺乏足够的专业知识，也难以有效做好养老金的投资管理，为保险业发展养老金融提供了机遇和空间。

三是金融机构相互之间的合作更加积极。就未来养老金融业务发展来看，金融机构除了利用自身的优势，在经营范围内继续做好相关产品业务创新、渠道建设和风险管理外，还要结合人口老龄化环境下金融的发展特点，尤其是养老金规模扩大对金融市场的影响，以产品或者业务为纽带，进一步做好机构之间的协同配合，加大对老龄产业的支持力度并提高养老金管理水平，[3] 构建全生命周期养老金融综合服务体系[4]，推动养老金融更大的发展。如就基金投资者购买基金的渠道看，35% 的基金投资者通过银行渠道购买，超过通过基金公司直接购买的比例 34%，[5] 这将直接促成基金业和银行业的合作。

---

① 黄志凌：《中国养老模式变革推动金融市场结构变化》，《中国银行业》2014 年第 7 期。
②⑤ 中国证券投资基金业协会：《基金投资者情况调查分析报告（2014 年度）》，http://www.amac.org.cn/tjsj/sjbg/389549.shtml，2015 年 7 月 20 日。
③ 洪崎：《创新养老金融模式》，《中国金融》2016 年第 7 期。
④ 王锦凌：《发力养老金信托 参与全生命周期养老金融综合服务》，《中国银行业》2018 年第 8 期。

第五章 政府部门对养老金融发展的政策支持

养老金融作为老龄产业的一个重要组成部分,其本身具有准公共物品的特点,在发展过程中需要政府部门营造良好的发展环境,或者是积极参与进来直接推动养老金融发展。市场失灵的存在要求政府在养老金融发展上要发挥积极作用。我国政府部门在发展养老金融的政策支持方面进行了较多的探索,具体的方向包括:直接参与养老金融的发展,建立养老金三支柱框架,同时建立全国社保基金;积极从政策层面支持老龄产业发展,对金融机构发展养老金融尤其是支持老龄产业发展提供间接的支持。总体而言,政府部门在发展养老金融的过程中,经过不断的优化完善,已经建立了相对完善的制度,为金融机构发展养老金融提供了制度保障,也增强了金融机构支持老龄产业发展的信心。本章从基本养老保险制度、企业年金和职业年金制度、个人储蓄养老计划制度、全国社保基金会的投资管理,以及老龄产业发展情况及相关政策支持等方面,对政府发展养老金融的政策支持进行分析。

第一节 基本养老保险制度

我国的基本养老保险制度从 20 世纪 50 年代就开始探索建立,最初主要集中在城镇职工的退休养老,直至改革开放后才逐步探索建立城镇居民和农村居民的社会养老保险。经过近 70 年的探索，我国已基本形成了城镇职工基本养老保险和城乡居民基本养老保险两类相互有所区别的基本养老保险制度。具体如表 5-1 所示。目前，我国的基本养老保险已经有了较全面的覆盖，尤其是城镇职工基本养老保险的参保人员比例较高，城乡居民社会养老保险尤其是农村地区的覆盖范围和保障水平还有较大的提升空间。

表 5-1　基本养老保险制度的比较

项目	城镇职工基本养老保险	城乡居民基本养老保险
保险性质	国家强制缴费	自愿参加
保险对象	城镇职工、领取退休金的人员	城镇非从业人员、农村人员
费用来源	个人和企业缴费	个人缴费、集体补助、政府补贴
缴费期限	缴费满 15 年，缴费至退休	缴费 15 年，距离领取养老金年龄不满 15 年的，可一次性补缴
缴费周期	按月缴费，个人工资是缴费基数，受社会平均工资 60%~300% 的限制	按年缴费，金额不固定
养老金计算	按照缴费年限、缴费基数和社会平均工资计算	按照缴费总额、缴费年限和政府补贴计算
领取年龄	男满 60 岁，女干部满 55 岁、女职工满 50 岁	男女均年满 60 岁

资料来源：根据公开报道资料整理。

一、基本养老保险制度的建立与发展

1. 城镇职工基本养老保险制度的建立与发展

改革开放之前和改革开放之初主要探索城镇职工退休养老。1951 年 2 月 26 日，当时的政务院颁布《中华人民共和国劳动保险条例》（政秘字 134 号命令）提出："男工人与男职员年满 60 岁，一般工龄已满 25 年，本企业工龄已满 10 年者，女工人与女职员年满 50 岁，一般工龄满 20 年，本企业工龄已满 10 年者，由劳动保险基金项下按其本企业工龄的长短，付给养老补助费。"首次明确了养老补助费，也是基本养老保险制度的雏形。1953 年对该文件进行了修订。1958 年 2 月 9 日，《国务院关于工人、职员退休处理的暂行规定》提出："国营、公私合营的企业、事业单位和国家机关、人民团体的工人、职员"实行退休制度，并明确了退休费标准。1978 年 5 月 24 日，《国务院关于工人退休、退职的暂行办法》（国发〔1978〕104 号）提出，工人退休后按月发放退休费，"工人的退休费……企业单位，由企业行政支付；党政机关、群众团体和事业单位，由退休……工人居住地方的县级民政部门另列预算支付"。1982 年 4 月 10 日，《国务院关于老干部离职休养制度的几项规定》（国发〔1982〕62 号）提出："对建国前参加中国共产党所领导的革命战争、脱产享受供给制待遇的和从事地下革命工作的老干部，达到离职休养年龄的，实行离职休养的制度"，并根据参加革命的时间确定生活待遇。

20 世纪 90 年代对基本养老保险与补充养老保险、统一基本养老保险的探索。1991 年 6 月 26 日，《国务院关于企业职工养老保险制度改革的决定》（国发〔1991〕33 号）提出："随着经济的发展，逐步建立起基本养老保险与企业补充养老保险和职工个人储蓄性养老保险相结合的制度。"1995 年 3 月 17 日，《国务院关于深化企业职工养老保险制度改革的通知》（国发〔1995〕6 号）提出："企业职工养老保险制度改革的目标是：到 20 世纪末，基本建立起适应社会主义市场经济体制要求，适用城镇各类企业职工和个体劳动者，资金来源多渠道、保障方式多层次、社会统筹与个人账户相结合、权利与义务相对应、管理服务社会化的养老保险体系。基本养老保险应逐步做到对各类企业和劳动者统一制度、统一标准、统一管理和统一调剂使用基金。基本养老保险费用由企业和个人共同负担，实行社会统筹与个人账户相结合。养老保险基金营运所得收益，全部并入基金并免征税费。"1997 年 7 月 16 日，《国务院关于建立统一的企业职工基本养老保险制度的决定》（国发〔1997〕26 号）提出："各级人民政府要把社会保险事业纳入本地区国民经济与社会发展计划，贯彻基本养老保险只能保障退休人员基本生活的原则，把改革企业职工养老保险制度与建立多层次的社会保障体系紧密结合起来，确保离退休人员基本养老金和失业人员失业救济金的发放，积极推行城市居民最低生活保障制度。"明确基本养老保险的缴费比例和缴费年限，并明确提出"进一步扩大养老保险的覆盖范围，基本养老保险制度要逐步扩大到城镇所有企业及其职工。城镇个体劳动者也要逐步实行基本养老保险制度"。

2000 年以来关于完善企业职工基本养老保险的探索。2005 年 12 月 3 日，《国务院关于完善企业职工基本养老保险制度的决定》（国发〔2005〕38 号）提出："扩大基本养老保险覆盖范围。逐步做实个人账户。加强基本养老保险基金征缴与监管。改革基本养老金计发办法。建立基本养老金正常调整机制。加快提高统筹层次。"2009 年 12 月 28 日，国务院办公厅转发人力资源和社会保障部、财政部《城镇企业职工基本养老保险关系转移接续暂行办法》（国办发〔2009〕66 号）提出："参保人员跨省流动就业的，由原参保所在地社会保险经办机构开具参保缴费凭证，其基本养老保险关系应随同转移到新参保地。参保人员达到基本养老保险待遇领取条件的，其在各地的参保缴费年限合并计算，个人账户储存额（含本息）累计计算；未达到待遇领取年龄前，不得终止基本养老保险关系并办理退保手续；其中出国定居和到香港、澳门、台湾地区定居的，按国家有关规定执行。"该办法"适用于参加城镇企业职工基本养老保险的所有人员，包括农民工"。2018 年 5 月 30 日，《国务院关于建立企业职工基本养老保险基金中央调剂制度的通知》（国发〔2018〕18 号）提出："从基本国情和养老保险制度建设实际出发，遵循社会保险大数法则，建立养老保险基金中央调剂制度，作为实现养老保险全国统筹的第一步。加快统一养老保险政策、明确各级政府责任、理顺基金管理体制、健全激励约束机制，不断加大调剂力度，尽快实现养老保险全国统筹。在现行企业职工基本养老保险省级统筹基础上，建立中央调剂基金，对各省份养老保险基金进行适度调剂，确保基本养老金按时足额发放。"

与此同时，机关事业单位工作人员的基本养老保险体制也在改革。改革之前，机关事业单位的退休待遇与工作年限、工资级别挂钩。2006 年 6 月 23 日，人事部、财政部《关于机关事业单位离退休人员计发离退休费等问题的实施办法》（国人部发〔2006〕60 号）明确：离休人员的"离休费按本人离休前职务工资和级别工资之和或岗位工资和薪级工资之和全额计发”；退休人员的退休费发放标准是："公务员退休后的退休费按本人退休前职务工资和级别工资之和的一定比例计发"，"事业单位工作人员退休后的退休费按本人退休前岗位工资和薪级工资之和的一定比例计发"，"机关技术工人、普通工人退休后的退休费分别按本人退休前岗位工资和技术等级工资之和、岗位工资的一定比例计发"。随着城镇职工基本养老保险制度改革的推进，城镇职工和机关事业单位工作人员在基本养老保险方面"双轨制"矛盾日渐突出，为此后者也在加快改革。2015年1月14日，国务院《关于机关事业单位工作人员养老保险制度改革的决定》（国发〔2015〕2号）提出："改革现行机关事业单位工作人员退休保障制度，逐步建立独立于机关事业单位之外、资金来源多渠道、保障方式多层次、管理服务社会化的养老保险体系。实行社会统筹与个人账户相结合的基本养老保险制度。基本养老保险费由单位和个人共同负担。"

2. 城乡居民基本养老保险制度的建立与发展

城乡居民基本养老保险是在城镇居民社会养老保险（简称"城居保"）和新型农村社会养老保险（简称"新农保"）的基础上建立的。在城镇职工基本养老保险制度建立并取得明显成效的同时，城乡居民的基本养老保险制度也在快速建立发展。相比之下，农村居民基本养老保险探索建立的时间更早，城居保试点建立的时间较晚。

改革开放之前，我国农村地区养老保障以家庭养老为主，大多数农民并没有国家养老保险。20世纪80年代初期，少数富裕的农村地区开始探索实行农民退休养老制度。①民政部于1986年初进行调查研究和理论探讨，当年10月，国务院在江苏省沙洲县召开"全国农村基层社会保障工作座谈会"，确定在农村经济发达和比较发达的地区，发展以乡镇、村为单位的农村养老保险。1986年12月24日，民政部向国务院提交《关于探索建立农村基层社会保障制度的报告》。国务院同意并指出："我国农村地

---

① 李鑫：《浅析我国农村社会养老保险制度的发展历程及建议》，《才智》2010年第5期。

域广阔，各地情况不一，开展这项工作需逐步进行，应以民政部为主先进行探索和试点，不宜一下铺开。"基于此，1987 年 3 月 14 日，民政部下发《关于探索建立农村基层社会保障制度的报告》（民〔1987〕办字 11 号）提出："建立我国农村的社会保障制度，要从我国国情出发，以国家、集体、个人承受能力为限度。当前，要以'社区'为单位，以自我保障为主，充分重视家庭的保障作用。建立必要的制度，把敬老扶幼列入乡规民约；在乡、村成立老年人自愿的组织——老人协会，维护自己的合法权益；提倡和表彰亲朋邻里互助互济的风气，重视和支持社会服务事业的发展等。"

农村社会养老保险的试点与制度搭建。1991 年 1 月，国务院决定由民政部选择一批地区开展建立县级农村社会养老保险制度试点。国发〔1991〕33 号文也明确，"农村（含乡镇企业）养老保险由民政部负责"。[1] 当年 10 月，民政部把山东牟平、龙口等五个县、市作为首批试点地区。1992 年 1 月 3 日，民政部下发《县级农村社会养老保险基本方案（试行）》（民办发〔1992〕2 号）提出："农村社会养老保险是国家保障全体农民老年基本生活的制度，是政府的一项重要社会政策。建立农村社会养老保险制度，要从我国农村的实际出发，以保障老年人基本生活为目的；坚持资金个人交纳为主，集体补助为辅，国家予以政策扶持；坚持自助为主、互济为辅；坚持社会养老保险与家庭养老相结合；坚持农村务农、务工、经商等各类人员社会养老保险制度一体化的方向。"1995 年 10 月 19 日，《国务院办公厅转发民政部关于进一步做好农村社会养老保险工作意见的通知》（国办发〔1995〕51 号）提出："在农村群众温饱问题已基本解决、基层组织比较健全的地区，逐步建立农村社会养老保险制度，是建立健全农村社会保障体系的重要措施，对于深化农村改革、保障农民利益、解除农民后顾之忧和落实计划生育基本国策、促进农村经济发展和社会稳定，都具有深远

---

① 民政部：《民政部关于开展农村社会养老保险工作的情况报告》（民办报〔1992〕15 号），1992 年 11 月 25 日。

意义。各级政府要切实加强领导，高度重视对农村养老保险基金的管理和监督，积极稳妥地推进这项工作。"

农村社会养老保险的清理整顿。1998年以后，出于养老保险基金的计息利率大幅度下降等多种原因，农村社会养老保险的参保人数开始下降，农村社会养老保险基金的运行更加艰难。[1]1999年7月，国务院会议文件指出："我国农村地区尚不具备普遍实行社会养老保险的条件，并决定对已有的业务进行清理整顿，停止接受新业务，有条件的地区应逐步向商业保险过渡。"[2]此后农村社会养老保险发展速度迟缓。党的十六大报告指出："有条件的地方，探索建立农村养老、医疗保险和最低生活保障制度。"2003年11月10日，《劳动和社会保障部[3]关于认真做好当前农村养老保险工作的通知》（劳社部函〔2003〕115号）要求，要"高度重视农民的养老保障，立足当前，着眼长远，因地制宜，分类指导，积极稳妥地推进农村养老保险工作"。

新农保试点。2009年9月1日，《国务院关于开展新型农村社会养老保险试点的指导意见》（国发〔2009〕32号）指出："从2009年起开展新型农村社会养老保险试点"，按照"保基本、广覆盖、有弹性、可持续"的基本原则，"探索建立个人缴费、集体补助、政府补贴相结合的新农保制度，实行社会统筹与个人账户相结合，与家庭养老、土地保障、社会救助等其他社会保障政策措施相配套，保障农村居民老年基本生活。2009年试点覆盖面为全国10%的县（市、区、旗），以后逐步扩大试点，在全国普遍实施，2020年之前基本实现对农村适龄居民的全覆盖"。新农保由中央财政和地方财政共同支持。"国家为每个新农保参保人建立终身记录的养老保险个人账户。养老金待遇由基础养老金和个人账户养老金组成，支付

---

[1] 孙涛、黄光明：《农村社会养老保险运行模式构建及创新研究》，《农业经济问题》2007年第1期。

[2] 魏建、宋微：《影响我国农民参加农村社会养老保险的因素及对策研究》，《理论月刊》2007年第4期。

[3] 1998年3月，国务院机构改革时，明确将民政部门管理的农村社会养老保险职能划入劳动和社会保障部门，同时开展农村社会养老保险整顿规范工作。

终身。年满 60 周岁、未享受城镇职工基本养老保险待遇的农村有户籍的老年人，可以按月领取养老金。"

城居保试点。在城镇职工和农村居民基本养老保险制度建立并取得较大发展后，城镇非从业人员也即城镇居民的基本养老保险仍然处于空白状态。在城镇居民社会养老保险方面，2011 年 6 月 7 日，《国务院关于开展城镇居民社会养老保险试点的指导意见》（国发〔2011〕18 号）提出："建立个人缴费、政府补贴相结合的城镇居民养老保险制度，实行社会统筹和个人账户相结合，与家庭养老、社会救助、社会福利等其他社会保障政策相配套，保障城镇居民老年基本生活。2011 年 7 月 1 日启动试点工作，实施范围与新农村社会养老保险试点基本一致，2012 年基本实现城镇居民养老保险制度全覆盖。年满 16 周岁（不含在校学生）、不符合职工基本养老保险参保条件的城镇非从业居民，可以在户籍地自愿参加城镇居民养老保险。"该文件同时对城居保的基金筹集、个人账户建立、养老金待遇及领取条件、待遇调整、基金管理和监督、经办管理服务、相关制度衔接等进行了明确。

城居保和新农保统一为城乡居民基本养老保险。2014 年 2 月 21 日，《国务院关于建立统一的城乡居民基本养老保险制度的意见》（国发〔2014〕8 号）指出："国务院决定，将新农保和城居保两项制度合并实施，在全国范围内建立统一的城乡居民基本养老保险制度……坚持和完善社会统筹与个人账户相结合的制度模式，巩固和拓宽个人缴费、集体补助、政府补贴相结合的资金筹集渠道，完善基础养老金和个人账户养老金相结合的待遇支付政策，强化长缴多得、多缴多得等制度的激励机制，建立基础养老金正常调整机制，健全服务网络，提高管理水平，为参保居民提供方便快捷的服务。'十二五'末，在全国基本实现新农保和城居保制度合并实施，并与职工基本养老保险制度相衔接。2020 年前，全面建成公平、统一、规范的城乡居民基本养老保险制度，与社会救助、社会福利等其他社会保障政策相配套，充分发挥家庭养老等传统保障方式的积极作用，更好保障参保城乡居民的老年基本生活。年满 16 周岁（不含在校学生），非国家机关和事业单位工作人员及不属于职工基本养老保险制度覆盖范围的城乡居民，可以在户籍地参加城乡居民养老保险。"该文件同时也对基金筹集、个人账户建立、养老保险待遇及调整、转移接续与制度衔接、基金管理和运营等进行了明确。

3. 基本养老保险的有关法律规定

在基本养老保险制度探索的同时，也从法律层面对基本养老保险予以立法明确。2010 年 10 月 28 日，十一届全国人大常委会第十七次会议通过《中华人民共和国社会保险法》，该法第二章对基本养老保险制度从法律层面进行了规定，主要包括："职工应当参加基本养老保险，由用人单位和职工共同缴纳基本养老保险费。无雇工的个体工商户、未在用人单位参加基本养老保险的非全日制从业人员以及其他灵活就业人员可以参加基本养老保险，由个人缴纳基本养老保险费。公务员和参照公务员法管理的工作人员养老保险的办法由国务院规定。基本养老保险实行社会统筹与个人账户相结合。个人账户不得提前支取，记账利率不得低于银行定期存款利率，免征利息税。个人死亡的，个人账户余额可以继承。基本养老金由统筹养老金和个人账户养老金组成。个人跨统筹地区就业的，其基本养老保险关系随本人转移，缴费年限累计计算。个人达到法定退休年龄时，基本养老金分段计算、统一支付。具体办法由国务院规定。国家建立和完善新型农村社会养老保险制度。新型农村社会养老保险实行个人缴费、集体补助和政府补贴相结合。新型农村社会养老保险待遇由基础养老金和个人账户养老金组成。参加新型农村社会养老保险的农村居民，符合国家规定条件的，按月领取新型农村社会养老保险待遇。国家建立和完善城镇居民社会养老保险制度。省、自治区、直辖市人民政府根据实际情况，可以将城镇居民社会养老保险和新型农村社会养老保险合并实施。"

二、基本养老保险制度的实施成效

经过多年的探索实践，基本养老保险制度建设取得了明显的成效。总体来看，基本建立了符合经济发展需要的基本养老保险制度，也遵循了基本养老保险广覆盖和保基本的理念，在应对人口老龄化，推动经济体制转型方面发挥了积极作用。[①]城镇职工基本养老保险从早期的退休金到养老保险，缴费来源从政府出资到个人和企业共同承担，统一养老制度建立，基本养老金全国统筹的改革探索等，不仅提高了养老保障水平，而且提高了养老保障的便利水平。城乡居民基本养老保险从农村的早期试点，中间出问题进行整顿治理，新农保、城居保的先后分别试点，再到统一为城乡居民基本养老保险，也取得了明显的成效。除了基本养老保险制度更加规范、完善之外，基本养老保险制度的实施成效还表现在，基本养老保险参与人数不断增加，人均保障水平不断提高，基本养老保险的资金积累也更多。

1. 基本养老保险参与人数不断增加

随着基本养老保险制度的逐步完善，参与基本养老保险的人数不断增加。城镇基本养老保险方面，1989~2018 年，参加城镇职工基本养老保险的人数从 5710.26 万人增加至 41901.63 万人，其中在职职工人数从 4816.91 万人增加至 30103.95 万人，离退休人数从 893.35 万人增加至 11797.68 万人。城乡居民基本养老保险方面，2010~2018 年，参加人数从 10276.80 万人增加至 52391.66 万人。具体如表 5-2 所示。中国社会科学院世界社保研究中心《中国养老金精算报告 2019~2050》的数据表明，2018 年全国领取基本养老金人口占城镇 60 岁及以上人口的比例为 71.79%，以城镇在岗职工平均工资计算的平均替代率为 49.99%，基本养老金支出占 GDP 的比例为 4.63%。另外，1989 年 6 月，全国有 19 个省（自治区、直辖市）进行了农村养老保险试点，参加人数超过 90 万人，积累资金 4100 万元。根据国家统计局的数据，2006~2009 年，参加农村社会养老保险的人数从 5373.66 万人增加至 7277.33 万人，当年新参保人数从 460.61 万人

① 董克用：《重构我国养老金体系的战略思考》，载董克用、姚余栋：《中国养老金融发展报告（2016）》，社会科学文献出版社 2016 年版，第 10-48 页。

增加至 2016.56 万人，同期领取养老金的人数从 439.74 万人增加至 1423.35 万人。

表 5-2　1989~2018 年参加基本养老保险的人数

单位：万人

年份	参加城镇职工基本养老保险人数			参加城乡居民基本养老保险人数
	总计	在职职工	离退休	
1989	5710.26	4816.91	893.35	—
1990	6166.04	5200.70	965.34	—
1991	6740.24	5653.66	1086.59	—
1992	9456.15	7774.66	1681.50	—
1993	9847.61	8008.17	1839.44	—
1994	10573.54	8494.14	2079.40	—
1995	10978.97	8737.79	2241.18	—
1996	11116.72	8758.41	2358.31	—
1997	11204.40	8670.97	2533.43	—
1998	11203.14	8475.83	2727.31	—
1999	12485.41	9501.81	2983.60	—
2000	13617.43	10447.50	3169.93	—
2001	14182.52	10801.89	3380.64	—
2002	14736.60	11128.80	3607.80	—
2003	15506.70	11646.50	3860.20	—
2004	16352.90	12250.30	4102.60	—
2005	17487.87	13120.41	4367.46	—
2006	18766.30	14130.90	4635.40	—
2007	20136.90	15183.20	4953.70	—
2008	21892.00	16588.00	5304.00	—
2009	23550.00	17743.00	5807.00	—
2010	25707.30	19402.30	6305.00	10276.80
2011	28391.00	21565.00	6826.00	33182.00
2012	30426.80	22981.12	7445.68	48369.50

年份	参加城镇职工基本养老保险人数			参加城乡居民基本养老保险人数
	总计	在职职工	离退休	
2013	32218.30	24177.30	8041.00	49750.10
2014	34124.40	25531.00	8593.40	50107.50
2015	35361.10	26219.20	9141.90	50472.20
2016	37929.71	27826.28	10103.43	50847.10
2017	40293.30	29267.60	11025.70	51255.00
2018	41901.63	30103.95	11797.68	52391.66

资料来源：国家统计局、人力资源和社会保障部、Wind。

2. 基本养老保险的保障水平大幅度提高

不仅是基本养老保险参与人数增加，基本养老保险的保障水平也有大幅度提高。以统筹范围内的人均基本养老金发放情况为例。1999~2015年，统筹范围内离退休人员基本养老金从 503 元/月增加至 2318 元/月，增长 3.61 倍。其中，企业离退休人员基本养老金从 494 元/月增加至 2251 元/月，增长 3.56 倍；机关离退休人员基本养老金从 721 元/月增加至 3251 元/月，增长 3.51 倍；事业单位离退休人员基本养老金从 725 元/月增加至 3240 元/月，增长 3.47 倍。2002~2015 年，统筹范围内退休人员人均基本养老金从 627 元/月增加至 2304 元/月，增长 2.67 倍。其中，企业退休人员基本养老金从 599 元/月增加至 2240 元/月，增长 2.74 倍；机关退休人员基本养老金从 1022 元/月增加至 3193 元/月，增长 2.12 倍；事业单位退休人员基本养老金从 1009 元/月增加至 3210 元/月，增长 2.18 倍。具体如表 5-3 所示。

3. 基本养老保险相关资金更加充裕

与基本养老保险相关的资金更加充裕，具体表现为：一方面，在基本养老保险基金支出逐年增多的情况下，除了企业职工基本养老保险基金收支结余在 2014~2016 年明显下降外，其余年份企业职工、城乡居民基本养老保险基金的收支结余、年末滚存结余总体呈增多的趋势。2011~2018

表 5-3 1999~2015 年统筹范围内人均基本养老金

单位：元/月

年份	统筹范围内离退休人员				统筹范围内退休人员			
	合计	企业	机关	事业	合计	企业	机关	事业
1999	503	494	721	725	—	—	—	—
2000	559	544	947	871	—	—	—	—
2001	576	556	940	894	—	—	—	—
2002	648	618	1077	1031	627	599	1022	1009
2003	674	640	1124	1091	654	621	1069	1069
2004	705	667	1223	1154	683	647	1162	1129
2005	758	716	1257	1208	737	700	1196	1180
2006	873	832	1364	1290	853	818	1294	1262
2007	1002	947	1711	1576	977	925	1639	1543
2008	1168	1121	1822	1663	1145	1100	1740	1628
2009	1294	1246	1959	1816	1270	1225	1876	1778
2010	1426	1380	2055	1929	1405	1362	1982	1895
2011	1574	1528	2241	2105	1555	1511	2167	2073
2012	1750	1700	2352	2380	1733	1686	2271	2347
2013	1917	1869	2587	2544	1902	1856	2514	2514
2014	2105	2061	2668	2695	2091	2050	2592	2665
2015	2318	2251	3251	3240	2304	2240	3193	3210

资料来源：人力资源和社会保障部、Wind。

年，城乡居民基本养老保险基金的收支结余、年末滚存结余分别从 652.02 亿元、1350.68 亿元增加至 931.73 亿元、7274.21 亿元，企业职工基本养老保险基金的收支结余、年末滚存结余分别从 4032.4 亿元、18341.18 亿元增加至 5953.69 亿元、48034.4 亿元。具体如表 5-4 所示。

另一方面，公共财政对养老保险基金的支出规模较大，占比较高。2010~2018 年，全国财政对养老保险基金的补助规模从 1910.35 亿元增加至 5309.55 亿元。2010~2016 年，地方财政对养老保险基金的补助规模从 1863.01 亿元增加至 4574.04 亿元。无论是全国财政还是地方财政，对基本

养老保险基金的补助金额占对社会保险基金补助金额的比例一直都超过
60%。具体如表 5-5 所示。

表 5-4 2003~2018 年基本养老保险基金收支和结余金额

单位：亿元

年份	收入		支出		本年收支结余		年末滚存结余	
	企业职工	城乡居民	企业职工	城乡居民	企业职工	城乡居民	企业职工	城乡居民
2003	3243.40	—	2744.05	—	499.35	—	1869.05	—
2004	3760.16	—	3054.32	—	705.84	—	2575.38	—
2005	4489.10	—	3500.02	—	989.08	—	3571.18	—
2006	5658.45	—	4295.67	—	1362.79	—	4962.82	—
2007	7007.55	—	5152.15	—	1855.41	—	6829.88	—
2008	8748.24	—	6499.35	—	2248.89	—	9083.64	—
2009	10343.00	—	7872.00	—	2471.00	—	11574.00	—
2010	12195.01	—	9429.45	—	2765.57	—	14307.85	—
2011	15434.66	1341.99	11402.27	689.97	4032.40	652.02	18341.18	1350.68
2012	18300.00	1996.00	13948.00	1212.00	4351.00	784.00	22694.00	2360.00
2013	20790.19	2173.10	16698.86	1430.78	4091.33	742.32	26900.48	3103.57
2014	23273.42	2343.17	19797.43	1593.04	3475.99	750.13	30376.47	3853.92
2015	26553.97	2879.25	23092.18	2135.01	3461.80	744.24	33838.27	4604.23
2016	28518.54	2956.21	25781.69	2173.87	2736.85	782.34	36576.83	5398.69
2017	33542.04	3339.30	28566.73	2395.31	4975.31	943.99	41574.33	6341.91
2018	37520.97	3870.12	31567.28	2938.39	5953.69	931.73	48034.40	7274.21

资料来源：财政部、Wind。

表 5-5 2010~2018 年公共财政支出中对养老保险基金的补助金额和占比

年份	全国财政补助		地方财政补助	
	金额（亿元）	占比（%）	金额（亿元）	占比（%）
2010	1910.35	82.71	1863.01	82.34
2011	2191.72	69.53	2130.73	68.93
2012	2527.30	66.02	2451.54	65.35
2013	2851.41	64.76	2762.64	64.03

年份	全国财政补助		地方财政补助	
	金额（亿元）	占比（%）	金额（亿元）	占比（%）
2014	3294.67	65.33	3191.90	64.61
2015	4162.28	63.10	4044.35	62.43
2016	4703.41	61.62	4574.04	60.95
2017	4641.79	62.31	——	——
2018	5309.55	64.19	——	——

注：财政对社会保险基金的补助项目包括：基本养老保险基金、失业保险基金、基本医疗保险基金、工伤保险基金、生育保险基金、新型农村社会养老保险基金、城镇居民养老保险基金、其他社会保险基金，其中中央本级财政只包括基本养老保险基金和其他社会保险基金，地方财政补助科目包括除城镇居民基本养老保险基金以外的其他所有科目；表中的占比是指公共财政对基本养老保险基金的补助金额占公共财政对社会保险基金补助金额的比例。

资料来源：财政部、Wind。

三、基本养老保险制度及其实施的完善思路

我国基本养老保险制度建设和实施取得了较大的成绩，但与人口老龄化水平快速提高、老年人追求美好生活的现实需要相比，基本养老保险制度的实施过程中还存在一些问题，需要根据实际情况及时研究解决。不仅是基本养老保险参与率较低，如根据中国养老金融 50 人论坛、中国家庭金融调查与研究中心的调查数据，只有 85.6% 的人口参与了不同种类的社会基本养老保险制度，其中参加城镇企业职工基本养老保险的比例为 41.1%，参加机关事业单位基本养老保险的比例为 15.8%，参加城乡居民基本养老保险的比例为 23.1%，参加其他类别社会基本养老保险的比例为 5.6%，[1] 且存在其他问题需要解决。具体表现在：[2]

一是基本养老保险基金的资金缺口较大，政府责任过重。据测算，我

---

[1] 中国养老金融 50 人论坛、中国家庭金融调查与研究中心：《中国养老金融调查报告（2017）》，北京，2017 年 8 月，第 30 页。

[2] 董克用：《重构我国养老金体系的战略思考》，载董克用、姚余栋：《中国养老金融发展报告（2016）》，社会科学文献出版社 2016 年版，第 10—48 页。

国每年收取的基本养老保险费与支出的缺口，也就是衡量养老金的现实缺口在 2020 年将占到 GDP 的 0.2%，2050 年占到 GDP 的 5.5%。以 OECD 国家为例，其养老金三支柱中第二支柱、第三支柱养老金占 GDP 比例的算术平均数为 55.3%[①]。我国的这一比例仅为 1% 左右，在养老资金来源上对基本养老保险基金尤其是政府依赖较重。

二是基本养老金的个人账户"空账运行"问题突出。基本养老保险的社会统筹账户采用现收现付制，领取养老金的资金来源于社会统筹账户。受基本养老金改革转轨等因素影响，实际领取养老金的老年人之前并未向社会统筹账户缴费，再加上老年人数量增加、养老保障水平提高等因素影响，社会统筹账户资金不足。在这种情况下，实际运行中出现了大量支用个人账户的养老基金来补充社会统筹账户资金，导致采用完全积累制的个人账户"空账运行"。

三是基本养老保险的制度规定缴费率过高但实际缴费较低。2009 年，OECD 国家公共养老金的平均缴费水平为工资的 20%，我国基本养老保险的缴费率为工资的 28%[②]。制度规定较高缴费水平的目的是筹措更多的养老基金，但实际运行中，由于人社部门负责社保缴费管理的情况较多[③]，其对企业等单位的监管审查能力不足，最终导致的结果是企业为了减轻缴费负担，采用只为部分员工缴费等方式进行规避。同时，基本养老金的缴费基数与社会平均工资挂钩，设定为当地社会平均工资的 60%~300%，企

---

① OECD, "Pension Markets in Focus 2017", http://www.oecd.org/pensions/pensionmarketsinfocus.htm, October 20, 2017.

② 陈华、王晓：《养老金融的现状、问题及建议》，《党政论坛》2017 年第 10 期。

③ 1999 年 1 月 22 日，国务院《社会保险费征缴暂行条例》（国务院令第 259 号）规定："社会保险费的征收机构由省、自治区、直辖市人民政府规定，可以由税务机关征收，也可以由劳动保障行政部门按照国务院规定设立的社会保险经办机构征收。"2011 年正式实施的《中华人民共和国社会保险法》规定："国务院社会保险行政部门负责全国的社会保险管理工作，国务院其他有关部门在各自的职责范围内负责有关的社会保险工作。县级以上地方人民政府社会保险行政部门负责本行政区域的社会保险管理工作，县级以上地方人民政府其他有关部门在各自的职责范围内负责有关的社会保险工作。"文件并未明确社会保险费的统一征收机构。这样一来，在社会保险费实际征收运行中，存在税务部门征收和社会保险费征收经办机构即人社部门征收两种情况，税务部门征收又分为税务部门代征收和税务部门全责征收的情况。

业有较强的动机采用按照最低标准缴基本养老金的方式逃费。更进一步，这一做法虽然考虑了不同企业的盈利水平问题，但领取养老金阶段仍然与社会平均工资挂钩，激励企业在缴费阶段往往按照就低不就高的原则缴费，导致基本养老金缴费不足。因为各地经济发展水平差异，与社会平均工资挂钩的基本养老金缴费和领取方式，不利于基本养老金的全国统筹。

针对以上基本养老保险制度运行中的问题，建议研究从如下方面解决：一方面，调整优化基本养老保险的替代率，缩小基本养老金的现实缺口。我国基本养老保险社会统筹账户的缴费率与 OECD 国家基本相同，但养老金的替代率比 OECD 国家高约七个百分点，有一定的下调空间。因而，可以在基本养老保险缴费率不变的同时，结合第二支柱、第三支柱养老金的充实完善，个人养老账户资金增加的情况，适当调低基本养老保险的替代率，缩小基本养老金的现实缺口。另一方面，加强基本养老保险基金的缴费管理，保障缴费真实足额。[1] 首先，理顺管理体制。基本养老保险作为社会保障的一种，其缴费中存在较多的由人社部门负责的情况，人社部门却并不一定能很好地掌握工资的真实情况，需要与税务部门合作按照纳税基数确定基本养老保险的缴费标准。这一问题已经得到解决。2018 年 7 月 20 日，中共中央办公厅、国务院办公厅印发了《国税地税征管体制改革方案》，明确从 2019 年 1 月 1 日起，将基本养老保险费、基本医疗保险费、失业保险费、工伤保险费、生育保险费等各项社会保险费交由税务部门统一征收。[2] 其次，城乡居民基本养老保险不具有强制性，要引导并稳定参保人员的预期，[3] 调动城乡居民参保的积极性。通过基本养老保险缴费的真实足额，增加基本养老保险社会统筹账户的资金，也可以考虑划拨国有资产来充实个人账户等方式，减轻对个人账户的挪用并降低个人账户

① 娄飞鹏：《我国养老金三支柱体系建设的历程、问题与建议》，《金融发展研究》2020 年第 2 期。
② 新华社：《中共中央办公厅、国务院办公厅印发〈国税地税征管体制改革方案〉》，http://www.xinhuanet.com/politics/2018-07/20/c_1123156533.htm，2018 年 7 月 20 日。
③ 魏建、宋微：《影响我国农民参加农村社会养老保险的因素及对策研究》，《理论学刊》2007 年第 4 期。

"空账运行"的压力。① 鉴于基本养老金本身具有准税收的性质，也可以参考欧美国家的经验，将基本养老金等社会保险资金改为税收，以便于管理。②

第二节 企业年金和职业年金制度

企业年金和职业年金制度是养老金制度的第二支柱，其源于国内在20世纪90年代开始的补充养老保险制度，经过近30年的发展，已经取得了较为明显的进展，在养老金融发展中也发挥了积极的作用。但也要看到，与国外养老金三支柱框架第二支柱的规模和实际发挥的作用相比，国内第二支柱养老金仍然有较大的建设完善空间。虽然企业年金和职业年金都是养老金支柱的第二支柱，但考虑到两者之间也有区别，且企业年金建立的时间较早，本节主要结合企业年金来加以论述。

一、企业年金和职业年金的比较

根据《机关事业单位职业年金办法》（国办发〔2015〕18 号）、《企业年金办法》（人力资源和社会保障部、财政部令第 36 号）的相关规定，企业年金和职业年金既有相同之处，也存在不同点。在相同点方面：一是养老保险性质相同。企业年金和职业年金都属于补充养老保险，都是建立在参加基本养老保险的基础上，是养老金三支柱的第二支柱。"企业年金，是指企业及其职工在依法参加基本养老保险的基础上，自主建立的补充养老保险制度。""职业年金，是指机关事业单位及其工作人员在参加机关事业单

---

① 董克用：《重构我国养老金体系的战略思考》，载董克用、姚余栋：《中国养老金融发展报告（2016）》，社会科学文献出版社 2016 年版，第 10–48 页。
② 国君宏观团队：《社保征管体制改革，经济影响几何》，http://mini.eastday.com/a/180903154308882–10.html，2018 年 9 月 3 日。

位基本养老保险的基础上，建立的补充养老保险制度。"

二是费用承担方式相同。企业年金和职业年金都需要单位和个人共同缴费，个人缴费部分直接计入个人账户。企业年金"职工个人缴费计入本人企业年金个人账户，职工企业年金个人账户中个人缴费及其投资收益自始归属于职工个人"。职业年金"个人缴费实行实账积累。个人缴费直接计入本人职业年金个人账户，职业年金基金投资运营收益，按规定计入职业年金个人账户"。

三是基金管理方式相同。企业年金和职业年金都采用委托管理的方式，受托管理人需要具有相关资格，并且受托人要保障基金的独立性。"企业和职工建立企业年金，应当确定企业年金受托人，由企业代表委托人与受托人签订受托管理合同。受托人可以是符合国家规定的法人受托机构，也可以是企业按照国家有关规定成立的企业年金理事会。企业年金基金应当与委托人、受托人、账户管理人、投资管理人、托管人和其他为企业年金基金管理提供服务的自然人、法人或者其他组织的自有资产或者其他资产分开管理，不得挪作其他用途。""职业年金基金应当委托具有资格的投资运营机构作为投资管理人，负责职业年金基金的投资运营；应当选择具有资格的商业银行作为托管人，负责托管职业年金基金。委托关系确定后，应当签订书面合同。职业年金基金必须与投资管理人和托管人的自有资产或其他资产分开管理，保证职业年金财产独立性，不得挪作其他用途。"

四是待遇转移方式相同。参与企业年金的"职工变动工作单位时，新就业单位已经建立企业年金或者职业年金的，原企业年金个人账户权益应当随同转入新就业单位企业年金或者职业年金。职工新就业单位没有建立企业年金或者职业年金的，或者职工升学、参军、失业期间，原企业年金个人账户可以暂时由原管理机构继续管理，也可以由法人受托机构发起的集合计划设置的保留账户暂时管理；原受托人是企业年金理事会的，由企业与职工协商选择法人受托机构管理"。参与职业年金的"工作人员变动工作单位时，职业年金个人账户资金可以随同转移。工作人员升学、参军、失业期间或新就业单位没有实行职业年金或企业年金制度的，其职业年金个人账户由原管理机构继续管理运营。新就业单位已建立职业年金或企业年金制度的，原职业年金个人账户资金随同转移"。

五是待遇领取条件及方式相同。参与企业年金的"职工在达到国家规定的退休年龄或者完全丧失劳动能力时，可以从本人企业年金个人账户中按月、分次或者一次性领取企业年金，也可以将本人企业年金个人账户资金全部或者部分购买商业养老保险产品，依据保险合同领取待遇并享受相应的继承权；出国（境）定居人员的企业年金个人账户资金，可以根据本人要求一次性支付给本人；职工或者退休人员死亡后，其企业年金个人账户余额可以继承"。参与职业年金的"工作人员在达到国家规定的退休条件并依法办理退休手续后，由本人选择按月领取职业年金待遇的方式。可一次性用于购买商业养老保险产品，依据保险契约领取待遇并享受相应的继承权；可选择按照本人退休时对应的计发月数计发职业年金月待遇标准，发完为止，同时职业年金个人账户余额享有继承权。本人选择任一领取方式后不再更改。出国（境）定居人员的职业年金个人账户资金，可根据本人要求一次性支付给本人。工作人员在职期间死亡的，其职业年金个人账户余额可以继承"。同时，企业年金和职业年金制度都规定"不得从个人账户中提前提取资金"。

企业年金和职业年金的不同之处在于：一是参与主体不同。企业年金的参与主体是企业及其职工，职业年金的参与主体为机关事业单位及其工作人员。

二是缴费标准不同。企业年金"企业缴费每年不超过本企业职工工资总额的8%。企业和职工个人缴费合计不超过本企业职工工资总额的12%。具体所需费用，由企业和职工一方协商确定"。职业年金明确"单位缴纳职业年金费用的比例为本单位工资总额的8%，个人缴费比例为本人缴费工资的4%，由单位代扣。单位和个人缴费基数与机关事业单位工作人员基本养老保险缴费基数一致"。

三是参保条件不同。企业年金的建立与参与带有自愿性质，是企业

"自主建立的补充养老保险制度，国家鼓励企业建立企业年金"，"建立企业年金，企业应当与职工一方通过集体协商确定，并制定企业年金方案"，对建立企业年金制度的企业，其员工个人可以自由选择是否参与。职业年金具有强制性，"机关事业单位在参加基本养老保险的基础上，应当为其工作人员建立职业年金"。

四是基金组成不同。企业年金基金由"企业缴费，职工个人缴费，企业年金基金投资运营收益"组成。职业年金基金由"单位缴费，个人缴费，职业年金基金投资运营收益，国家规定的其他收入"组成。职业年金基金的组成可以有国家规定的其他收入。

二、企业年金和职业年金制度的建立与发展

我国的企业年金和职业年金是由补充养老保险发展而来，在其建立和发展过程中也经历了不断的改革完善，目前从制度建设方面已经相对较为完善。

1. 企业年金和职业年金制度建立的背景

国务院提出建立补充养老保险。1991 年 6 月 26 日，《国务院关于企业职工养老保险制度改革的决定》（国发〔1991〕33 号）提出："随着经济的发展，逐步建立起基本养老保险与企业补充养老保险和职工个人储蓄性养老保险相结合的制度。改变养老保险完全由国家、企业包下来的办法，实行国家、企业、个人三方共同负担，职工个人也要缴纳一定的费用。"补充养老保险被明确为职工养老保险的重要组成部分。在此基础上，1995 年 3 月 17 日，《国务院关于深化企业职工养老保险制度改革的通知》（国发〔1995〕6 号）提出："国家在建立基本养老保险、保障离退休人员基本生活的同时，鼓励建立企业补充养老保险和个人储蓄性养老保险。企业按规定缴纳基本养老保险费后，可以在国家政策指导下，根据本单位经济效益情况，为职工建立补充养老保险。企业补充养老保险和个人储蓄性养老保险，由企业和个人自主选择经办机构。"对补充养老保险的性质进行了进

一步明确，经办方式也更加清晰。这两份重要文件为企业年金和职业年金建立奠定了良好的基础。

劳动部根据国务院文件精神，明确补充养老保险的具体做法。1995年12月29日，劳动部印发了《关于建立企业补充养老保险制度的意见》（劳部发〔1995〕464号），明确了建立企业补充养老保险的实施主体和条件、决策程序和组织管理、资金来源、供款方式和水平、享受条件和待遇给付、经办机构和委托程序、投资运营、基金转移。在该文件的附件中，也介绍了国内外补充养老保险的一些资料。

2. 企业年金制度的建立和发展

企业年金的提出和初步建立。2000年12月25日，《国务院关于印发完善城镇社会保障体系试点方案的通知》（国发〔2000〕42号）提出："有条件的企业可为职工建立企业年金，并实行市场化运营和管理。企业年金实行基金完全积累，采用个人账户方式进行管理，费用由企业和职工个人缴纳，企业缴费在工资总额4%以内的部分，可从成本中列支。同时，鼓励开展个人储蓄性养老保险。"这是在政府文件中首次提出企业年金的说法，并且明确了企业年金的运营管理方式、费用来源和缴费比例。

企业年金制度的建立和完善。2004年1月6日，劳动和社会保障部下发《企业年金试行办法》（劳动和社会保障部令第20号），对企业年金的建立条件、建立方式、企业年金方案、资金来源、账户管理、投资运营、享受条件和方式等进行了明确规定。2004年2月23日，劳动和社会保障部、银监会、证监会、保监会联合下发《企业年金基金管理试行办法》（中华人民共和国劳动和社会保障部、中国银行业监督管理委员会、中国证券监督管理委员会、中国保险监督管理委员会令第23号），对企业年金基金，也就是"根据依法制定的企业年金计划筹集的资金及其投资运营收益形成的企业补充养老保险基金"的"受托管理、账户管理、托管以及投资管理"进行规范，明确了受托人、账户管理人、托管人、投资管理人的准入条件和职责，中介服务机构的业务范围，企业年金基金的投资、收益分配及费用、信息披露、监督检查等规定。2005年12月3日，《国务院关于完善企业职工基本养老保险制度的决定》（国发〔2005〕38 号）再次强调："发展企业年金。为建立多层次的养老保险体系，增强企业的人才竞争能力，更好地保障企业职工退休后的生活，具备条件的企业可为职工建立企业年金。企业年金基金实行完全积累，采取市场化的方式进行管理和运营。要切实做好企业年金基金监管工作，实现规范运作，切实维护企业和职工的利益。"

在试行办法运行后，相关部门又对制度进行了修订完善。2011 年 2 月 12 日，劳动和社会保障部、银监会、证监会、保监会联合下发《企业年金基金管理办法》（中华人民共和国劳动和社会保障部、中国银行业监督管理委员会、中国证券监督管理委员会、中国保险监督管理委员会令第 11 号），对《企业年金基金试行管理办法》进行了修订，主要包括：加强对企业年金理事会的监管、调整了企业年金基金投资的范围和比例、原则性规定了企业年金集合计划、明确风险准备金的使用、明确禁止承诺收益、明确收益分配和部分费用收取及列支方式、调整审计要求、调整信息披露等。2017 年 12 月 18 日，人力资源和社会保障部、财政部联合下发《企业年金办法》（人力资源和社会保障部、财政部令第 36 号），对《企业年金试行办法》进行修订，主要包括：企业年金是自主建立，弱化了企业年金建立的硬性条件，明确单位和个人缴费比例，首次规定了企业缴费的归属行为、归属限额和归属期限，明确个人账户下设企业缴费子账户和个人缴费子账户，明确领取企业年金的资格条件，规定企业年金待遇的发放方式等。[1]

3. 职业年金制度的建立和发展

职业年金的试点。2008 年，国务院决定在五个省、市先行开展事业单位养老保险制度改革试点，与事业单位分类改革配套推进。以试点的方式为后续制度建设，出台政策文件积累经验，为全面实施职业年金制度奠定基础。这一改革也有助于解决"双轨制"的矛盾，让机关事业单位和企业等城镇从业人员实行统一的社会统筹和个人账户相结合的养老保险制度，

---

① 郑秉文：《解读〈企业年金办法〉》，《现代国企研究》2018 年第 4 期。

采用单位和个人缴费，实行与缴费相挂钩的养老金待遇计发方法。

职业年金制度的建立。2015 年 1 月 14 日，《国务院关于机关事业单位工作人员养老保险制度改革的决定》（国发〔2015〕2 号）指出："建立职业年金制度。机关事业单位在参加基本养老保险的基础上，应当为其工作人员建立职业年金。单位按本单位工资总额的 8%缴费，个人按本人缴费工资的 4%缴费。工作人员退休后，按月领取职业年金待遇。"2015 年 3 月 27 日，《国务院办公厅关于印发机关事业单位职业年金办法的通知》（国办发〔2015〕18 号），明确规定了职业年金的费用来源和缴费标准、职业年金基金的组成项目、账户管理、领取条件、经办管理、投资运营管理等，并且该办法自 2014 年 10 月 1 日起实施。2016 年 9 月 28 日，人力资源和社会保障部、财政部联合下发《职业年金基金管理暂行办法》（人社部发〔2016〕92 号），对职业年金基金建立单位、代理人、受托人、托管人、投资管理人的管理职责，基金投资原则、范围、比例，收益分配和使用，计划管理和信息披露，以及监督检查等进行了规定。2016 年 10 月 31 日，人力资源和社会保障部办公厅下发了《关于职业年金计划备案和编码规则等有关问题的通知》（人社厅发〔2016〕168 号）、《关于印发职业年金计划管理合同指引的通知》（人社厅发〔2016〕169 号）、《关于印发职业年金基金管理运营流程规范的通知》（人社厅发〔2016〕170 号）、《关于印发职业年金基金数据交换规范的通知》（人社厅发〔2016〕171 号）四个配套文件，职业年金制度建设基本完成。

三、企业年金和职业年金的政策支持

在企业年金、职业年金建立的同时，政府部门也从税收等方面及时出台了相关的配套政策。在企业年金和职业年金个人所得税征收上，从严格征收个人所得税逐步实现缴费阶段暂缓征收个人所得税。

1. 企业年金和职业年金缴费部分正常征收个人所得税

我国曾经对补充养老保险予以正常征收个人所得说。如 2005 年 4 月

13 日，《国家税务总局关于单位为员工支付有关保险缴纳个人所得税问题的批复》（国税函〔2005〕318 号）明确："依据《中华人民共和国个人所得税法》及有关规定，对企业为员工支付各项免税之外的保险金，应在企业向保险公司缴付时（即该保险落到被保险人的保险账户）并入员工当期的工资收入，按'工资、薪金所得'项目计征个人所得税，税款由企业负责代扣代缴。"2005 年 6 月 2 日，《财政部　国家税务总局关于个人所得税有关问题的批复》（财税〔2005〕94 号）明确："单位为职工个人购买商业性补充养老保险等，在办理投保手续时应作为个人所得税的'工资、薪金所得'项目，按税法规定缴纳个人所得税；因各种原因退保，个人未取得实际收入的，已缴纳的个人所得税应予以退回。"这两个批复文件虽然分别是对黑龙江省、江苏省的批复，但都抄送各省、自治区、直辖市、计划单列市财政税务部门。

2009 年 12 月 10 日，国家税务总局《关于企业年金个人所得税征收管理有关问题的通知》（国税函〔2009〕694 号）规定："企业年金的个人缴费部分，不得在个人当月工资、薪金计算个人所得税时扣除。企业年金的企业缴费计入个人账户的部分是个人因任职或受雇而取得的所得，属于个人所得税应税收入，在计入个人账户时，应视为个人一个月的工资、薪金（不与正常工资、薪金合并），不扣除任何费用，按照'工资、薪金所得'项目计算当期应纳个人所得税款，并由企业在缴费时代扣代缴。"同时也明确，对之前"企业未扣缴企业缴费部分个人所得税的，税务机关应限期责令企业按以下方法计算扣缴税款：以每年度未扣缴企业缴费部分为应纳税所得额，以当年每个职工月平均工资额的适用税率为所属期企业缴费的适用税率，汇总计算各年度应扣缴税款……对个人取得本通知规定之外的其他补充养老保险收入，应全额并入当月工资、薪金所得依法征收个人所得税"。

根据这一通知精神，2011 年 1 月 30 日，《国家税务总局关于企业年金个人所得税有关问题补充规定的公告》（国家税务总局公告 2011 年第 9 号）补充规定，"企业年金的企业缴费部分计入职工个人账户时，当月个人工资薪金所得与计入个人年金账户的企业缴费之和未超过个人所得税费用扣除标准的,不征收个人所得税。个人当月工资薪金所得低于个人所得税费用扣除标准,但加上计入个人年金账户的企业缴费后超过个人所得税费用扣除标准的,其超过部分按照"国税函〔2009〕694号第二条规定缴纳个人所得税。

2. 企业年金和职业年金缴费部分暂缓征收个人所得税

对于企业年金和职业年金缴费部分正常征收个人所得税的做法,难以调动企业和事业单位、个人参与企业年金、职业年金的积极性,也在一定程度上违背了建立补充养老保险的初衷。为此,2013年12月6日,财政部、国家税务总局、人力资源和社会保障部《关于企业年金 职业年金个人所得税有关问题的通知》(财税〔2013〕103号)从以下三方面对企业年金、职业年金个人所得税暂缓征收处理予以明确:

首先,明确企业年金和职业年金缴费的个人所得税处理,缴费阶段满足条件的暂不缴纳个人所得税。具体是:"企业和事业单位根据国家有关政策规定的办法和标准,为在本单位任职或者受雇的全体职工缴付的企业年金或职业年金单位缴费部分,在计入个人账户时,个人暂不缴纳个人所得税。个人根据国家有关政策规定缴付的企业年金或职业年金个人缴费部分,在不超过本人缴费工资计税基数的4%标准内的部分,暂从个人当期的应纳税所得额中扣除。"超出以上"规定的标准缴付的年金企业和事业单位缴费和个人缴费部分,应并入个人当期的工资、薪金所得,依法计征个人所得税。税款由建立年金的单位代扣代缴,并向主管税务机关申报解缴"。

其次,明确年金基金投资运营收益的个人所得税处理办法。具体是:"年金基金投资运营收益分配计入个人账户时,个人暂不缴纳个人所得税。"

最后,明确领取年金的个人所得税处理。"个人达到国家规定的退休年龄,在本通知实施之后按月领取的年金,全额按照'工资、薪金所得'项目适用的税率,计征个人所得税;在本通知实施之后按年或按季领取的年金,平均分摊计入各月,每月领取额全额按照'工资、薪金所得'项目适用的税率，计征个人所得税。"

《关于企业年金　职业年金个人所得税有关问题的通知》（财税〔2013〕103 号）同时也明确了，"《国家税务总局关于企业年金个人所得税征收管理有关问题的通知》（国税函〔2009〕694 号）、《国家税务总局关于企业年金个人所得税有关问题补充规定的公告》（国家税务总局公告 2011 年第 9 号）同时废止"。

四、企业年金建立的成效与后续努力重点

在政府出台一系列政策文件，对建立企业年金和职业年金进行鼓励规范的情况下，企业年金和职业年金的建立都取得了明显的成效。由于职业年金数据不可得，此处重点围绕企业年金的数据介绍其成效。2007~2019 年，建立企业年金的企业数从 3.2 万家提高至 9.6 万家，参加职工人数从 929 万人提高至 2547.94 万人，企业年金基金累计结余从 1519 亿元提高至 17985.33 亿元，建立企业年金的企业数、参加职工人数、企业年金基金累计结余都有了较快的增长，但是也要看到 2015 年以来增长速度较之前有所下降。具体如表 5-6 所示。

表 5-6　2007~2019 年企业年金建立情况及参加职工人数

年份	建立企业数（万家）	参加职工人数（万人）	基金累计结存（亿元）
2007	3.20	929.00	1519.00
2008	3.30	1038.00	1911.00
2009	3.35	1179.00	2533.00
2010	3.71	1335.00	2809.00
2011	4.49	1577.00	3570.00
2012	5.47	1847.00	4821.00
2013	6.60	2056.00	6035.00
2014	7.33	2293.00	7689.00
2015	7.55	2316.22	9525.51

年份	建立企业数（万家）	参加职工人数（万人）	基金累计结存（亿元）
2016	7.63	2324.75	11074.62
2017	8.04	2331.39	12879.67
2018	8.74	2388.17	14770.38
2019	9.60	2547.94	17985.33

资料来源：人力资源和社会保障部、Wind。

然而，企业年金的建立也存在较多的问题，集中且突出表现为，建立企业年金的企业数量、参加职工人数较低，覆盖面太小，主要集中在能源、金融等垄断型、资源型或者盈利性较好的行业[1]，年金积累中国有企业占比达到75%[2]，基金结余规模相对较小，和其他养老金可持续水平较高国家的差距较大[3]。从国外的情况看，在养老金三支柱中，充当第二支柱的职业养老金往往是退休人员的主要收入来源，具体的待遇水平依赖于缴费规模和投资收益。因此，国内也有必要加快企业年金、职业年金的普及速度[4]，提高缴费标准，完善税收优惠措施，激励更多的机构建立企业年金、职业年金，合理投资促进企业年金基金、职业年金基金的保值增值，提高第二支柱的保障水平，并缓解基本养老金的压力。

第三节　个人储蓄养老计划制度

个人储蓄养老计划也是养老金的一个重要来源，是养老金三支柱中的

---

[1] 梅兴文：《银行养老金融业务策略》，《中国金融》2018 年第 7 期。
[2] 王锦凌：《发力养老金信托　参与全生命周期养老金融综合服务》，《中国银行业》2018 年第 8 期。
[3] 胡继晔：《养老服务金融报告：跨行业的金融探索与创新》，载董克用、姚余栋：《中国养老金融发展报告（2016）》，社会科学文献出版社 2016 年版，第 126–158 页。
[4] 娄飞鹏：《我国养老金三支柱体系建设的历程、问题与建议》，《金融发展研究》2020 年第 2 期。

第三支柱。其既适用于不能参加企业年金、职业年金的人员，也适用于收入水平较高，积极主动进行个人养老储蓄计划以期获得更好养老保障的群体。20 世纪 90 年代初，我国就提出建立个人储蓄养老计划的政策，但具体的支持鼓励政策不到位，进展一直比较慢。2018 年 5 月 1 日，国内开始个人税收递延型商业养老保险试点，标志着个人储蓄养老计划制度建设实施取得重大突破。

一、个人储蓄养老发展试点

在建立并完善基本养老保险制度、企业年金和职业年金制度的同时，政府也在积极鼓励个人储蓄养老保险。1991 年 6 月 26 日，《国务院关于企业职工养老保险制度改革的决定》（国发〔1991〕33 号）提出："随着经济的发展，逐步建立起基本养老保险与企业补充养老保险和职工个人储蓄性养老保险相结合的制度。"1995 年 3 月 17 日，《国务院关于深化企业职工养老保险制度改革的通知》（国发〔1995〕6 号）提出："国家在建立基本养老保险、保障离退休人员基本生活的同时，鼓励建立企业补充养老保险和个人储蓄性养老保险。"2014 年 8 月 13 日，《国务院关于加快发展现代保险服务业的若干意见》（国发〔2014〕29 号）、国家"十三五"规划等都提出，要发展个人税收递延型商业养老保险。但受各种因素影响，建立个人储蓄养老保险工作进展迟缓，最终在 2018 年才取得显著进展。

个人税收递延型商业养老保险试点。在经过多年的酝酿后，2018 年 4 月 2 日，财政部、税务总局、人力资源和社会保障部、中国银行保险监督管理委员会、中国证券监督委员会发布《关于开展个人税收递延型商业养老保险试点的通知》（财税〔2018〕22 号），明确"自 2018 年 5 月 1 日起，在上海市、福建省（含厦门市）和苏州工业园区实施个人税收递延型商业养老保险试点。试点期限暂定一年。对试点地区个人通过个人商业养老资金账户购买符合规定的商业养老保险产品的支出，允许在一定标准内税前扣除；计入个人商业养老资金账户的投资收益，暂不征收个人所得税；个人领取商业养老金时再征收个人所得税。适用试点税收政策的纳税人，是指在试点地区取得工资薪金、连续性劳务报酬所得的个人，以及取得个体工商户生产经营所得、对企事业单位的承包承租经营所得的个体工商户业主、个人独资企业投资者、合伙企业自然人合伙人和承包承租经营者，其工资薪金、连续性劳务报酬的个人所得税扣缴单位，或者个体工商户、承包承租单位、个人独资企业、合伙企业的实际经营地均位于试点地区内"。

为推动试点健康发展，中国银行保险监督管理委员会又专门出台了规范文件。2018 年 5 月 16 日，中国银行保险监督管理委员会《个人税收递延型商业养老保险业务管理暂行办法》（银保监发〔2018〕23 号），明确了个人税收递延型商业养老保险业务的经营要求、产品管理、销售管理、业务管理、投资管理、财务管理、信息平台管理、服务管理、信息披露、监督管理等要求。2018 年 6 月 22 日，中国银行保险监督管理委员会《个人税收递延型商业养老保险资金运用管理暂行办法》（银保监发〔2018〕32 号），从业务条件、大类资产配置、运作规范、风险管理、监督管理等方面予以明确，以规范个人税收递延型商业养老保险的资金运用行为。

《关于开展个人税收递延型商业养老保险试点的通知》（财税〔2018〕22 号）同时明确："个人商业养老保险产品按稳健型产品为主、风险型产品为辅的原则选择，采取名录方式确定。试点期间的产品是指由保险公司开发，符合'收益稳健、长期锁定、终身领取、精算平衡'原则，满足参保人对养老账户资金安全性、收益性和长期性管理要求的商业养老保险产品。具体商业养老保险产品指引由中国银行保险监督管理委员会提出，商财政部、人社部、税务总局后发布。"根据这一规定，2018 年 5 月 28 日，中国银行保险监督管理委员会发布《关于经营个人税收递延型商业养老保险业务保险公司名单（第一批）的公示》，公示经营个人税收递延型商业养老保险业务的保险公司（第一批）包括"中国人寿、太平洋人寿、平安养老、新华人寿、太平养老、太平人寿、泰康养老、泰康人寿、阳光人寿、中信保诚、中意人寿、英大人寿"。此后至 2019 年 1 月、4 月，银保监会又公布了第二至第五批经营个人税收递延型商业养老保险业务的保险公司名单，共计 23 家保险公司参与试点。2018 年 6 月 5 日，中国银行保险监督管理委员会以行政许可的方式，对新华人寿、泰康养老、平安养老、太平人寿、太平养老、中国人寿六家保险公司的 19 款个人税收递延型养老年金保险的保险条款和保险费率进行批复。此后也批复了多款同类产品。

与此同时，为做好个人税收递延型商业养老保险，政府监管部门也出台了相关的支持政策，鼓励金融机构推出相关的配套产品。2018 年 2 月 11 日，中国证监会公布《养老目标证券投资基金指引（试行）》（中国证券监督管理委员会公告〔2018〕2 号），对养老目标基金的运作形式、投资策略、投资期限、子基金选择标准、基金管理人准入条件、基金经理选择条件等进行了明确，为基金公司开展养老目标基金提供了制度支持。2018 年 8 月 6 日，中国证监会核发首批养老目标基金，分别是华夏基金、南方基金、嘉实基金、博时基金、易方达基金、鹏华基金、中欧基金、富国基金、万家基金、广发基金、中银基金、银华基金、工银瑞信基金、泰达宏利基金 14 家基金公司的 14 只养老目标基金。交通银行于 2018 年在银行业内首家上线销售个人税收递延养老保险产品。[①]

总体来看，个人税收递延型商业养老保险试点在一定程度上激励了个体的投保热情，2018 年 6 月 7 日上海即签发全国首张个人税收递延型商业养老保险保单，至当月 30 日共有 4.45 万人投保，累计保费 1.55 亿元[②]。然而，试点初期卖方市场集中度较高，少数保险公司的产品设计等直接影响客户体验。[③] 与此同时，2018 年 10 月实施新一轮个人所得税提高起征点改革，购买个人税收递延型商业养老保险的优惠力度相对降低。[④] 这与其他因素共同影响，导致个人税收递延型商业养老保险试点缓慢。2019 年 6 月底，个人税收递延型商业养老保险投保人 4.52 万人，累计保费收入 2

---

① 交通银行：《交通银行股份有限公司 2018 年年度报告》，2019 年，第 26 页。
②③ 陈璨：《个人税收递延型商业养老保险试点进展与经验思考》，《中国保险》2019 年第 8 期。
④ 周海珍、吴俊清：《个人税收递延型商业养老保险受益群体和财政负担分析——基于新旧个人所得税税制的比较》，《保险研究》2019 年第 8 期。

亿元,① 较 2018 年 6 月底并未明显增加。对此,2020 年 1 月 23 日,中国银保监会、发展改革委、教育部、民政部、司法部、财政部、人力资源和社会保障部、自然资源部、住房和城乡建设部、商务部、卫生健康委、税务总局、医保局《关于促进社会服务领域商业保险发展的意见》(银保监发〔2020〕4 号)明确:"结合建立养老保险第三支柱制度,完善个人税收递延型商业养老保险试点政策。"

二、个人税收递延型商业养老保险政策支持的努力方向

个人税收递延型商业养老保险虽然是个人储蓄养老计划,但其建立和完善可以有效调动个人规划养老的积极性,也有助于减轻第一支柱、第二支柱养老金的压力,需要做好制度建设并重点做好如下政策支持工作:首先,继续做好个人税收递延型商业养老保险的试点,总结试点经验和问题。其次,对个人税收递延型商业养老保险给予足够的税收优惠激励,这也是国外通行的做法。个人在参与个人税收递延型商业养老保险阶段不征收个人所得税,在领取阶段征收个人所得税,以鼓励更多的人员参与个人税收递延型商业养老保险计划。再次,做好对个人税收递延型商业养老保险资金的投资,以有效实现资金的保值增值。最后,对于目标日期基金,产品设计可以借鉴国际经验,也要结合我国实际情况优化设计。在政策上将其纳入可以享受税收优惠的合格投资品种鼓励发展,与此同时也要强化监管。②

---

① 金凤:《个人税收递延型商业养老保险回顾与展望》,《经济研究导刊》2020 年第 6 期。
② 娄飞鹏:《我国养老金三支柱体系建设的历程、问题与建议》,《金融发展研究》2020 年第 2 期。

第四节 全国社保基金会的投资管理

2000 年 8 月，全国社保基金成立，由全国社保基金会负责管理运营。[①] 由此开始，社保基金规模逐步扩大，资产配置结构逐步优化，社保基金投资也取得了较高的投资收益率。

一、全国社保基金会的主要工作

全国社保基金会作为国务院直属事业单位，其充分发挥自身的职责，重点做了以下工作：[②]

一是受托管理全国社保基金、做实个人账户中央财政补助资金、部分企业职工基本养老保险资金（统称"社保基金"）和基本养老保险基金（简称"养老基金"）。具体而言，全国社保基金会管理的资金包括[③]：全国

---

① 全国社会保障基金与地方政府管理的基本养老、基本医疗等社会保险基金是不同的基金，资金来源和运营管理不同，用途也存在区别。社会保险基金包括基本养老保险基金、基本医疗保险基金、工伤保险基金、失业保险基金和生育保险基金。

② 全国社保基金理事会：《全国社会保障基金理事会社保基金年度报告（2017 年度）》，http://www. ssf.gov.cn/cwsj/ndbg/201807/t20180731_7417.html，2018 年 7 月 31 日。

③ 详细的资金包括：第一，全国社保基金。这是国家社会保障储备基金，用于人口老龄化高峰时期的养老保险等社会保障支出的补充、调剂。其资金构成包括中央财政预算拨款、国有资本划转、基金投资收益和以国务院批准的其他方式筹集的资金。第二，做实个人账户中央补助资金。这是全国社保基金会受相关省（自治区、直辖市）人民政府委托管理的做实基本养老保险个人账户中央补助资金及其投资收益（简称"个人账户基金"）。根据财政部、人力资源和社会保障部《做实企业职工基本养老保险个人账户中央补助资金投资管理暂行办法》和全国社保基金会与试点省（自治区、直辖市）人民政府签署的委托投资管理合同，个人账户基金纳入全国社保基金统一运营，作为基金权益核算。第三，广东省和山东省部分企业职工基本养老保险资金。这是广东省人民政府、山东省人民政府委托全国社保基金会管理的部分企业职工基本养老保险基金结余资金及其投资收益（简称"地方委托资金"）。经国务院批准，根据全国社保基金会与广东及山东省人民政府签订的委托投资管理合同，地方委托资金纳入全国社保基金统一运营，作为基金权益核算。第四，养老基金。这是各省（自治区、直辖市）人民政府根据 2015 年 8 月 17 日国务院印发施行的《基本养老保险基金投资管理办法》，委托全国社保基金会管理的基本养老保险部分结余基金及其投资收益。根据《基本养老保险基金投资管理办法》和全国社保基金会与各委托省（自治区、直辖市）人民政府签署的委托投资管理合同，全国社保基金会对受托管理的养老基金实行单独管理、集中运营、独立核算。第五，划转的部分国有资本。这是根据 2017 年 11 月 9 日国务院印发的《划转部分国有资本充实社保基金实施方案》，由国务院委托社保基金会负责集中持有的划转中央企业国有股权，单独核算。

社保基金，做实个人账户中央补助资金，广东省和山东省部分企业职工基本养老保险资金，养老基金，划转的部分国有资本。[①]

二是制定受托管理的社保基金和养老基金的投资经营策略并组织实施。全国社保基金会坚持长期投资、价值投资、责任投资的投资理念，采取直接投资和委托投资相结合的方式开展投资运作，对经过批准的金融产品进行投资。具体如表 5-7 所示。在投资过程中，要保障社保基金资产的独立性。全国社保基金会在投资运营中也形成了较为完善的资产配置体系，具体包括战略资产配置计划、年度战术资产配置计划、季度资产配置执行计划等。为保障社保基金投资管理的有效运营，2014 年全国社保基金会专门制定了《全国社会保障基金信托贷款投资管理暂行办法》，并于 2016 年进行了修订。这一办法从信托贷款投资基本条件、项目选择、投资决策程序、风险管控与投后管理等方面进行了规范，以提高社保基金管理的制度化水平。此外，全国社保基金会也与建设银行合作投资成立了建信养老金公司。

表 5-7　社保基金投资范围

方式	金融产品范围
直接投资	银行存款、信托贷款、股权投资、股权投资基金、转持国有股和指数化股票投资等
委托投资	境内外股票、债券、证券投资基金，以及境外用于风险管理的掉期、远期等衍生金融工具等
境内投资	银行存款、债券、信托贷款、资产证券化产品、股票、证券投资基金、股权投资、股权投资基金等
境外投资	银行存款、银行票据、大额可转让存单等货币市场产品、债券、股票、证券投资基金，以及用于风险管理的掉期、远期等衍生金融工具等

资料来源：根据《全国社会保障基金理事会社保基金年度报告（2017 年度)》整理。

[①] 因为养老基金的年度报告将根据《基本养老保险基金投资管理办法》和相关规定单独编制，全国社保基金会的全国社保基金报告仅披露社保基金的投资运营和财务情况，所以本书中全国社保基金的相关财务数据都是全国社保基金的财务数据，不含养老基金的数据。

三是选择并委托投资管理人、托管人对社保基金和养老基金委托资产进行投资运作和托管，对投资运作和托管情况进行检查；在规定的范围内对受托管理的社保基金和养老基金资产进行直接投资运作。根据《基本养老保险基金投资管理办法》（国发〔2015〕48号）和全国社保基金会的相关评审规定，2016年评审委托四家商业银行作为基本养老保险基金托管机构，21家金融机构作为基本养老保险基金证券投资管理机构。①在这方面，全国社保基金会通过各种产品投资合同及投资方针，对投资管理人的投资行为进行指导、约束，对具体投资管理操作不予干预，投资管理人依据委托投资合同的规定，基于自己对市场的判断自主开展投资管理操作。②

二、全国社保基金会的工作成效

一方面，社保基金资产总规模不断扩大，资产配置结构也不断优化。2001~2018年，全国社保基金资产总额从805.1亿元提高至22353.78亿元，增长了26.77倍。在资产总量快速扩大的同时，资产配置结构也不断变化。银行存款占比逐步降低，从2001年的64.59%快速下降至2018年的1.17%。2004~2018年，长期股权投资从116.35亿元增加至1817.45亿元。2008~2018年，交易类金融资产从1333.62亿元增加至8740.88亿元，可供出售金融资产从691.58亿元增加至2394.09亿元，持有至到期投资从2601.95亿元增加至8337.02亿元。具体如表5-8所示。这些交易投资类资产都有了较大规模的提高，并且在全国社保基金中的占比较高。

---

① 全国社会保障基金理事会：《基本养老保险基金托管机构评审结果公告》，http://www.ssf.gov.cn/yljjtzgl/201611/t20161129_7191.html，2016年11月29日。全国社会保障基金理事会：《基本养老保险基金证券投资管理机构评审结果公告》，http://www.ssf.gov.cn/yljjtzgl/201612/t20161206_7195.html，2016年12月6日。
② 全国社会保障基金理事会：《社保基金会与投资管理人的关系》，http://www.ssf.gov.cn/tzyy/201205/t20120509_5122.html，2009年9月25日。

表 5-8　2001~2018 年全国社保基金资产及构成

单位：亿元

年份	资产总额	银行存款	交易类金融资产	融券回购	应收利息	可供出售金融资产	持有至到期投资	长期股权投资	其他投资
2001	805.10	520.00	—	—	2.24	—	—	—	—
2002	1241.86	938.80	—	—	10.48	—	—	—	—
2003	1325.01	600.20	—	—	14.46	—	—	—	—
2004	1711.44	655.15	—	—	15.62	—	—	116.35	—
2005	2117.87	1021.25	—	—	17.52	—	—	136.82	—
2006	2827.69	951.65	—	—	17.54	—	—	341.47	—
2007	4396.94	1025.15	—	—	27.89	—	—	381.44	—
2008	5623.69	613.26	1333.62	—	60.45	691.58	2601.95	250.23	72.68
2009	7766.22	760.89	1828.51	51.95	57.47	1709.99	2727.60	593.24	36.58
2010	8566.90	172.82	2094.94	128.77	78.03	2383.66	3132.56	437.14	138.97
2011	8688.20	158.39	2294.50	138.19	110.74	1859.50	3389.32	683.32	54.23
2012	11060.37	288.56	3115.63	68.43	100.59	2077.03	4326.13	1034.91	49.11
2013	12415.64	130.45	3930.56	233.60	115.04	1782.56	5022.03	1153.35	48.06
2014	15356.39	132.62	5130.15	304.77	154.52	2410.50	5712.50	1350.70	160.62
2015	19138.21	298.30	7444.06	204.00	202.78	2387.17	7017.06	1419.42	165.42
2016	20423.28	225.98	7227.02	427.03	218.05	2371.19	8225.10	1620.88	108.03
2017	22231.24	130.92	8736.44	440.92	242.73	2815.18	7956.18	1728.48	180.38
2018	22353.78	261.53	8740.88	381.22	286.47	2394.09	8337.02	1817.45	135.13

注：本表的其他投资包括：全国社保基金资产负债表资产细分科目中的结算备付金、存出保证金、
　　应收证券清算款、应收股利、应收退税款和其他投资。

资料来源：全国社保基金会、Wind。

　　另一方面，社保基金投资收益率保持较高水平，远超过通货膨胀率。
2001~2018 年，社保基金累计投资收益 9552.16 亿元，平均的投资收益率
为 7.82%，远超过同期平均的通货膨胀率 2.28%。18 年中，只有五年的社
保基金投资收益率低于当年的通货膨胀率。分年份来看，社保基金当年投
资收益率 2008 年为 -6.79%、2018 年为 -2.28%，主要是受交易类资产公允
价值大幅下降影响，而 2006 年、2007 年、2009 年、2014 年、2015 年的投

资收益率都超过 10%，2007 年甚至高达 43.19%。具体如表 5-9 所示。

表 5-9　2000~2018 年社保基金投资收益

年份	投资收益额（亿元）	投资收益率（%）	通货膨胀率（%）	投资收益率-通货膨胀率（个百分点）
2000	0.17	—	—	—
2001	7.42	1.73	0.70	1.03
2002	19.77	2.59	−0.80	3.39
2003	44.71	3.56	1.20	2.36
2004	36.72	2.61	3.90	−1.29
2005	71.22	4.16	1.80	2.36
2006	619.79	29.01	1.50	27.51
2007	1453.50	43.19	4.80	38.39
2008	−393.72	−6.79	5.90	−12.69
2009	850.43	16.12	−0.70	16.82
2010	321.22	4.23	3.30	0.93
2011	74.60	0.86	5.40	−4.54
2012	654.35	7.10	2.60	4.5
2013	685.87	6.20	2.60	3.6
2014	1424.60	11.69	2.00	9.69
2015	2294.78	15.19	1.40	13.79
2016	319.61	1.73	2.00	−0.27
2017	1845.77	9.68	1.60	8.08
2018	−476.85	−2.28	2.10	−4.38
累计投资收益	9552.16	年均 7.82	年均 2.28	5.54

注：累计投资收益额在各年投资收益额之和基础上作了调整：一是 2008 年首次执行新会计准则调减以前年度收益 261.48 亿元；二是 2010 年股权投资基金会计政策变更调增以前年度收益 2.84 亿元；三是实业投资以前年度收益调整，调增以前年度收益 0.99 亿元；四是 2018 年交通银行等被投资单位实施新金融工具准则，相应调减以前年度确认的长期股权投资收益 44.15 亿元。年均收益率、年均通货膨胀率为几何平均。

资料来源：全国社保基金会、Wind。

另外，公共财政支出对社保基金的补充①更加正规化，补充规模也趋于稳定。财政对社保基金的补充由中央财政承担。2011 年及之前，中央财政补充社保基金用的是其他财政资金，补充金额不稳定，2008 年最低为 110.79 亿元，2009 年达到 217.14 亿元；2012 年以来，中央财政补充社保基金用的是公共预算资金，补充金额稳定在每年 200 亿元。具体如图5-1 所示。

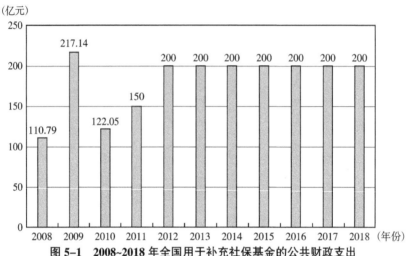

图 5-1　2008~2018 年全国用于补充社保基金的公共财政支出

资料来源：财政部、Wind。

第五节　老龄产业发展情况及相关政策支持

党的十九大报告指出："加快老龄事业和产业发展。"② 老龄产业大体

---

① 财政性拨入全国社保基金资金包括中央财政预算拨款、彩票公益金、国有股减持资金。
② 习近平：《决胜全面建成小康社会　夺取新时代中国特色社会主义伟大胜利》，人民出版社 2017 年版，第 48 页。

包括与老龄化有关的用品业、金融业、服务业、房地产业以及老年人再就业等。[①] 在人口老龄化水平不断提高的情况下，政府也在采取措施积极推动老龄产业发展。为老龄产业发展提供政策支持，可视为政府发展养老金融的间接支持政策。其理由在于，随着人口老龄化水平的不断提高，老年人数量不断增加，对老龄产业服务的需求也会不断增加，老龄产业发展空间较大，金融机构服务老龄产业的市场空间也较大。通过政府政策支持老龄产业发展，提升老龄产业发展水平，可以有效降低金融机构服务老龄产业所面临的风险，有利于金融机构更加积极地服务老龄产业发展。

一、政府支持老龄产业发展的政策

按照世界卫生组织的界定，对老年人的投资主要包括卫生系统、长期照护系统、终身学习、关爱老年人的环境、社会保护等，其回报是个人健康、劳动力参与消费、企业家身份和投资、创新、社会和文化贡献、社会凝聚力。[②] 从投资范围不难发现，对老年人的投资并不能完全做到排他性消费，但消费者越多竞争性越强，相关老龄产业往往具有准公共物品的特点，没有政策支持时难以有效调动私人部门投资的积极性。我国政府也积极出台政策，支持老龄产业发展，除了在党和政府的重要文件中强调支持老龄产业发展外，也出台了专门的老龄产业发展意见或者规划。

2013 年 9 月 6 日，《国务院关于加快发展养老服务业的若干意见》（国发〔2013〕35 号），提出发展养老服务业的指导思想、基本原则和发展目标，明确养老服务业发展的主要任务："统筹规划发展城市养老服务设施，大力发展居家养老服务网络，大力加强养老机构建设，切实加强农村养老服务，繁荣养老服务消费市场，积极推进医疗卫生与养老服务相结合。"

[①] 杨良初、王敏、孟艳：《促进中国老龄产业发展的财政政策研究》，《财政科学》2016 年第 12 期。
[②] 世界卫生组织：《关于老龄化与健康的全球报告》，http://www.who.int/ageing/publications/world-report-2015/zh/，2016 年，第 17 页。

从"完善投融资政策，完善土地供应政策，完善税费优惠政策，完善补贴支持政策，完善人才培养和就业政策，鼓励公益慈善组织支持养老服务"等方面提出具体的政策措施。在这个文件中，也提出"开展老年人住房反向抵押养老保险试点。鼓励养老机构投保责任保险，保险公司承保责任保险。地方政府发行债券应统筹考虑养老服务需求，积极支持养老服务设施建设及无障碍改造"。

2014 年 8 月 10 日，《国务院关于加快发展现代保险服务业的若干意见》（国发〔2014〕29 号）提出："创新养老保险产品服务。为不同群体提供个性化、差异化的养老保障。推动个人储蓄性养老保险发展。开展住房反向抵押养老保险试点。发展独生子女家庭保障计划。探索对失独老人保障的新模式。发展养老机构综合责任保险。支持符合条件的保险机构投资养老服务产业，促进保险服务业与养老服务业融合发展。"

2017 年 2 月 28 日，国务院发布《"十三五"国家老龄事业发展和养老体系建设规划》提出："健全养老服务体系。夯实居家社区养老服务基础，推动养老机构提质增效，加强农村养老服务。健全健康支持体系。推进医养结合，加强老年人健康促进和疾病预防，发展老年医疗与康复护理服务，加强老年体育健身。繁荣老年消费市场。丰富养老服务业态，增加老年用品供给，提升老年用品科技含量。"

2017 年 7 月 4 日，《国务院办公厅关于加快发展商业养老保险的若干意见》（国办发〔2017〕59 号）提出："鼓励商业保险机构投资养老服务产业。发挥商业养老保险资金长期性、稳定性优势，遵循依法合规、稳健安全原则，以投资新建、参股、并购、租赁、托管等方式，积极兴办养老社区以及养老养生、健康体检、康复管理、医疗护理、休闲康养等养老健康服务设施和机构，为相关机构研发生产老年用品提供支持，增加养老服务供给。鼓励商业保险机构积极参与养老服务业综合改革试点，加快推进试点地区养老服务体系建设。"

2019 年 4 月 16 日，《国务院办公厅关于推进养老服务发展的意见》（国办发〔2019〕5 号）提出："为打通'堵点'，消除'痛点'，破除发展障碍，健全市场机制，持续完善居家为基础、社区为依托、机构为补充、医养相结合的养老服务体系，建立健全高龄、失能老年人长期照护服务体系，强化信用为核心、质量为保障、放权与监管并重的服务管理体系，大力推动养老服务供给结构不断优化、社会有效投资明显扩大、养老服务质量持续改善、养老服务消费潜力充分释放，确保到 2022 年在保障人人享有基本养老服务的基础上，有效满足老年人多样化、多层次养老服务需求，老年人及其子女获得感、幸福感、安全感显著提高。"从深化放管服改革、拓宽养老服务投融资渠道、扩大养老服务就业创业、扩大养老服务消费、促进养老服务高质量发展、促进养老服务基础设施建设六个方面提出 28 条具体措施。

二、老龄产业发展的成效、问题与趋势

在政府政策的支持下，我国老龄产业取得了较大的发展，养老服务床位数、养老机构等大规模增长。但总体来看，目前我国老龄产业发展仍然处于初期阶段。老龄产业发展对政府的依赖度较高，市场机制引入得不够，[①] 具体投资局限于养老设施领域，养老用品、养老旅游、养老地产等发展基本处于起步阶段。与发达国家相比，我国老龄产业发展水平较低。与老年人的需求相比，我国老龄产业的养老服务缺口大，服务水平较低。

1. 老龄产业发展取得的成效

一是老龄产业总体规模不断增大。一方面，养老服务机构增加值有大规模提高。无论城市还是农村，虽然养老服务机构增加值总规模中间经历了较大的波动，但都有了大规模提高。2006~2014 年，农村地区养老服务机构增加值从 13.15 亿元增加至 30.86 亿元，提高 1.35 倍；城市地区养老服务机构增加值从 7.47 亿元增加至 27.84 亿元，提高 2.73 倍。具体如图 5-2 所示。

---

① 徐丹：《商业银行发展养老金融策略分析》，《新金融》2013 年第 11 期。

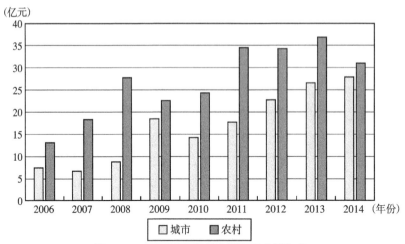

图 5-2　2006~2014 年养老服务机构增加值

资料来源：民政部、Wind。

　　另一方面，养老服务床位数有了较大规模的增长。1978 年，我国养老服务床位数为 15.7 万张，1998 年首次突破 100 万张，至 2017 年达到 744.8 万张，2018 年降至 727.1 万张。养老服务床位数的年增长率有较大的波动，20 世纪 90 年代增长率较低，2000~2010 年仍然经历了较大的波动，2010 年以来增长率波动幅度有所收敛，2018 年首次出现负增长。具体如图 5-3 所示。全国每千名 65 岁及以上老年人养老床位从 2000 年的 10 张提高至 2018 年的 29.1 张，[①] 有了较快发展，但仍然低于每千名老年人 50 张养老床位的国际标准[②]，养老服务基础设施尚无法有效满足老年人需求，整个产业仍然具有较大的发展空间。

　　二是城乡养老服务机构的发展态势呈现不同的特点。从养老服务机构数看，2005~2016 年，城市养老服务机构数经历了先下降后上升，从 2005 年的 8141 个下降至 2010 年的 5413 个，之后再上升至 2017 年的 9618 个。

---

① 民政部：《2000 年民政事业发展统计报告》，http://www.mca.gov.cn/article/sj/tjgb/200801/200801150 093959.shtml，2001 年 4 月 3 日。民政部：《2018 年民政事业发展统计公报》，http://www.mca.gov.cn/article/sj/tjgb/201908/20190815018807.shtml，2019 年 8 月 15 日。

② 杨孟：《政府支持养老服务业发展三路径》，《中国社会科学报》2015 年 4 月 27 日第 A07 版。

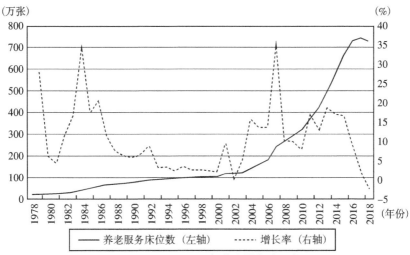

图 5-3　1978~2018 年养老服务床位数

资料来源：民政部、Wind。

2003~2017 年，农村养老服务机构数经历了先上升后下降，从 2003 年的 24000 个上升至 2012 年的 32787 个，之后下降至 2017 年的 15006 个。从养老服务机构床位数看，2010~2017 年，城市养老服务机构床位数从 56.7 万张上升至 143.9 万张，呈稳步上升的趋势。2001~2017 年，农村地区养老服务机构床位数呈先上升后下降的趋势，从 2001 年的 68.4 万张上升至 2013 年的 272.9 万张，又下降至 2016 年的 176.7 万张。从养老服务机构年末床位利用率看，在城乡变化趋势基本都呈先下降后上升的情况下，农村养老服务机构年末床位利用率一直高于城市，高出 10~20 个百分点。具体如表 5-10 所示。

表 5-10　2001~2017 年城乡养老服务机构及其床位数和床位利用率

年份	养老服务机构（个）		养老服务机构床位数（万张）		养老服务机构年末床位利用率（%）	
	城市	农村	城市	农村	城市	农村
2001	—	—	—	68.4	—	—
2002	—	—	—	66.2	—	—
2003	—	24000	—	67.6	—	—

年份	养老服务机构（个）		养老服务机构床位数（万张）		养老服务机构年末床位利用率（%）	
	城市	农村	城市	农村	城市	农村
2004	—	26000	—	77.5	—	—
2005	8141	30000	—	89.5	—	—
2006	6724	31373	—	113.6	—	—
2007	5070	34684	—	179.8	—	—
2008	5264	30368	—	193.1	—	—
2009	5291	31286	—	208.8	—	—
2010	5413	31472	56.7	224.9	—	—
2011	5616	32140	63.0	242.1	61.5	79.5
2012	6464	32787	78.2	261.0	57.4	76.6
2013	7077	30247	97.1	272.9	38.4	52.8
2014	7642	20261	108.5	219.6	53.2	70.9
2015	7656	15587	116.4	177.1	51.2	65.0
2016	8891	15398	135.9	179.9	—	—
2017	9618	15006	143.9	176.7	—	—

资料来源：民政部、Wind。

三是老龄产业的服务能力不断提高。老龄产业提供的服务种类更加多样化，大部分养老机构提供的服务涉及日常生活照料服务、膳食服务、医疗保健服务、康复护理服务、文化娱乐活动等，也根据缴费标准提供差异化的服务类型和服务项目。老龄产业的服务设施也不断完善，除了包括起居设施外，还逐步增加了医疗设施、室外活动场地、文化娱乐设施等。老龄产业的从业人员队伍不断扩大，养老机构中的从业人员也进行了专业化分工，如分为管理人员、护理人员、后勤人员、医护人员等，保障服务的规范化、专业化。[1]

---

[1] "中国养老机构发展研究"课题组：《中国养老机构发展研究》，《老龄科学研究》2015年第8期。

2. 老龄产业发展存在的问题

然而，我国老龄产业的发展水平与老年人的需求相比较为滞后，行业发展仍然存在较多问题。

一是老龄产业发展的大格局尚未有效形成。我国老龄产业长期落后于老年人发展，尚未形成完整的产业链，产品类型标准也缺乏体系，作为朝阳产业的老龄产业发展困难。[1] 也正因如此，老龄产业的市场空间没有有效打开，产业增加值占 GDP 的比例较低。依据前瞻产业研究院《2016–2020 年中国养老产业发展前景与投资战略规划分析报告》的数据，2014年，我国老龄产业的增加值为 4.1 万亿元，占当年 GDP 的比例为 6.37%，同期美国的养老服务消费占 GDP 的比例为 22.3%，欧洲老龄产业增加值占 GDP 的比例为 28.5%。[2]

二是老龄产业发展仍然面临较大的不确定性。因为护理服务费用在养老支出中的比例太高，远超出个人的支付能力，且政府的各种养老服务补贴费用有限，中低端民营养老企业基本上处于亏损状态。[3] 2015 年 7 月 16日，中国老龄科学研究中心发布了首份《中国养老机构发展研究报告》，以对天津等 12 个城市的 257 家养老机构进行的专题问卷调查为基础，较为全面地报告了我国老龄产业的发展状况。结果表明，只有 19.4% 的养老机构盈利，盈亏平衡的养老机构占比为 48.1%，亏损的养老机构占比为32.5%。[4] 养老机构发展还存在政策落实不到位，市场竞争不充分，公办养老机构收费低床位紧张、民办养老机构收费高床位空置率高，城乡之间以及城市内部城区和郊区之间养老床位严重失衡，机构自身建设滞后，养老机构人员严重不足和专业技能缺乏等问题，[5] 进一步制约了养老机构提升盈

---

[1][2] 佚名：《老龄化施压 中国养老产业待提高》，http://www.cncaprc.gov.cn/contents/16/175826.html，2016 年 7 月 26 日。

[3] 甄珍：《探索养老产业发展新路径》，《经济日报》2016 年 6 月 2 日第 13 版。

[4] 佚名：《〈中国养老机构发展研究报告〉发布》，http://www.ccgp.gov.cn/gpsr/gdtp/201507/t20150717–5572025.htm，2015 年 7 月 18 日。

[5] 黄小希：《〈中国养老机构发展研究报告〉预测我国养老机构将现五大发展趋势》，http://www.gov.cn/xinwin/2015–07/16/content_2898318.htm，2015 年 7 月 16 日。

利能力，加大了产业未来发展的不确定性。

三是金融机构支持老龄产业主体面临较大的风险。养老机构的发展需要较多的外源融资，其盈利状况较差直接决定了金融机构为其提供融资支持将会面临比较大的风险。除了盈利能力令人堪忧外，养老机构投资回收期也比较长。《中国养老机构发展研究报告》调查的养老机构中，预期投资回收周期超过 10 年的机构占 40.5%，预期投资回收周期在 1~3 年的机构仅占 8.8%。[①] 由于投资回收周期较长，仅依靠内源融资将难以满足养老机构发展的资金需求。在寻求外源融资的过程中，养老机构也算不上高科技行业，创投机构、风投机构对其提供融资支持的可能性较低，受自身发展规模和发展阶段的限制，通过资本市场融资的可行性也较低，需要更多地依赖商业银行贷款融资。商业银行面对养老机构盈利能力不佳的状况，对其提供融资支持势必面临比较大的风险。在金融机构为老龄产业提供融资支持面临较大风险的同时，为老年人提供支付结算服务也存在高成本低收益的问题。主要原因在于，老年人在从商业银行获取金融服务时，对物理网点的依赖度较高，相对于电子渠道，商业银行物理网点业务办理的成本较高，也意味着服务老年人的成本较高。这就直接决定了，商业银行为老年人提供支付结算服务的成本高收益低。

3. 老龄产业未来的发展趋势

一是老龄产业仍然具有较大的市场空间。我国老龄产业发展前景看好，但发展潜力远未得到有效挖掘。从需求方面看，根据国家统计局的数据，2019 年底，我国 65 岁及以上老年人为 1.76 亿人，占总人口的比例为 12.57%，老年人总数较大，比例较高，为老龄产业发展提供了广阔的市场空间。全国老龄工作委员会发布的《中国老龄产业发展报告（2014）》预测，2014~2050 年，我国老年人的消费潜力将从 4 万亿元增加至约 106 万亿元，占 GDP 的比例从约 8% 增长至 33%，预计将拥有世界最大的老龄产

---

① 佚名：《〈中国养老机构发展研究报告〉发布》，http://www.ccgp.gov.cn/gpsr/gdtp/201507/t20150717-5572025.htm，2015 年 7 月 18 日。

业消费市场。[①] 从供给方面看，我国养老服务机构能够容纳的老年人只占老年人总数的 0.8%，远低于发达国家 5% 的下限，[②] 市场供给存在巨大缺口。2016 年，世界卫生组织针对我国老年人健康所做的评估表明，到 2050 年预计日常需要照护的老年人数增加 60%，而城市地区家庭照护服务仅满足了 16% 的已知需求，[③] 同样存在较大的供求缺口。这意味着，我国老龄产业未来将有较大的市场发展空间。

二是老龄产业发展中的细分行业将增多。与发达国家相比，我国老龄产业的发展质量、水平和标准化程度还较低，尚未形成完整的产业链。[④] 随着经济发展水平的提高，老年人的消费能力会随之提高，会有更多的消费需求释放出来，从需求方面推动细分行业发展。1986 年，美国老年人消费额就达到 8000 亿美元，占当年美国 GDP 的 18%。[⑤] 全国老龄工作委员会的统计数据表明，目前我国的老年人年市场消费需求已超过 6000 亿元，而每年能为老年人提供的产品供给尚不足 1000 亿元。[⑥] 随着基本养老金保障水平的提高，企业年金、职业年金和个人税收递延型商业养老保险的发展，老年人的养老金将会更加丰富，有助于其消费能力的增强。在具体消费时，老年人在满足了基本的生活需求之后，将会派生出更多的高层次消费需求，带动相关细分行业发展。预计老龄产业的发展将会更加细分，从单一的养老服务业扩展到制药业、医疗保健业、家庭服务业、生活用品业、养老地产业、旅游业、娱乐业、金融业、教育行业、咨询市场业、其他特殊行业等多个行业。[⑦]

三是老龄产业的产品和服务更加精细化。目前，国内老龄产业发展的规模小、管理水平低、服务内容及对象单一的情况普遍存在，整个产业发

①②⑥ 王国锋：《当前我国养老产业发展状况及投融资路径探讨》，《金融发展研究》2016 年第 6 期。

③ 世界卫生组织：《关于老龄化与健康的全球报告》，http://www.who.int/ageing/publications/world-report-2015/zh/，2016 年，第 27 页。

④ 杨良初、王敏、孟艳：《促进中国老龄产业发展的财政政策研究》，《财政科学》2016 年第 12 期。

⑤ 徐丹：《商业银行发展养老金融策略分析》，《新金融》2013 年第 11 期。

⑦ 徐丹：《商业银行发展养老金融策略分析》，《新金融》2013 年第 11 期。王国锋：《当前我国养老产业发展状况及投融资路径探讨》，《金融发展研究》2016 年第 6 期。

展没有形成完整的链条，不能有效满足老年人不断增长、不断多样化的需求。① 随着经济的发展，老年人的相关消费需求不仅是规模更大，还表现为消费层次的提高，势必更加重视消费体验满意度。这就要求老龄产业发展过程中，各类供给主体会根据老年人的实际需求变化，在客户细分的基础上，提供更具有针对性的产品和服务创新，提供更加精细化的服务也将成为老龄产业发展的一大趋势。在老龄产业发展过程中，民营资本等市场化主体的参与会日益增多，小型化、专业化、连锁化的养老机构将会成为服务提供主体，② 其更注重提高产品和服务的质量，也会强化老龄产业产品和服务更加精细化的趋势。

三、推进老龄产业发展的政策支持思路

针对老龄产业发展中的问题，需要从政策支持方面积极努力，推进老龄产业更好的发展。

一方面，不断丰富老龄产业发展的支持政策。按照充分发挥政府和市场两方面的力量，提高政策支持的系统性和适用性的总体思路，对老龄产业发展提供更多的政策支持。首先，建立健全老龄产业发展的规划方案、规范标准和评估机制，明确老龄产业发展的思路方向。其次，结合老龄产业发展特点，从土地、金融、人才等方面予以专项政策支持，鼓励并带动民营资本进入老龄产业投资，丰富老龄产业投资主体资金来源，保障老龄产业发展的要素供给。再次，积极整合老龄产业发展的各项资源，提高资源利用效率，增强产业发展能力，做好服务方案的优化设计，为老年人及相关主体提供综合性的服务，增强老龄产业主体的盈利能力。最后，对老龄产业的规范安全发展做好监督管理，保障安全监管和风险管理落到实处，减少产业发展中的风险事件发生。

---

① 徐丹：《商业银行发展养老金融策略分析》，《新金融》2013 年第 11 期。
② "中国养老机构发展研究"课题组：《中国养老机构发展研究》，《老龄科学研究》2015 年第 8 期。

另一方面，努力提高老龄产业发展支持政策的实施效果。以保险业养老责任保险为例，《国务院关于加快发展养老服务业的若干意见》（国发〔2013〕35 号）提出："鼓励养老机构投保责任保险，保险公司承保责任保险。"2014 年 2 月 28 日，民政部、中国保监会、全国老龄办联合下发《关于推进养老机构责任保险工作的指导意见》（民发〔2014〕47 号），提出了明确的要求、主要任务和保障措施。这些老龄产业发展的支持政策出台后取得了一定的效果，但仍然具有较大的提升空间。如 2016 年，人保财险为全国约 7000 家养老机构提供了责任保险保障服务，保额达到 460 亿元，全国也有北京、辽宁、贵州等 23 个省（直辖市）投保了养老机构责任保险，但当年底全国各类养老服务机构购买养老责任保险的比例只有 20.7%。[1] 这预示着，在老龄产业支持政策出台后，要做好政策落实的监督，及时评估政策实施效果，发现存在的问题并适时改进，提高政策实施效果。

---

① 冯占军、李连芬：《保险业与养老服务的融合》，《中国金融》2018 年第 15 期。

第六章　国外养老金融发展及政策支持的经验与启示

人口老龄化是一个全球性的问题，养老金融发展也是全球面临的问题，尤其是发达国家总体老龄化水平较高，应对人口老龄化的准备更加充分，在养老金融领域有较好的发展，也有较为完善的支持政策，并积累了丰富的经验。1994年，世界银行提出建立多支柱养老保险，具体包括以税收支付为主的第一支柱基础养老金，以基金积累为主的第二支柱养老金，以及以个人储蓄为主的第三支柱私人养老金，也就是养老金三支柱框架。[①] 在此之后，各国在养老金融领域围绕三支柱框架的建立或者完善进行了多种改革探索。目前，我国在养老金三支柱框架建设方面，面临做实第一支柱，强化第二支柱、第三支柱发展的问题，也有养老金融产品亟待丰富以及农村养老金融发展薄弱的问题，发达国家的相关经验对我国发展养老金融，优化相关政策支持具有较好的借鉴意义。本章主要结合美国、日本、德国养老保险三支柱框架，并结合其他国家的相关情况，分析其具体做法和经验与启示。

[①] World Bank, *Averting the Old Age Crisis：Policies to Protect the Old and Promote the Growth*, New York：Oxford University Press, 1994, pp. 10-16. 刘涛：《德国养老保险制度的改革：重构福利国家的边界》，《公共行政评论》2014年第6期。

第一节 美国养老金融发展及政策支持的
经验与启示

美国养老金融发展的历史可以追溯到 19 世纪末 20 世纪初，从对城镇个别居民的社会救助开始，[①] 经过不断的探索改革逐步形成了多层次的养老保障体系，也研发推出了拳头的养老金融产品。美国养老金融发展及政策支持的经验表明，在充分发挥市场作用的同时，政府也要积极开展政策支持，财政承担兜底责任并积极发挥作用，从而有效推动养老金融发展。

一、美国养老金体系构成及政策支持

美国是世界上较早建立养老保险制度的国家之一，其养老金体系是典型的三支柱模式，即社会养老计划、雇主养老金计划和个人养老储蓄计划。社会养老计划由政府主导，后两个具有私人性质并且是养老金的主要来源。美国养老金资产分布在多个领域。具体如表 6-1 所示。

表 6-1　1975~2019 年美国的退休资产分布

单位：亿美元

年份	总计	个人退休账户	DC 计划	私营 DB 计划	私人和州地方政府 DB 计划	联邦政府 DB 计划	年金
1975	4690	30	910	1740	1040	420	550
1980	9910	250	2020	3600	1970	770	1290
1985	23090	2410	4910	8190	4050	1720	1810
1990	39020	6360	8720	9290	7420	3330	3910

[①] 马凯旋、侯风云：《美国养老保险制度演进及其启示》，《山东大学学报（哲学社会科学版）》2014 年第 3 期。

年份	总计	个人退休账户	DC 计划	私营 DB 计划	私人和州地方政府 DB 计划	联邦政府 DB 计划	年金
1995	69340	12880	16980	15070	13540	5060	5810
2000	115560	26290	29580	20200	23400	7050	9040
2001	112610	26190	27920	18680	22500	7660	9660
2002	105220	25320	25670	16560	20670	8000	8990
2003	122740	29930	31020	19770	23640	8400	9980
2004	136410	32990	34480	21260	27010	8830	11830
2005	143860	34250	37390	22620	27610	9120	12870
2006	164180	42070	42780	24930	30760	9500	14140
2007	177050	47480	45610	26460	32640	9850	15020
2008	139540	36810	35560	19790	24680	10370	12330
2009	161610	44880	42090	22280	27450	11010	13900
2010	179510	50290	47670	24810	29460	11680	15590
2011	180830	51530	47430	25250	28510	12360	15770
2012	198990	57850	52530	27090	31680	12760	17070
2013	226800	68190	61500	28920	35540	13770	18880
2014	239430	72920	65090	30030	37300	14450	19650
2015	239740	74770	64650	28610	36790	15190	19730
2016	253520	80150	69290	29350	38200	16030	20490
2017	286400	94390	78280	31710	43060	16950	22020
2018	277850	92500	75520	29720	41680	17960	20470
2019	323340	110250	88740	33820	48190	19090	23250

资料来源：美国投资公司协会、Wind。

　　一是社会养老计划。1935 年的《社会保障法》颁布实施，标志着美国养老保险制度建立。美国的社会养老保险计划项目（The Old-Age，Survivors，and Disability Insurance，OASDI），向符合条件的退休人员、残疾职工及其家属，以及被保险人的继承人逐月发放养老金，具体发放数量根据参保人员对社会保障的贡献来确定。OASDI 项目由美国国会立法强制实施，社会保障管理局（Social Security Administration，SSA）具体管理，该项目覆盖了96%的美国劳动人口，没有纳入该项目的人员大致分为五类，即1984年1月1日之前雇用的联邦政府雇员，铁路工人（与社会保障相协调的铁路退役制度），州和地方政府的雇员在雇主的退休制度下被覆盖的人员，不符合一定最低要求的家庭劳动者和农业劳动者（工薪职工不受收入的限制），自雇的净收入非常低的人（一般每年低于400美元）。[①]OASDI项目采用现收现付制，资金主要来源于单位和个人的强制缴费等，雇主和雇员的缴费比例分别为雇员工资的6.2%、4.2%[②]，资金账户由联邦政府统一管理，并依据社会保障法的规定运作[③]，收支相抵后的多余资金可以投资于财政部专门为其发行的本息全额担保的特种国债[④]。另外，铁路工人、联邦雇员、退伍军人的专门养老金计划也属于社会养老计划。[⑤]

二是雇主养老金计划。其属于补充养老性质，由雇主提供一定的资助，个人自愿参与，政府给予一定的税收优惠。1978年，美国颁布《国内税收法》，并以此为基础建立401（k）计划，这是雇主养老金计划的主要组成部分，主要针对企业雇员开展。在401（k）计划下每名员工开一个独立个人账户，员工每月按照不超过工资25%的比例缴费，雇主按照一定比例缴纳资金。401（k）的投资范围由企业选定且投资范围相对较大，可以投资于股票基金，个人选择具体投资产品并且自担风险。[⑥]在养老金待遇模式选择方面，美国雇主养老金计划具有缴费确定型（Defined Contribution，DC）和待遇确定型（Defined Benefit，DB）两种模式，DC模式逐渐成为

---

① "Social Security Bulletin–Annual Statistical Supplement（2004）"，https://www.law.cornell.edu/socsec/course/readings/oasdi.htm#structure.

② 李豫、柯杰瑞：《中国养老保险制度改革与借鉴：美国企业年金制度和资本市场实践》，《浙江金融》2013年第6期。

③ 李连芬、刘德伟：《美国养老保险制度改革及其对我国的启示》，《当代经济管理》2010年第10期。

④ 杨绍杰、关晓云：《美国养老保险基金投资运营经验与借鉴》，《经济纵横》2007年第7期。

⑤ 杨斌、和俊民、陈婕：《美国养老保险制度政府财政责任：特征、成因及启示》，《郑州大学学报（哲学社会科学版）》2015年第5期。

⑥ 吴锡扬、黄灿云：《国际养老金融发展经验及启示》，《福建金融》2016年第5期。

401（k）计划的主流模式。① 在职业养老计划中，美国还有针对非营利组织雇员的 403（b）计划，政府雇员节俭储蓄计划（TSP），针对政府雇员的457 计划等，其资产规模分布也不一样。具体如表 6-2 所示。美国的雇主养老金计划基本是企业自愿建立的，不具有强制性①。

表 6-2　1995~2019 年美国的 DC 计划资产分布

单位：亿美元

年份	401（k）计划	其他私营 DC 计划	403（b）计划	TSP	457 计划
1995	8640	4370	3190	350	420
2000	17380	5000	5190	920	1100
2001	17010	4450	4440	960	1050
2002	15650	3720	4350	970	980
2003	19320	3940	5360	1230	1170
2004	21930	4020	5770	1460	1300
2005	23930	4130	6220	1680	1430
2006	27730	4520	6940	2010	1580
2007	29750	4610	7280	2250	1730
2008	22030	4110	6060	1950	1400
2009	27180	4190	6660	2360	1690
2010	31190	4640	7230	2720	1890
2011	31120	4320	7170	2890	1930
2012	34950	4520	7680	3250	2120
2013	41480	5000	8610	3970	2450
2014	44060	5140	8890	4400	2610

① 冯丽英：《完善资本市场：美国养老金入市对中国的启示》，载董克用、姚余栋：《中国养老金融发展报告（2016）》，社会科学文献出版社 2016 年版，第 283-292 页。
② 第二支柱养老金计划分为三种情况：一是强制性建立，如澳大利亚、冰岛、瑞士；二是准强制性建立，如瑞典、丹麦、荷兰；三是自愿建立，如美国、德国、日本、英国、法国、意大利、加拿大、奥地利、芬兰、爱尔兰、西班牙。郭瑾：《国际金融危机对我国养老保险制度改革的启示》，《中国人力资源社会保障》2010 年第 8 期。

续表

年份	401（k）计划	其他私营DC计划	403（b）计划	TSP	457计划
2015	43770	4830	8840	4580	2630
2016	47410	4980	9140	4950	2820
2017	54000	5400	10090	5570	3210
2018	52000	5000	9840	5590	3090
2019	62000	5600	11090	6540	3510

资料来源：美国投资公司协会、Wind。

三是个人养老储蓄计划。这是完全由个人自主自愿参加的养老计划，主要包括个人退休金账户（Individual Retirement Account，IRA）和其他个人补充养老计划。1974年，美国《雇员退休收入保障法》建立 IRA 制度，参与者每年有 2000 美元的储蓄可以享受免税优惠，以降低个人当期的税收负担。在领取 IRA 账户资金时，按照个人取款当年的收入重新计算个人所得税并且缴税。由于个人所得税为累进税税率，退休后的收入低于工作时的收入，再考虑到通货膨胀和个人所得税免征额标准提高等因素，IRA 税收递延缴纳可以有效降低个人的税负。目前美国的 IRA 主要包括 1974 年实行的传统型 IRA，1997 年开始实行的罗斯型（Roth）IRA，前者是税前优惠，后者是税后优惠。[1] 罗斯型 IRA 的投资范围相对较广，可投资于货币市场，资本市场的证券、债券、基金、保险以及房地产市场等。[2] 美国个人退休账户资产分布范围较广，具体如表 6-3 所示。

表 6-3　1975~2019 年美国的个人退休账户资产分布

单位：亿美元

年份	共同基金	银行和储蓄机构存款	寿险公司资产	其他资产
1975	0	20	10	0
1980	20	200	20	10

----

① 马凯旋、侯风云：《美国养老保险制度演进及其启示》，《山东大学学报（哲学社会科学版）》2014 年第 3 期。

② 吴锡扬、黄灿云：《国际养老金融发展经验及启示》，《福建金融》2016 年第 5 期。

年份	共同基金	银行和储蓄机构存款	寿险公司资产	其他资产
1985	330	1400	170	510
1990	1420	2660	410	1870
1995	4830	2610	820	4620
2000	12610	2500	2020	9160
2001	12010	2550	2100	9530
2002	10870	2630	2660	9160
2003	13860	2680	2790	10600
2004	15960	2690	2740	11600
2005	17790	2780	3010	10670
2006	21410	3130	2990	14540
2007	24350	3400	3030	16700
2008	16920	3910	2940	13040
2009	21140	4310	2890	16540
2010	24170	4610	3110	18400
2011	24090	4820	3160	19460
2012	27530	5080	3310	21930
2013	33220	5080	3590	26300
2014	35240	5060	3780	28840
2015	34930	5230	3940	30670
2016	37070	5610	4120	33350
2017	42780	5480	4340	41790
2018	39940	5680	4460	42420
2019	48170	5610	4930	51540

资料来源：美国投资公司协会、Wind。

二、美国典型的养老金融产品发展及政策支持

在美国的养老金融发展中，有针对性的金融产品在其中发挥了积极作用，如长期护理保险、目标日期基金、住房反向抵押贷款（Reverse Mortgage）等产品，因为其适合老年人的需求特点，均获得了较大的发展。

一是长期护理保险。20 世纪 70 年代，美国开始在商业保险领域推行长期护理保险，用于满足被保险人的护理需求，或者为被保险人接受护理服务提供经济补偿。长期护理保险由居民自愿购买，保险公司将其作为一类产品销售，既可以直接卖给个人也可以卖给团体或雇主，后者的保费相对更低一点。①长期护理保险的承保范围相对较广，根据服务类型可分为专业和非专业护理，根据提供的服务环境分为护理院、社区长期护理设施、住家性质的长期护理等，根据是否有税收优惠分为有联邦税收优惠保险和无联邦税收优惠保险，相比之下前者的保单条款要求更为严格②。保单类型包括实际费用补偿型、定额给付型、直接提供长期护理服务型③。保单定位较为灵活，且有通货膨胀附加条款、增加保险金给付条款、配偶生存条款、分享的护理条款和保费收益条款等④。在保费收取方面，保险公司根据被保险人的年龄、健康状况收取不同的保费，年龄越低、健康状况越好，保费越低，反之越高。为推动长期护理保险发展，美国在健康保险的可移植性和责任制（Health Insurance Portability and Accountability，HIPAA）法案中规定，对购买长期护理保险的个人给予一定的所得税优惠，美国部分州也有相关的税收优惠。税收优惠的最大减免额度与被保险人的年龄相关，年龄越大减免的最大税收额度越大。

二是目标日期基金。该基金的最大特点是根据投资者的退休日期而设置目标日期，在资产配置上综合考虑投资者的年龄、退休日期和预期寿命等因素，采用下滑航道（Glide Path）的模式，随着目标日期的临近，基金投资的资产组合也会发生相应的变化，具体是减少风险资产的配置，增加固定收益类资产的配置。目标日期基金很好地兼顾了分散化投资、自动平衡资产配置、自动调整风险、避免极端资产配置等因素，其大致可分为

---

①②④ 张晏玮、孙健：《美国长期护理保险实践及其对我国的启示》，《价格理论与实践》2018 年第 2 期。

③ 孙东雅、姜利琴：《美国长期护理保险模式》，《中国金融》2016 年第 18 期。

目标日期型基金和目标风险型基金，前者相对简单，只需要投资者匹配退休日期，后者在成立时会设计不同的风险溢价水平，需要投资者选择适合自己的风险水平。目标日期基金推出的背景是，在美国 401（k）计划推出后，参与者面临如何调整自己退休金资产配置的困扰，投资者教育的效果也不明显。为解决这一问题，1993 年 11 月，巴克莱全球投资者公司（Barclays Global Investor）在美国推出了首只目标日期基金即 BGI 2000 Fund，并将该基金的客户对象定位于退休金市场特别是 401（k）计划。[①] 2006 年，美国颁布了《养老金保护法》（*The Pension Protection Act*，PPA），从法律层面对默认合格投资选择（Qualified Default Investment Alternatives，QDIA）给出免责解释。2007 年，美国劳工部员工福利保障局提出，将目标日期基金作为养老保障计划的一个默认投资品种。[②] 目标日期基金在美国获得了较好的发展，具体如表 6-4 所示。

表 6-4　1996~2019 年美国目标日期基金发展情况

单位：亿美元

年份	总资产	IRAs	雇主资助 DC 计划	其他投资资产
1996	10	0	0	10
1997	10	0	0	10
1998	40	10	20	10
1999	60	10	40	10
2000	80	10	50	20
2001	120	20	80	20
2002	140	20	100	20
2003	250	50	170	30
2004	430	90	290	50
2005	700	150	480	70
2006	1140	250	790	90

① 黄识全：《国内基金产品设计应定位明确》，《期货日报》2016 年 10 月 31 日第 4 版。
② 林晟：《美国生命周期基金面临挑战》，《证券时报》2006 年 12 月 25 日第 B05 版。

续表

年份	总资产	IRAs	雇主资助 DC 计划	其他投资资产
2007	1830	400	1270	160
2008	1600	320	1150	130
2009	2560	490	1840	230
2010	3400	660	2400	340
2011	3760	740	2650	370
2012	4810	950	3390	480
2013	6180	1270	4260	650
2014	7030	1480	4760	780
2015	7630	1600	5100	930
2016	8870	1790	5960	1110
2017	11160	2220	7480	1460
2018	11010	2110	7330	1560
2019	13960	2600	9420	1930

资料来源：美国投资公司协会、Wind。

三是住房反向抵押贷款。这种产品的特点是达到一定年龄的老年人，以其拥有产权的房产为抵押向金融机构借款消费，老年人保留其房屋居住权直至死亡或者永久迁出。1961 年，美国缅因州波特兰市试点该产品，但因为存续期不固定、合理估值较难等而停止。直至 1987 年，美国国会才通过住房价值转换抵押贷款（Home Equity Conversion Mortgage，HECM）计划，明确了借款人年满 62 周岁，房屋价值不超过 62.55 万美元，贷款总额根据房屋评估价值和联邦住房局（Federal Housing Authority，FHA）发布的贷款上限孰低原则，贷款金额为房屋总价的 51%~77%等标准，同时明确了保险费以及权益保障，FHA 对其进行保险。1998 年，美国国会将 HECM 计划从试点实验转变为持续广泛开展之后，该业务获得了较快发展。1989~2007 年，HECM 仅有不到 40 万份住房反向抵押合同签署，其中

2007 年一年就签署超过 10 万份。[1] 除了 HECM 以外，美国还有两类住房反向抵押贷款项目，分别是住房持有者（Home-Keeper）贷款，由联邦国民抵押贷款协会提供；财务自由（Financial Freedom）贷款，由基金公司（Financial Freedom Senior Funding Corp.）提供。这两类产品的贷款限额都高于 HECM 计划，特别是财务自由贷款可以一次性获得大额资金，但申请准入门槛较高，贷款条件相对更加严格，因而业务量较小，总体来看 HECM 计划约占美国住房反向抵押贷款市场的 95%。[2]

三、美国的经验与启示

一是对养老金融发展通过立法的方式予以保障。[3]美国在建立养老金三支柱框架的过程中，有《社会保障法》《国内税收法》《雇员退休收入保障法》等法律规定，并在法律规定的基础上成立相应的养老金计划，为养老金三支柱的建设发展提供法律保障。美国也颁布《养老金保护法》并明确养老金投资的原则，有效推动了目标日期基金等养老金融产品的快速发展。据美国投资公司协会、理柏公司（Lipper）统计，2017 年底，全球共有 30 多个国家或地区有目标日期基金，总量为 1726 只，总规模为 12410 亿美元，其中美国的目标日期基金为 589 只，总规模 11160 亿美元，占绝大多数。

二是政府财政积极对养老金融发展予以支持。美国的《社会保障法》充分遵循了适当性、"代际转移"与相互责任、国家扮演最后兜底角色的原则，[4]政府在养老金融发展方面积极发挥作用。一方面，美国为养老保险制度的运行提供财政支持，政府承担兜底责任。为保障财政支持效果，根据养老保险项目差异、地区差异提供不同的财政支持。从税收政策方面也对

① 王伟：《住房反向抵押养老保险的发展与借鉴》，《保险研究》2014 年第 7 期。
② 吴锡扬、黄灿云：《国际养老金融发展经验及启示》，《福建金融》2016 年第 5 期。
③ 娄飞鹏：《发展养老金融的国际实践与启示》，《西南金融》2019 年第 8 期。
④ 杨斌、丁建定：《美国养老保险制度的嬗变、特点及启示》，《中州学刊》2015 年第 5 期。

养老金三支柱及相关的养老金融产品予以优惠。另一方面，美国通过财政支持包括各类养老社区在内的养老事业发展。美国颁布《1965 年美国老年人法》（*The Older Americans Act of* 1965），首次设立全国老年网络（The National Aging Network）。此后，美国财政对养老事业的支持力度不断加大，通过社区老年计划赠款、美国老年人社区服务就业等计划向各类养老社区提供财政支持。[①]

三是养老金融发展中充分发挥市场的作用。自由主义主导了美国养老保险制度的发展。正是受此影响，美国的养老保险较好地遵循了市场化取向的原则，作为补充养老保险的第二支柱、第三支柱养老保险制度取得了较好的发展，在养老金积累方面远远超过第一支柱。在 20 世纪 70 年代之后的养老保险制度改革中，美国政府一直把社会养老保险的市场化作为减轻政府负担的一个主要措施，[②] 政府也通过积极发展补充养老保险的方式，降低联邦政府的社会福利负担，削减联邦政府的社会服务保障支出，并减少联邦政府对社会福利的干预，强调个人的责任，[③] 从而让市场机制更好地发挥作用。1974 年底，美国养老金资产为 1500 亿美元。[④] 2010 年 6 月底，美国的私人养老金资产达到 17.38 万亿美元，是其当年 GDP 的 1.19 倍。[⑤]

四是处理好各级政府关系，提高社会养老保险的统筹层次。美国的社会养老保险充分兼顾了联邦政府、州政府和地方政府。OASDI 项目由联邦政府直接负责。联邦政府与州政府共同负责失业保险项目，州政府独立负责工伤事故等保险项目。这种做法可以实现基本养老有保障，也可以结合各地实际特点差异化发展。OASDI 作为一个强制保险计划在全国范围内统

① 具体如自然形成的退休社区（Naturally Occurring-Retirement Community，NORC）、持续护理的退休社区（Continuing Cave Retirement Conmunities，CCRCs）、退伍军人社区等。李超民：《美国养老事业的财政支持研究》，《上海商学院学报》2015 年第 1 期。

② 李连芬、刘德伟：《美国养老保险制度改革及其对我国的启示》，《当代经济管理》2010 年第 10 期。

③ 杨斌、丁建定：《美国养老保险制度的嬗变、特点及启示》，《中州学刊》2015 年第 5 期。

④ 彼得·德鲁克：《养老金革命》，刘伟译，东方出版社 2009 年版，第 18 页。

⑤ OECD, *OECD Pensions Outlook* 2012, OECD Publishing, 2012, https://www.oecd-ilibrary.org/finance-and-investment/oecd-pensions-outlook-2012_9789264169401-en.

筹，参与人员在首次参加工作时就要申请社会保障卡，联邦政府根据其收入确定社会保障税的金额。参与人员退休之后直接凭借社会保障卡领取退休金，有效解决了养老金在区域之间转移的问题。[①]

五是从产品和老年人群体方面进行细分。1935 年，罗斯福总统在《美国人民未来的更大经济保障——关于社会保险致国会咨文》中就提出，对于年事已高的老年人由政府支付养老金，对于年轻人要强制性缴纳养老金，并且鼓励个人缴纳非强制性养老金，[②]体现出美国养老保险分类对待的理念。美国的养老金第一支柱、第二支柱都根据一定标准对老年人群体进行细分，并对不同的细分群体提供不同的养老保障。专门支持养老金融发展的金融产品也进行细分，以满足不同老年人群体的金融服务需求。从产品和人群方面细分的优越性表现在，既保障了各类群体都可以有效享受养老服务，获得基本的养老保障，又可以实现支付能力较强的群体享受更高层次的养老服务。

第二节　日本养老金融发展及政策支持的经验与启示

日本作为一个较早进入老龄化社会，并且人口老龄化水平比较高的国家，第二次世界大战之后在养老金融发展方面也进行了较多的探索，积累了丰富的经验。总体来看，日本老龄产业获得较好发展，养老金融发展比较成熟，建立了以年金为代表的完整的养老金融框架，养老金融产品也比较多样化，尤其是日本在农村养老金融领域发展得较好，政策支持取得了较好的效果，具有较强的借鉴意义。

---

① 李连芬、刘德伟：《美国养老保险制度改革及其对我国的启示》，《当代经济管理》2010 年第 10 期。
② 富兰克林·德·罗斯福：《罗斯福选集》，关在汉译，商务印书馆 1982 年版，第 78 页。

一、日本的年金体系构成及政策支持

在日本，养老金被称为年金，相应的养老金制度被称为年金制度。日本的年金制度也由三支柱框架体系构成，分别是公共年金（又称"国民年金""基础年金"）、企业年金和个人年金，第一部分又被称为公的年金，后两部分又被称为私的年金①。在年金总体构成中，公共年金占比较高。

一是公共年金体系。日本从 1961 年开始全面实施《国民年金法》，之后经过修订完善，逐步建立了覆盖全体国民的国民年金制度。②在国民年金成立之初，规定 20~60 岁日本国民要参加缴费型的国民年金，超过 60 岁以及生活困难的群体可以免费参加国民年金。③日本的公共年金包括三类，即针对包括自营职业者、无业人员和在校学生等所有国民在内的国民年金，针对所有企业在职人员包括短时间劳动者的厚生年金，针对公务员、私立学校教职工、农林渔业团体职员的共济年金。④也就是说，日本的公共年金制度是分层的，国民年金属于基础年金，所有国民都参加，厚生年金、共济年金属于第二层次。⑤在被保险人方面，日本也进行了分类，参加基础年金的为 1 号被保险人，参加厚生年金和共济年金的为 2 号被保险人，2 号被保险人的配偶在符合年龄并且年收入低于 130 万日元的情况下被认定为 3 号被保险人，3 号被保险人不需要缴纳保费。⑥除此以外，为了充分反映社会互保的精神，日本在公共年金制度中也有针对社会弱势群体的遗族年金等，⑦家庭主妇无须缴纳厚生年金和共济年金保费，年满 65 周

---

①⑥ 朱艳圣：《日本的年金制度及其改革》，《当代世界与社会主义》2008 年第 6 期。

② 1961 年，以自营业者为对象的国民年金制度开始实施。1985 年，修改后的国民年金制度设立了所有国民享有的基础年金。朱艳圣：《日本的年金制度及其改革》，《当代世界与社会主义》2008 年第 6 期。

③ 杨斌、王三秀：《日本养老保险制度的变迁及其对我国的启示》，《西安财经学院学报》2016 年第 5 期。

④ 高宝霖：《日本养老保险年金制度研究》，《山东社会科学》2010 年第 7 期。

⑤⑦ 李森：《日本年金制度的内涵、特征及主要问题》，《日本学刊》2008 年第 4 期。

岁也可领取年金①。经济困难的人员可以申请在一定时期内免除或减半缴纳年金费用，但也会影响其后续享受基础年金的水准，基础养老金的领取金额主要参考其缴费时间②。同时，在日本，参加公共年金同样具有强制性，符合参保年龄的日本国民即使是在校学生也必须加入基础年金。日本的基础年金中，中央财政支付的比例较高，2009年开始占比为50%。

二是企业年金制度。日本的企业年金也采用分类的方式，具体包括三类：第一类是合格退休年金制度。企业方委托信托银行、生命保险公司等金融机构运营管理，企业员工作为受益人在符合条件的情况下领取年金或者一次性退休金。这种模式在中小企业领域运用得比较多，但因为其在信息公开、权益保护方面存在一些问题，从2002年4月开始日本停止设立新的合格退休者年金，并在2013年3月废止了该制度。第二类是厚生年金基金。这是根据厚生年金法建立的企业年金制度，厚生年金基金是独立于企业的法人年金，其资金由企业和员工共同缴纳。厚生年金基金也分为三种类型，即一个企业设立的单一型基金，以核心企业为中心、两个以上企业设立的集合型基金，以及同一行业、同一地域的多个企业一并设立的综合型基金。另外，厚生年金基金不但从企业年金中支付，而且从公共年金中的厚生年金中支付。③第三类是2003年开始实施的DC模式、DB模式，其中DB模式由企业和其他法人基金共同运营，突破了企业自行应对模式。④日本政府对企业年金也有相关的税收激励，在企业年金缴费阶段对企业和个人负担部分均有税收优惠，在企业年金领取阶段缴纳个人所得税，而在其运营环节基本不用缴纳资本收益税。

三是个人年金。这方面主要是个人购买的保险，以及个人储蓄等。如日本的个人年金保险的运营模式是，参保人员在年轻时缴纳保费，达到退

① 朱艳圣：《日本的年金制度及其改革》，《当代世界与社会主义》2008年第6期。
② 张乐川：《日本国民年金制度困境分析》，《现代日本经济》2013年第5期。
③ 李楠、姚慧琴：《日本企业年金制度的发展及对我国的启示》，《西北大学学报（哲学社会科学版）》2014年第5期。
④ 宋德玲：《日本企业年金税收优惠制度及其对我国的启示》，《社会科学战线》2016年第9期。

休年龄时领取年金。其作为商业养老保险，运行方式较为灵活，领取保险年金的时间长短、领取保险年金的方式都可以灵活选择。[①]

二、日本农村养老保险发展及政策支持

第二次世界大战之后日本经济经历了长期的快速增长，城镇化、工业化率快速提高，加快建立农村养老保险的呼声日益高涨。《国民年金法》的"全体国民皆年金"理念，经济快速增长奠定了良好的经济基础，加上日本农村地区人口老龄化问题同样突出，推动日本在政府主导下也建立了较为完善的农村养老保险制度。

一是将农民和自营职业者纳入国民年金范畴。第二次世界大战之后，日本从事农业劳动的人口大概占全体劳动力的30%，而且农村人口老龄化问题开始逐步显现，传统的家庭养老模式问题日益突出。[②] 在这种情况下，日本政府从20世纪50年代中期就开始酝酿建立针对个体经营者、农林牧渔从业人员的社会养老保险。1959年颁布并于1961年实施的《国民年金法》首次明确将个体经营者、农林牧渔从业人员纳入国民年金范围。同年，日本要求个体经营者、农户以及无固定职业的人员都加入医疗保险。[③] 从而实现了在20世纪60年代，日本在农村地区初步建立了公共医疗和国民年金作为支柱的养老保险模式。[④]

二是对农村养老保险的充实和扩充。1970年，日本颁布了《农业劳动者年金基金法》并于次年1月开始实施，鼓励农民进入城市生活，对于拥

---

① 根据保险年金给付额是否变动，可分为定额年金保险和变额年金保险。定额年金保险是生命保险公司预先设置投资收益率，并由其担保实现，参保人的保费和未来能领取的年金待遇都是确定的。变额年金保险即生命保险公司不预先设定投资收益率，年金保险待遇视将来的投资绩效确定，参保人承担投资风险。何伟：《日本个人年金保险投资管理情况》，《中国劳动保障报》2013年7月19日第4版。

②④ 王翠琴、黄庆堂：《日本农村养老保险制度及对我国新农保的借鉴》，《当代经济管理》2010年第10期。

③ 高宝霖：《日本农村养老保险经验与借鉴》，《中国金融》2012年第1期。

有或使用 7.5 亩以上土地、年龄在 20~55 岁并且加入国民年金的农民，[①]可以按照自愿原则加入农民年金，保险费由个人和政府共同承担。该法也明确，为了保障农民进入城市或年满 65 周岁转让土地等要素经营权后的生活，政府在对这些农民支付国民年金的基础上，再支付农民年金。[②] 也就是说，以农民年金和国民年金共同保障农民的养老，提高其福利水平。农民年金的支付金额根据其缴纳保费年限以及是否转让土地经营权而有所不同，缴费年限长、转让经营权的在年满 65 岁之后可以领取较高的年金。此后日本又对农民养老保险不断的补充完善，农民参加养老保险的积极性不断提高，参加保险的人数快速增加，1975 年参加保险的农民人数占到农业就业总人数的比例就达到 15%。[③] 1985 年，日本修订《国民年金法》之后，进一步缓解了农民和其他国民之间在养老方面的不平等问题。

三是农村养老保险的问题逐渐显现。20 世纪 90 年代开始，受宏观经济社会发展影响，日本全国的社会保障都进入一个转折时期，具体表现在：一方面，经济进入低增长时期，财政支付能力下降，而年金的支付规模不断扩大，面临较大的财政压力；另一方面，农村人口老龄化和少子化问题突出，甚至是老年人占比高于城市地区。总体来看，农村养老保险的需求扩大，而支付能力下降，导致养老保险无法有效满足农民的社会保障需求，保障水平也在降低。

三、日本的经验与启示

一是财政在日本养老金融发展中发挥较大作用。[④] 日本公共年金的基础年金中，中央财政约承担一半的费用。由于日本公共年金制度建立的时期

① 海鸿雁：《日本农村养老保险制度的经验与启示》，《中国社会报》2014 年 9 月 15 日第 7 版。
② 高宝霖：《日本农村养老保险经验与借鉴》，《中国金融》2012 年第 1 期。
③ 王翠琴、黄庆堂：《日本农村养老保险制度及对我国新农保的借鉴》，《当代经济管理》2010 年第 10 期。
④ 娄飞鹏：《发展养老金融的国际实践与启示》，《西南金融》2019 年第 8 期。

是经济高速增长时期，其并没有带来明显的财政压力。在 20 世纪 90 年代初日本经济泡沫破灭后，经济增速长期低迷，财政支持公共年金的问题逐步显现。尤其是在日本老年人绝对数和占比不断提高的情况下，公共年金领取人数较多，缴费的参保人员占比却不断减少，20 世纪 90 年代中期公共年金就开始出现收支缺口，由此带来了较大的财政赤字。同时，公共年金领取人数较多，引起了厚生年金由结余转变为赤字，对公共年金制度带来不利影响。在公共年金中，由于采取了分层的方式，导致不同层次的年金参与主体在领取年金时存在差距，引发了新的不公平问题。

二是公共年金的代际公平问题需要有效解决。日本的公共年金制度存在较大的代际公平问题，在职人员缴纳的年金用于同期退休人员的年金支付。这种运作模式在人口年龄结构合理并且可持续的情况下尚可以持续，但由于日本人口长期呈现老龄化或高龄化与少子化并存态势，老年人增多需要较多的年金支付，少子化意味着公共年金的缴费人员在减少，其中存在的年轻人负担和回报之间不平衡的问题逐渐凸显。[1] 为此，日本也对年金制度进行过多次重大改革。如日本在 2003 年采取了延长养老保险的缴费年限，提高政府对国民年金的津贴比例，延迟退休年龄等措施。[2] 2004年提出建立持续的、安心的年金制度改革目标，从提高公共年金缴费比例，缩减公共年金支付规模，充实企业年金等方面提出了应对措施。[3] 2012 年又将领取国民年金的时间从 25 年减至 10 年，扩大厚生年金的参保人员范围。[4]

三是对年金需要有严格的管理制度并有效执行。[5] 日本曾多次曝出在年金管理中的问题。企业年金中的合格退休年金制度因为其存在信息不透

---

① 张伊丽：《人口老龄化背景下日本公共养老金制度的经济学分析》，博士学位论文，华东师范大学，2013 年，第 13 页。
②④ 杨斌、王三秀：《日本养老保险制度的变迁及其对我国的启示》，《西安财经学院学报》2016 年第 5 期。
③ 朱艳圣：《日本的年金制度及其改革》，《当代世界与社会主义》2008 年第 6 期。
⑤ 娄飞鹏：《发展养老金融的国际实践与启示》，《西南金融》2019 年第 8 期。

明、管理有问题而被废止。公共年金管理中，曾经在 2003 年曝出包括当时首相在内的八名内阁成员、110 个国会议员漏缴年金保险费的丑闻，让国民对年金制度开始产生不信任感。在此之后，2007 年 5 月又出现社会保险厅疏漏了 5000 万份年金保险记录，导致长期缴纳年金保险费的国民不能按期领取年金。[①] 由于年金是日本人的主要养老金来源，自然受到各界的密切关注，其一再出现管理问题，并且有些管理问题是在 2004 年大规模改革之后出现的，一定程度上让民众对年金的管理持怀疑态度。

四是充分重视并做好农村养老金融发展。日本从促进社会公平等角度出发，及时把农民纳入国民年金范畴，并且建立专门的农民年金。这一做法在很大程度上解决了城乡养老金融发展不均衡的问题。在农村养老金融发展过程中，日本采用了立法先行，逐步建立并不断完善，政府在其中承担较大责任的方式，推动了制度的建立完善。农民年金的参与、缴费及领取等方面，既遵循自愿原则，又考虑了农民对主要生产要素土地经营权的退出问题，增加了制度的可执行性。总体来看，以农村年金为代表的日本农村养老金融发展虽然存在一些问题，如代际不公平的问题、城乡不公平的问题，但这些在很大程度上并不是农民年金制度本身造成的，而是日本的经济社会发展大环境所致。

第三节　德国养老金融发展及政策支持的经验与启示

德国作为世界经济大国，人口老龄化水平仅次于日本，在全球范围内也是比较高的。为了应对人口老龄化，德国也是最早建立现代社会保障制

---

① 朱艳圣：《日本的年金制度及其改革》，《当代世界与社会主义》2008 年第 6 期。

度的国家①，1889 年就颁布了全球首部养老保险法即《老年和伤残保险法》②，在养老金融发展方面也有自己的特点。在发达国家中，德国的产业结构表现出第二产业尤其是制造业占比较高的特点，其房价一直得到较为合理的控制，金融业也是以银行业为主，没有出现过度的经济金融化等问题，因而这里也对德国发展养老金融及政策支持的情况予以分析。

一、德国的养老金融框架及政策支持

德国的公共养老保险作为单一支柱长期存在，私人养老保险长期处于弱势地位，在面临较大的环境变化之后，德国对养老保险制度进行改革，其养老金融框架也采用三支柱模式，依次是基本养老保险、企业补充养老保险、个人自愿养老保险。在三支柱中德国自身的特点也很突出，法定养老保险占比较高，个人自愿养老保险居中，企业补充养老保险占比最低。③同时，德国的养老金框架中，不仅第二支柱、第三支柱建立得较晚，而且由于第一支柱承担了较多的养老责任，第二支柱、第三支柱一度并没有发挥较大作用。④

一是基本养老保险。这是德国绝大多数老年人的生存保障，在具体参与人员方面，有义务参保人和非义务参保人，义务参保人强制参加基本养老保险，非义务参保人可以自愿参加基本养老保险。按照德国《社会法典》的相关规定，雇员和独立经营人员如教师、工匠、艺术家、独立护理人员等均有义务参加基本养老保险。医生、律师等高收入人员，以及低收入雇员不属于义务参保人，自愿参加基本养老保险。⑤因为公务员、法官以及农民有独立的养老保险制度，所以第一支柱养老保险的具体类型包括：法定

① 沈建、张汉威：《德国社会养老保障制度及其启示》，《宏观经济管理》2008 年第 6 期。
② 陈培勇：《德国和瑞典养老保险法律比较》，《中国社会保障》2010 年第 4 期。
③ 林义、周娅娜：《德国里斯特养老保险计划及其对我国的启示》，《社会保障研究》2016 年第 6 期。
④ 马红梅：《德国养老保险基金运营模式与政策借鉴》，《社会科学家》2017 年第 1 期。
⑤ 郑培军：《德国养老保险制度介绍及对我国的启示》，《清华金融评论》2017 年第 S1 期。

养老保险，参照法定养老保险运行的农民养老保险、公务员等特定职业的养老保险，以及基础养老金。[①] 德国《老年收入法》中对法定养老金采取延迟纳税制度，参保人员在职时缴纳保险费的部分不缴纳个人所得税，在领取养老金时缴纳个人所得税。在具体的费用来源方面，政府财政补贴占 20%~25%，其余为雇主和雇员缴纳的养老保险费。[②] 为了降低基本养老保险的给付压力，德国在养老金的给付测算上引入可持续因子，养老金的给付从 DB 模式转变为 DC 模式，并逐步将法定退休年龄从 65 岁延迟到 67 岁。

二是企业补充养老保险。这又被称为企业年金，其资金积累由雇主或雇员其中的一方单独缴纳，或者是两方按比例共同缴纳。德国的企业补充养老保险实行完全积累制，具体包括直接承诺、援助基金、直接保险、退休保险、退休基金五种模式，单个企业采用哪种模式没有固定的规则，由雇主单方面决定采用何种模式。[③] 在企业补充养老保险的建立方面，德国也采用了对建立补充养老保险的企业进行税收优惠、延迟纳税政策，或者是提供财政补贴。雇员更换工作单位时，其企业年金也跟随其到新的工作单位。

三是个人自愿养老保险。这是个人层面的养老保险计划，保险形式选择等都由个人自主自愿选择，养老保险账户中个人存入的本金及其利息完全归个人所有。为鼓励个人积极开展自愿养老保险，采用了相关的补贴和税收优惠的方式。

---

① 于秀伟：《德国新型个人储蓄性养老保险计划述评》，《社会保障研究》2013 年第 3 期。
② 郑培军：《德国养老保险制度介绍及对我国的启示》，《清华金融评论》2017 年第 S1 期。
③ 于秀伟：《从"三支柱模式"到"三层次模式"——解析德国养老保险体制改革》，《德国研究》2012 年第 2 期。

二、德国的李斯特养老保险改革计划[1]

德国于1889年确立社会养老保险制度，至今经历了三次重大改革。1957年，德国建立现代养老保险制度的基本框架，为解决经济危机和两次世界大战期间养老金大量消耗的问题，将完全积累制改为现收现付制。[2]此后受益于高经济增长，养老保障也保持较高的保障水平。1989年，德国开始养老保障领域的第二次改革，主要是收紧条件，降低养老保障水平。[3] 20世纪90年代中期，德国单一支柱的法定养老保险模式问题日益显现，尤其是在民主德国的老年人纳入联邦德国法定养老保险范畴之后，养老保险的支付压力迅速上升。德国政府从2001年开始进行第三次养老保险制度改革，由于最终采用的是养老保险专家瓦尔特·李斯特（Walter Riester）提出的方案，因此也被称为李斯特养老保险改革计划。

德国政府养老保险改革的目标是降低法定养老金的替代率，用于解决其仅依靠财政支出无法继续长期维持现收现付的养老金管理模式。李斯特所提出的改革方案的关键就是在法定养老保险之外再建立独立的基金积累，丰富养老保险的制度。具体而言，就是在德国建立社会法定养老保险，企业内部养老保险和李斯特养老金三支柱养老保险模式。[4]这一改革使得德国的养老保险模式从单一支柱变成了三支柱，推动其养老保险模式与世界银行倡导的模式和大多数发达国家所采用的模式逐步趋同。在1957年德国对养老金实施现收现付制之后，改革都是在现收现付制框架下调整，李斯特养老保险改革计划则在第二支柱、第三支柱采用完全积累制，

---

[1] 德国在个人自愿养老保险改革方面，还有2005年推出的吕鲁普养老金计划（The Rürup Pension Plan），其与李斯特养老保险改革计划既有相同之处，也有些区别。吕鲁普养老金计划主要针对个体经营者和自由职业者设计，提供终身养老金保障，但受益人身故后无法继承，影响了其大面积推广。李斯特养老保险改革计划直接推动并促成了德国三支柱养老金框架的建立，其意义更大，因此此处对其进行分析。

[2][4] 刘涛：《德国养老保险制度的改革：重构福利国家的边界》，《公共行政评论》2014年第6期。

[3] 朱宇方：《不只是老龄化——德国养老保障的改革动因》，《社会观察》2015年第11期。

可以弥补现收现付制的不足。①

　　李斯特养老保险改革计划具有明确的目标群体，并提供多种金融产品供选择。在目标群体方面，由于德国政府要将养老金的替代率降低三个百分点，会影响部分人群的养老金支付水平，而李斯特养老保险改革计划主要适用于这个人群，以及中低收入者和多孩子家庭。具体的群体包括参加法定养老保险的雇员、自由职业者、公职人员、农业从业人员等。对于夫妻双方中只有一方符合目标群体条件，且另一方为自由职业或者是无业人员的，可作为间接受益人享受补贴。李斯特养老保险改革计划的金融产品较多。从参与金融机构方面看，符合条件的银行、保险公司、基金公司等都可以提供金融产品，如安联保险集团、德意志银行等大型金融机构都参与其中。从具体的产品形式看，包括保险、储蓄、基金等多种产品。② 丰富的金融产品带来了便利，参与计划的个人或者家庭可以根据自己的情况选择购买。

　　李斯特养老保险改革计划也有多种补贴，主要用于激励人员提高参与的积极性。个人可以自愿选择是否参加李斯特养老保险计划，但因为其改革的目标人群界定等原因，并非所有人都有资格领取李斯特养老保险补贴。养老保险补贴和税收优惠也是李斯特养老保险改革计划的一个重要激励措施，具体包括三类：第一，基础补贴。此类补贴的领取条件是，参与人员按规定将上年工资总收入的一定比例存入养老保险专户。基础补贴直接划入个人账户，补贴至年满67周岁。第二，子女补贴。主要用于激励多孩子家庭参与李斯特养老保险改革计划。子女补贴一般是支付给母亲，补贴至子女有独立收入来源或者年满25周岁。第三，特别补贴。主要用于新参加工作且年龄不足25周岁的人员，以鼓励其参与李斯特养老保险计划。税收优惠方面，参与李斯特养老保险计划的人员，其存入李斯特养老保险账户的资金可以作为特别支出，享受个人所得税税收优惠，具体有

① 朱宇方：《不只是老龄化——德国养老保障改革动因探析》，《中国社会报》2017年3月13日第7版。
② 郑培军：《德国养老保险制度介绍及对我国的启示》，《清华金融评论》2017年第S1期。

多种不同的税收减免额。① 2002~2008 年，德国根据财政情况，对李斯特养老保险改革方案的补贴每两年调整一次，分四个阶段逐步提高补贴标准。

李斯特养老保险改革计划也有明确的领取要求和监管要求。在养老金领取方面，李斯特养老金早期规定有严格的领取条件，如年满 62 周岁、达到法定退休年龄，或者被认定为长期领取社会救济和失业救济。2008 年之后领取条件有所放松，参与者购买自住房也可以领取。李斯特养老金也可以继承。为保障基金的安全，李斯特养老金受到严格的监管，产品供给、基金投资、政府补贴、养老金领取等都在监管范围内，从而保障其成为德国老年人最安全的养老储蓄计划。②

总体来看，虽然对李斯特养老保险改革计划有不同的声音，但其改革是成功的。这方面具体表现在，德国法定养老金的支付压力得到了明显缓解，这也是李斯特养老保险改革计划的一个重要目标。从实际情况看，李斯特养老保险改革计划实施后，德国法定养老金在老年人退休收入中的占比明显下降，企业补充养老保险和个人自愿储蓄养老保险的占比明显提高。同时，由于李斯特养老保险改革计划有多种补贴，对参与人员有较好的激励作用，参与人员数量持续快速增加，已经超过企业内部养老保险成为德国养老保险的第二个主要力量。③

三、德国的经验与启示

德国的养老保险制度改革特点较为突出，不仅有大的较为彻底的改革完善养老保障框架，又通过小的改革来调整优化养老保障水平。德国在养老保险制度改革过程中，也采用立法先行的方式，通过法律的修订为养老

---

① 张立龙：《新世纪德国养老保障改革——李斯特养老金计划》，《经济研究参考》2014 年第 57 期。
② 林义、周娅娜：《德国里斯特养老保险计划及其对我国的启示》，《社会保障研究》2016 年第 6 期。
③ 林义、周娅娜：《德国里斯特养老保险计划及其对我国的启示》，《社会保障研究》2016 年第 6 期。
　徐四季：《老龄化下德国养老保障制度改革研究》，《西北人口》2016 年第 5 期。

保险制度改革提供公信力和执行力保障。①

一是养老金融的发展模式既需要有定力，又需要不断优化调整。② 德国在 1889 年就建立了养老保险制度，但受公共养老保险思维的影响，虽然中间根据外部经济社会形势的变化，在 1957 年进行了比较大的改革，在20 世纪八九十年代也有较多的改革，但是长期坚持一个支柱的养老保险模式，直到 2001 年李斯特养老保险改革计划，才逐步建立三支柱养老保险框架。这说明，养老金融尤其是养老保险制度的发展受到意识形态的影响较大，需要保持定力，内外部形势发生变化后，也需要及时作出优化调整，以确保更好地保障老年人生活这一养老金融发展目标能够有效实现。

二是在外部形势发生较大变化时，需要对养老金融模式进行较为全面系统的变革。德国养老保险制度发展过程中，也经历了几次大的改革，如1957 年建立现代养老保险制度的基本框架，1989 年开始收紧养老保险领取条件并降低养老保障水平，2001 年开始进行李斯特养老保险改革计划，以建立三支柱养老保险框架。这些改革都有着深刻的经济社会背景，是在外部经济社会条件发生重大变化后根据形势变化做出的重大调整。根据几次改革的情况，可以从中发现，养老保险制度改革的方向并不是线性地持续提高保障水平，也要充分考虑经济总体实力和保障能力。

三是养老金融改革不仅要压缩开支，而且要丰富积累资金来源。在德国的养老保险制度改革中，其改革思路也随着认识的深入和形势的变化而不断调整。如 1989 年开始的养老保险改革主要是收紧领取条件，降低保障水平。整个 20 世纪 90 年代的改革思路都是围绕收紧养老保险领取条件开展，这也是受到当时财政支付能力限制等因素影响。进入 21 世纪后，虽然德国的养老保险改革仍然围绕降低保障水平开展，最突出的李斯特养老保险改革计划目标就是降低养老保险的替代率，但在具体改革实施中主要不是收紧养老保险领取条件，而是通过建立第二支柱、第三支柱的方式

① 华颖：《德国 2014 年法定养老保险改革及其效应与启示》，《国家行政学院学报》2016 年第 2 期。
② 娄飞鹏：《发展养老金融的国际实践与启示》，《西南金融》2019 年第 8 期。

丰富积累资金来源。这意味着，实现养老保险制度改革目标可以有多种方式。

四是养老金融发展中，不能只依靠政府财政一支力量。德国作为发达国家，为了实现国民老有所养，长期坚持单一支柱的公共养老保险模式，以期建立最慷慨的公共养老保险模式。这种做法在财政支付能力较高时尚可持续，但面对人口老龄化水平不断提高，经济发展速度降低，财政收入减少，而与养老有关的财政支出增多的情况，单独依靠财政的力量已难以有效实现养老保障的目标，此时就需要充实养老保险发展的力量，真正实现养老保险能够有效保障老年人的生活水平，切实起到养老保险的作用。具体而言，在养老保险发展过程中，需要充分依靠政府的力量，也需要充分调动市场的积极性。

第七章 优化养老金融发展及政策支持的建议

　　我国的人口老龄化是"未富先老""未备先老"的老龄化，在积极应对人口老龄化的过程中，发展好养老金融是我国面临的一个大问题。养老金融发展是个大课题，发展养老金融并做好养老金融发展的政策支持需要调动多方面的力量。为了更好地发展养老金融，需要明确养老金融发展的总体思路和重点，从政策方面对养老金融发展予以综合化、合理化的支持和保障，提高金融机构发展养老金融的积极性、主动性，也要充分调动个人力量积极参与到养老金融中来，最终实现通过多方努力推动养老金融的持续健康发展。本章从明确总体思路和重点、优化政策支持、强化金融机构的作用、充分调动个人能动性几个方面提出了优化养老金融发展及政策支持的建议。

第一节　明确总体思路和重点

　　我国在应对人口老龄化方面的准备工作相对较少，经济发展水平较低也在客观上对养老金融发展形成约束，这决定了在养老金融发展中没有试错的机会，需要有正确的思路来引领养老金融发展，也需要在养老金融发展中突出重点，利用有限的资源优先解决关键问题。在养老金融发展的思路方面，需要对养老金融有正确的理解认识，养老金融发展也需要与经济发展水平相适应，从多个方面推动养老金融协调发展。在养老金融发展的重点方面，需要完善好养老金三支柱框架，强化金融机构在养老金融发展中的作用，提高个人参与养老金融发展的积极性，推动老龄产业发展。

一、养老金融发展及政策支持的总体思路①

一是对养老金融要有正确的理解认识。养老金融并非是专门针对老年人的金融，而是针对整个社会、所有人口的金融，相比之下老年人是养老金融发展中的重点。这是由于，从老年人方面看，其领取养老金，获得老龄产业服务，日常的理财等都需要金融，是获得更多养老金融服务项目的群体；从年轻人方面看，在其尚未进入老年阶段时，就需要进行养老规划，以保障自己的老年生活水平，需要积极参与到养老金融发展中来。养老金、老龄产业的发展均需要全社会共同参与。正是从这个角度看，对养老金融发展需要有正确的认识，不能将其局限于针对老年人、养老金、老龄产业的金融，而应将其定位为针对整个社会、所有人口的金融，这是对养老金融发展的科学定位。

二是养老金融的发展要与经济发展水平相适应。金融发展与实体经济发展互促共生，实体经济是金融发展的土壤，金融发展又可以促进实体经济发展。金融发展超前于实体经济发展，或者滞后于实体经济发展都不利于两者的健康发展。养老金融作为金融的一部分，其发展也应遵循金融和实体经济发展的关系规律。尤其是考虑到我国的现实情况，在经济发展水平较低的情况下进入老龄化社会，老年人绝对数大，从养老金角度看难以实现让老年人有较高的保障水平。我国老龄产业发展也明显滞后，不能有效满足老年人的需求，需要结合经济实力逐步发展提高。老年人的理财等金融服务需求同样受到金融机构服务供给能力，以及老年人对金融服务的认知等因素限制，短时间内迅速提升的难度较大。因而，既要明确发展养

① 娄飞鹏：《养老金融发展的理论与实践问题》，《西南金融》2019 年第 7 期。

老金融的迫切性，又要充分考虑现实条件尤其是经济发展水平限制，让养老金融发展与经济发展之间有机协调。

三是养老金融的发展需要从多个方面协调。从国外的发展情况看，即使是第一支柱的基本养老金，美国、德国、日本也都有针对具体行业或人员的专业养老金，虽然纳入第一支柱的总体框架，但又充分考虑了职业或者行业的个性化特点，以实现其协调发展。我国作为一个经济大国、人口大国，内部存在较大的差异性，养老金融的发展需要充分考虑城乡差异、区域差异、行业差异、职业差异等因素，做好各方面之间的协调工作。在基本养老保障制度建立的过程中，既要实现总体框架的统一，又要考虑差异性，在总体框架范围内适当兼顾差异性特点，从而推动养老金融的协调发展。农村老年人的养老金融服务需求需要政府予以足够的关注。企业和事业单位的补充养老保险，以及个人的自愿养老保险需要充分考虑个性化特点，做好协调。金融机构在养老金融发展过程中，既要根据其经营范围发挥专业特长，又要开展合作利用好机构合力。

四是养老金融发展需要调动多方力量共同参与。[1] 养老金融发展事关全局，需要多方力量共同参与。在基本的养老保障方面，需要财政在量力而行的情况下，鼓励个人积极参与，既体现公共养老保障体系的作用，又调动个人参与的积极性。也就是要建立多层次、多支柱的养老保障体系，不同的人群适用于不同的制度组合，个人不付费者保障老年最低生活，个人付费者保障老年基本收入，个人自愿储蓄者保障老年有较高的生活水平。[2] 从欧债危机的情况看，养老金有时会成为债务危机的一个重要推手[3]，重灾区国家都是公共养老金保障程度太高，私人养老金规模较小的国家[4]。我国的经济发展水平、财政收入规模、老年人数量等决定了公共财政不宜提

---

① 娄飞鹏：《发展养老金融需要综合施策》，《学习时报》2017 年 4 月 14 日第 2 版。
② 李珍：《建立多层次多支柱老年收入保障体制的若干思考》，《行政管理改革》2014 年第 1 期。
③ 郑秉文：《欧债危机下的养老金制度改革——从福利国家到高债国家的教训》，《中国人口科学》2011 年第 5 期。
④ 郑秉文：《欧债危机下的养老金制度改革——从福利国家到高债国家的教训》，《中国人口科学》2011 年第 5 期。胡继晔：《养老金融：理论界定及若干实践问题探讨》，《财贸经济》2013 年第 6 期。

供太高的保障水平，需要调动私人部门的积极性。金融机构在养老金融发展上，目前服务于政府政策需求的较多，主动进行养老金融发展的积极性不高。如对银行业而言，其在发展养老金融方面具有资金规模大、网点渠道广、客户覆盖广、品牌信誉高等多种优势，对养老金融业务发展也介入得较早，但与非银行金融机构尤其是与保险业、基金业相比，其养老金融发展相对滞后。信托业在养老基金业务方面早期参与较多，近几年在逐步退出，没有充分发挥其优势做好养老金融的发展。因而，也需要充分调动金融机构的积极性。

二、养老金融发展及政策支持的重点

一是完善养老金三支柱框架及政策支持。国外养老金融发展经验已经充分表明，养老金融发展需要综合多方力量共同参与，即便是发达国家单独依靠政府财政也无法有效满足老年人的养老需求。我国经过多年的改革探索，逐渐建立起了基本养老金、企业年金或职业年金、个人税收递延型商业养老保险三支柱框架。但总体来看，在养老保障方面对第一支柱的依赖度较高，第二支柱、第三支柱没有得到充分发展，所能够起到的养老保障作用较弱。因而，在后续发展中需要在完善第一支柱的同时，不断提高第二支柱、第三支柱的保障能力，让三支柱共同发挥作用。在这个过程中，发展养老金融及政策支持的核心是促进个人养老金、职业年金或企业年金等资金进入资本市场，在解决养老金保值增值问题的同时为资本市场引入长期稳定资金，推动养老金融和整个金融市场长期稳定发展。[1]

二是以政策支持调动金融机构的主动性。养老金融发展不能单独依靠政府的力量，也需要金融机构积极参与进来，通过政府政策撬动金融机构的力量，推动养老金融获得更好的发展。[2]目前，国内金融机构在支持国家

---

① 胡继晔：《养老金融：理论界定及若干实践问题探讨》，《财贸经济》2013 年第 6 期。
② 娄飞鹏：《发展养老金融需要综合施策》，《学习时报》2017 年 4 月 14 日第 2 版。

养老政策方面做得相对较好，能够较为积极地争取国家政策资格准入，并从事相关的金融服务，如养老金的金融服务等。但金融机构自己结合老年人特点、老龄产业特点，主动开发养老金融发展商业模式，增加养老金融产品供给，提高老年人金融服务可得性方面还相对薄弱，也是养老金融发展的短板。因而，在养老金融发展过程中，需要充分调动金融机构的主动性，通过金融机构主动参与提高养老金融发展水平。

三是优化相关政策以提高个人参与的积极性。个人既是养老金融发展的受益主体，也应该是养老金融发展的参与主体。我国对养老金融发展的认知相对较低，个人的养老金融素养总体水平也不高，在养老规划方面做得相对薄弱，尤其是农村地区和欠发达地区人口基本没有养老规划，直接导致个人在养老金融发展中的参与积极性不高。甚至是即使参与，也就是简单地多存款，投资养老的理念普及率低。这就需要加大对养老金融发展的宣传，不断提高个人的金融素养，让其有参与到养老金融发展中来的想法。在此基础上，通过政策的倾斜，金融机构的努力，提供更多的养老金融产品供个人选择，让其感受到积极参与养老金融的实惠。

四是政策带动努力发展好老龄产业。我国老龄产业发展相对滞后，发展水平较低，供给量较低，不能有效满足老年人的服务需求，也降低了金融机构支持老龄产业的积极性，制约了养老金融的发展。在养老金融发展过程中，需要结合实际需求和未来发展趋势，对老龄产业进行系统的规划，出台支持政策，加大资源投入，推动老龄产业扩大发展。在老龄产业及相关行业发展过程中，公益性较强的主体自身定位于保本微利，政府需要从财政、税收、土地供应等方面适当倾斜，以保障其可持续发展能力；对于商业化水平比较高的老龄产业及相关行业主体，金融机构需要对其加大金融支持。

第二节　优化养老金融发展的政策支持与组合

　　国内在养老金融发展方面已经出台了较多的支持政策，也取得了较好的成效。正是在政府的主导下，养老金融发展取得了较大的突破。然而，总体来看相对于老年人、养老金和老龄产业发展的金融需求，养老金融的供给还不能有效予以满足，其发展空间还很大。人口老龄化及其引发的老年人养老和年轻人的养老规划是一个社会问题，自然需要动员全社会的力量来解决，政府也要在其中发挥重要的作用。政府既要为养老金融发展提供良好的政策环境，又要在财政政策、货币政策、金融监管政策、养老金管理等方面采取有针对性的措施，[①] 积极推动养老金融发展。不论采用何种政策支持养老金融发展，都要处理好政府和市场的职责边界，既要政府积极引导，又要充分发挥市场的作用，还要做好政策之间的组合使用，把总需求政策和总供给政策以及结构性改革政策综合运用，以解决养老金融发展中所面临的各种经济社会问题。

一、政策支持的必要性

　　养老金融是带有民生性质的新兴领域，政府负有鼓励和支持养老金融发展的责任。[②] 从养老金融要重点服务的三大领域看，老年人、老龄产业、养老金都需要有较多的政策支持，金融机构养老金融发展也面临成本高、风险大、收益低的问题，市场失灵在养老金融领域仍然会存在，而政府本身就具有守夜人的角色功能，这些都意味着养老金融发展中需要有政府的

---

① 娄飞鹏：《发展养老金融需要综合施策》，《学习时报》2017 年 4 月 14 日第 2 版。
② 余全强：《对于发展养老金融的建议》，《经济研究参考》2014 年第 54 期。

政策支持。

一是老年人安享晚年需要政府的政策支持。老年人曾经为社会发展做出过积极贡献，在老年阶段缺少足够的收入来源，并且受生理因素影响，往往个人生活会面临各种问题，需要借助外部力量才能安享晚年。尤其是在我国，因为长期执行严格的计划生育政策，独生子女家庭较多，两位年轻人照顾四位老人的家庭数量较大，本身家庭养老就存在较大的压力。我国人口老龄化过程中，高龄人口数量庞大而且增长较快，其更需要较多的日常生活照料，但公共养老设施供给严重不足，此时就更需要政府采取措施保障老年人安享晚年。

二是老龄产业自身特点决定需要政府的政策支持。在积极应对人口老龄化方面，政府重点要加大对老年人以及老龄产业的投资。国际经验表明，强化政府在老龄产业中的责任担当，是有效缓解老龄产业供需失衡矛盾的根本途径。[1]

一方面，老龄产业具有准公共物品的特点决定了需要政府的政策支持。[2] 按照经济学的定义，公共物品是指可以供各类经济主体共享的物品，其消费具有非竞争性和非排他性的特征。所谓非竞争性是指某人消费公共物品并不会影响其他人消费公共物品的效用满足，也就是公共物品增加一个消费者的边际成本可以视为零。所谓非排他性是指某人在消费公共物品时并不能排除其他人消费这一物品，或者是排除其他人消费公共物品的成本很高。现实中也存在准公共物品，即不同时或者不完全具备非竞争性和非排他性特征的物品。从对老年人主要的投资领域看，其准公共物品的特点突出，进入养老保障体系的金融资产属于准公共物品范畴[3]，存在较强的正外部性，无法有效实现私人化，需要较多的财政投入。老龄产业的准公共物品性质，导致其由私人部门提供会存在供给不足和服务质量无法有

① 杨孟著：《政府支持养老服务业发展三路径》，《中国社会科学报》2015 年 4 月 27 日第 A07 版。
② 娄飞鹏：《发展养老金融需要综合施策》，《学习时报》2017 年 4 月 14 日第 2 版。
③ 杨燕绥、张弛：《老龄产业发展依赖三个创新》，《中国国情国力》2014 年第 1 期。

效保障的问题，市场失灵问题突出。特别是在发展养老机构以服务空巢、失能和半失能老年人的过程中，需要更多地考虑其公益属性，不能完全排除这部分支付能力较弱甚至是无支付能力的老年人享受养老服务，只能采用由政府举办的养老机构提供低收费或免费服务。①

另一方面，老龄产业属于幼稚产业②决定了需要政府的政策支持。由于在应对人口老龄化方面的准备不足，我国老龄产业发展仍然处于起步阶段，行业总体实力较弱，面临的政策环境、金融环境等也不够友好，亟须借助外部力量支持其发展，以在其发展壮大后更好地服务老年人。各国都有相关的产业政策，对产业发展进行调控支持，老龄产业作为一个产业本身就应该在产业政策调控的范围内，其所具有的幼稚产业特点更决定了需要政府的政策支持。老龄产业提供的服务在很大程度上具有不可贸易的特点，需要依靠国内的力量切实推动其发展壮大，以满足老年人的需求。由此看来，发展老龄产业需要政府在把握好其与市场职责边界的情况下，充分发挥财政的引导作用，以财政支持税收优惠等方式引导私人主体参与老龄产业发展。

三是养老金三支柱框架的建立发展本身就需要政府的政策支持。从国际养老金三支柱框架建设经验看，无论是市场化特点突出的美国，还是政府色彩较重的德国、日本，其在养老金三支柱框架建设中都有政府财政的积极支持。我国在建立养老金三支柱框架的过程中，自然离不开政府更多的支持。尤其是第一支柱基本养老金，其主要是用于保障老年人的基本生活，具有二次分配的特点，更需要政府在其中发挥积极作用。同时，由于政府在经济社会发展中承担着托底责任，虽然企事业单位和个人要积极参与养老金第二支柱、第三支柱建设，但其参与程度及保障程度高低仍然需

---

① 杨孟：《政府支持养老服务业发展三路径》，《中国社会科学报》2015年4月27日第A07版。

② 1791年，美国财政部长亚历山大·汉密尔顿（Alexander Hanmilton）提出幼稚产业保护理论。1841年，德国经济学家弗里德里希·李斯特（Friedrich List）在其《政治经济学的国民体系》一书中进行系统论述，其主要观点是：从国际竞争的角度看，某一国家的新兴产业在发展初期国际竞争力相对较弱，需要政府对其采取一定的保护措施。此处是借用幼稚产业这个名词。

要政府在其中发挥积极作用，否则第二支柱、第三支柱无法有效发挥作用的结果可能是对政府的依赖度更高，加重政府的负担。因而，需要政府出台政策积极引导企事业单位和个人积极参与养老金三支柱框架建设。

四是金融机构发展养老金融也需要政府的政策支持。金融机构发展养老金融面临高风险、高成本、低收益问题。这主要是由于，从资产业务看，目前老龄产业盈利能力较弱，金融机构为其提供融资支持的风险较大；从负债业务看，金融机构为老年人提供支付结算服务面临高成本、低收益的问题。虽然以微利经营的模式发展养老金融也是养老金融发展的应有之义①，但金融机构作为商业化经营主体，根据盈利能力调配资源是其理性的选择。发展养老金融的盈利不被看好，金融机构自然会降低对养老金融业务的资源配置。这就需要政府提供相关的政策支持，保障金融机构发展养老金融的正当收益可以得到有效维护，提高金融机构发展养老金融的积极性。

二、加强财政政策支持

财政政策在养老金融发展中的政策支持需要加强。因为人口老龄化而带来的长寿风险具有明显的公共风险的性质，老龄产业具有准公共物品的特点决定了财政政策需要在养老金融发展中发挥较大的作用。事实上，政府财政的大力支持正是社会基本养老保险制度可持续发展的关键。②国外在养老金融发展中的经验也充分说明了这一点。就我国的情况而言，财政政策在养老金融发展中不可能完全包揽。这主要是由于，我国人均经济发展水平较低，老年人总量全球最大，人口老龄化程度快速提高，高龄人口占比越来越大，完全依靠财政来推动老龄产业发展，来解决养老金融发展中

① 杨燕绥、张弛：《老龄产业发展依赖三个创新》，《中国国情国力》2014 年第 1 期。
② 宫晓霞、崔华泰、王洋：《财政支持农村社会养老保险制度可持续发展：国外经验及其启示》，《经济社会体制比较》2015 年第 3 期。

的问题基本不具备可行性。但我国财政支出中建设支出较多，对社会保障等支付水平和占比较低，这决定了在能力有限的情况下，财政政策对养老金融发展的支持需要加强。

一是财政政策以扩大相关支出加强补贴的方式支持养老金业务发展。在养老金融发展中，养老金尤其是基本养老金主要用于保障老年人的基本生活，其具有较强的公共物品或者准公共物品性质，需要财政政策在其中发挥较大的作用，重点是在预算安排中，结合财政支付的能力对养老金业务进行适度的补贴。根据实际情况，按照基本养老金增长与经济增长率挂钩或者与 GDP 保持一定比例的原则，逐步提高财政在基本养老金方面的支出水平。[1] 这一做法在国外养老金融发展中也有较多的使用。世界银行明确提出并倡议建立养老金三支柱框架之后，全球多个国家建立养老金三支柱框架，在这其中基本都有财政补贴的情况，甚至是财政资金在第一支柱基本养老金或者法定养老金中占据绝大多数。我国在基本养老金设立过程中，尤其需要关注农村地区。其原因在于农村人口对土地养老的依赖性较高，不利于土地使用权的流转和提高土地使用效率，需要财政在这方面加大投入，提高对新农保的补贴水平并建立制度予以规范，[2] 逐步转变农村人口的养老保障方式。

二是财政政策以税收优惠的方式带动机构和个人积极参与养老金融发展。国际养老金融发展经验也表明，完全依靠财政支出来推动养老金融发展是低效的，甚至是无法有效运行的。我国的现实情况决定了财政在养老金融发展方面无法大包大揽，此时就需要既发挥财政的积极作用，又通过财政来撬动企事业单位和个人积极参与到养老金融发展中来。《中华人民共和国社会保险法》也明确规定："国家通过税收优惠政策支持社会保险事业。"这为税收优惠支持养老金融发展提供了法律制度保障。在实施过程

---

① 龚锋、余锦亮：《人口老龄化、税收负担与财政可持续性》，《经济研究》2015 年第 8 期。

② 谢洪壮：《财政支持的新型农村养老保险研究》，硕士学位论文，哈尔滨工业大学，2013 年，第 48 页。

中，具体而言，就是通过税收优惠、财政补贴的方式，鼓励企事业单位和个人参与做好养老规划，更多地积累养老金。我国对第二支柱的企业年金或职业年金的税收优惠政策相对较多，但存在税收优惠力度不够大、企事业单位参与积极性不高的问题。对第三支柱的个人税收递延型商业养老保险税收优惠则刚开始试点，需要根据试点情况完善优惠措施。以此来逐步提高第二支柱、第三支柱在养老金三支柱框架中的占比，丰富养老金的资金来源。

三是财政政策对金融机构发展养老金融的行为进行鼓励支持。财政支持金融机构主要是保障金融机构不至于因为发展养老金融而大幅度降低盈利水平，减少其发展养老金融的风险，提高其发展养老金融的积极性。从整个养老金融发展的角度看，财政政策需要在可以清晰核算的情况下，探讨对金融机构的养老金融业务予以税收优惠，以税收减免或者减征的方式降低金融机构发展养老金融的税负，在一定程度上解决其发展养老金融面临的高风险损失或者高成本问题。对养老金融业务发展突出的金融机构，在予以税收优惠的同时考虑予以专项的财政补贴，保障金融机构发展养老金融的总体收益不至于因此而降低。在不良贷款核销方面，对金融机构为老龄产业发放的贷款形成不良的，可适当降低不良贷款核销标准。在财政存款、国债代理发售等方面，可以有针对性地对养老金融发展较好的金融机构予以政策倾斜。①

四是财政政策支持老龄产业发展从而提高金融机构发展养老金融的积极性。我国在发展老龄产业，为老年人提供更好的公共设施服务的过程中，主要存在养老基础设施建设落后，基本的养老服务设施无法有效满足老年人的需求等问题，这也是准公共物品，需要政府在这方面积极采取有效措施。财政支持老龄产业的主要目的，是在产业发展总体力量还较弱的当下，以财政支持的方式为老龄产业发展奠定基础，营造良好的产业发展环境，让老龄产业中的主体有机会得以存活并发展壮大，推动整个老龄产

---

① 娄飞鹏：《发展养老金融需要综合施策》，《学习时报》2017 年 4 月 14 日第 2 版。

业发展，间接降低金融机构在服务老龄产业过程中所面临的风险，提升金融机构支持老龄产业发展的信心。正是从这个角度看，财政支持养老金融发展的主要对象应该是社会力量开办的养老机构及相关领域。具体的支持方式包括：一方面，对社会力量兴办的养老机构予以税收减免，降低其经营成本；另一方面，以财政补贴的方式对养老机构予以补贴，降低其提供养老服务的价格；再者，在养老基础设施建设方面，积极探索设立专项扶持基金、产业引导基金、政府和社会资本合作（PPP）模式。不论采用何种方式，都需要做好财政预算，有效引导市场，在老龄产业处于幼稚期时对其予以支持，待其有稳定的盈利能力或者发展壮大后及时退出。

总之，财政政策在养老金融发展中具有较大的政策空间，也有能力发挥积极的作用。在财政政策支持养老金融发展方面，支持养老金三支柱框架的建立完善，提高金融机构发展养老金融的积极性，这属于直接途径。通过财政政策支持老龄产业发展，这可以视为间接途径。两个途径都需要在养老金融发展中充分发挥财政资金的撬动作用，财政投入或者财政资金发挥最后保障功能，重点是带动社会资金在养老金融发展方面多积累。在通过财政政策支持养老金融发展的同时，要完善政策体系并提高政策的可操作性[1]，又要充分考虑以合适的政策保障税收收入合理稳定，从而不仅提高养老金融发展能力，也提高财政支持养老金融发展的可持续能力。如在财政支持老龄产业发展中，要对老龄产业的产品和服务设置合理的税收水平，既要防止税率过高抑制老年人的消费，又要防止税率过低导致政府税收收入无法得到有效保障。[2]

三、优化货币政策操作

货币政策作为重要的宏观调控政策，在养老金融发展中需要发挥积极

① 杨良初、王敏、孟艳：《促进中国老龄产业发展的财政政策研究》，《财政科学》2016 年第 12 期。
② 龚锋、余锦亮：《人口老龄化、税收负担与财政可持续性》，《经济研究》2015 年第 8 期。

作用。一方面，经济增长本身就是货币政策的一个重要目标，通过货币政策稳定经济增长，可以为养老金融发展提供更好的经济环境；另一方面，货币政策尤其是基础货币供应、公开市场操作、再贷款、再贴现等工具具有一定的结构性特点，可以进行适当的倾斜，推动金融机构加大对养老金融的投入力度，推动老龄产业发展。人口老龄化会降低货币政策对通货膨胀的容忍度，为了控制通货膨胀而需要调控经济增速的代价较高，也会增加货币政策操作的难度。[1] 加之货币政策是总量型调控政策，发展养老金融带有较强的结构性特点，在通过货币政策支持养老金融发展时，更重要的是做好货币政策的优化，发挥好宏观审慎政策的调控作用，让其在结构性引导方面发挥积极作用。

一是通过合理有效的货币政策稳定经济增长。从根本上看，人口老龄化是经济发展水平提高的结果，有效保障老年人安享晚年也需要以经济为后盾，这需要宏观经济保持一定的增长速度。美国、德国、日本等发达国家养老金融发展的历史也说明了这一点，在经济发展较好时可以为老年人提供更多更好的养老保障，经济增速下降或者面临困难时也会降低老年人的养老保障水平。我国在改革开放之后，得益于改革红利、人口红利等有利条件，宏观经济保持了较高的增长速度，从绝对量和增长率方面为世界经济增长做出了贡献，但继续保持经济高速增长也面临较大的困难。此时无论是提升综合国力，还是发展养老金融，都需要通过货币政策的灵活调整，增强货币政策调控的精准度，提高资金要素的使用效率来稳定经济增长。

二是通过货币政策来有效稳定货币供应量。从货币政策看，金融业作为调配资金资源的行业，其发展离不开货币政策的大力支持，养老金融的发展更需要合理有效的货币政策予以足够的支持。因为资金的逐利性，在货币供应量增加后其新增货币往往会流向高收益领域，养老金融领域则因为盈利水平较低往往成为货币不愿意主动流入的领域。这就要求在运用法

① 伍戈、曾庆同：《人口老龄化和货币政策：争议与共识》，《国际经济评论》2015 年第 4 期。

定存款准备金率、公开市场操作等货币政策工具进行调控时，要充分考虑养老金融发展的比较好的金融机构，为其提供有效的政策支持。尤其是在信贷规模管理方面，可以研究在明确养老金融具体重点领域的情况下，对养老金融发展核定专项的信贷规模，保障金融机构融资支持老年人和老龄产业有充足的信贷规模。

三是发挥好宏观审慎政策的调控作用。2008 年国际金融危机后，全球主要经济体都发现，以控制通货膨胀为目标的货币政策和以资本监管为核心的微观审慎政策这一金融管理框架存在诸多缺陷。[1] 因而，各国纷纷对金融管理和宏观调控框架进行了改革，以防范和化解系统性金融风险为目标的宏观审慎政策自然成为这次改革的核心内容。[2] 中国人民银行从 2009 年中开始研究强化宏观审慎管理的政策措施，2011 年正式引入差别准备金动态调整机制，[3] 2016 年起正式将差别准备金动态调整机制"升级"为宏观审慎评估（MPA）[4]。在养老金融发展的政策调控中，要通过 MPA 考核引导金融机构加大对养老金融相关领域的投入，或者是在选择养老金基金的托管或账户管理的金融机构时，把 MPA 考核结果作为一个重要的参考指标。

四、丰富金融监管政策

相比于货币政策的总量型调控政策特点，金融监管政策结构性特点更加突出，可以在推动金融机构做好养老金融业务方面发挥更大的作用。这要求在运用货币政策推动养老金融发展的同时，也需要有金融监管政策做好相应的支撑。大体来看，金融监管政策既可以通过监管，提高现有金融

---

① 郭子睿、张明：《货币政策与宏观审慎政策的协调使用》，《经济学家》2017 年第 5 期。
② 赵洋：《如何看待宏观审慎管理"升级"》，《金融时报》2016 年 1 月 4 日第 2 版。
③ 中国人民银行货币政策分析小组：《2015 年第四季度中国货币政策执行报告》，http://www.pbc.gov.cn/zhengcehuobisi/125207/125227/125957/2161441/3016811/index.html，2016 年 2 月 6 日。
④ 中国人民银行货币政策分析小组：《2016 年第一季度中国货币政策执行报告》，http://www.pbc.gov.cn/zhengcehuobisi/125207/125227/125957/2161441/3016811/index.html，2016 年 5 月 6 日。

机构发展养老金融的积极性，鼓励并规范养老金融的产品创新①，调整好金融机构的存量；又可以推动成立更多的专业发展养老金融的金融机构，扩大金融机构的增量。通过存量和增量的共同作用来丰富养老金融的机构类型，增强金融机构发展养老金融的积极性。同时，在金融监管中解决养老金融发展中的多头监管问题，提高政策效率。

一是在金融监管中提高既有金融机构发展养老金融的积极性。通过金融监管，改善金融市场环境，引导金融机构积极参与发展养老金融。对不同类型的金融机构要区别对待，既要全面发掘金融机构的潜力，又要突出重点。从业务开办、业务准入、人员核准、机构准入等方面对养老金融发展的比较好的金融机构提供更多政策便利，发掘其进一步发展养老金融的潜力。从金融监管的角度鼓励金融机构在养老金融领域开展产品创新。②金融机构的业务经营范围和养老金融发展的重点领域决定了，不同行业、不同类型的金融机构在养老金融发展中所能够发挥的作用不同。对于养老保险公司、基金公司等可以在养老金融发展中发挥更加积极作用的金融机构，要将其作为重点，从金融监管方面鼓励其探索养老金融发展的新模式、新业务，提高对创新失败的容忍度。在开展这些工作时，需要清楚界定养老金融业务，明确养老金融业务的具体标准和范围，尽可能让政策真正落到实处、发挥实效。养老金融的发展需要综合金融服务，综合化经营是国际金融业发展的大趋势，也要通过金融监管以业务综合化的方式引导金融机构在养老金融领域提供综合化的金融服务。

二是在金融监管中鼓励增加新设专业养老金融机构。从养老金融发展的角度看，其盈利能力较弱是共性的问题。金融机构作为独立的经营主体，追求利润的可持续符合商业法则，其在战略定位、资源配置等方面会更多地考虑能够带来更高利润的领域。这就意味着，如果不是专业的机构发展养老金融，在金融机构内部，养老金融发展往往不容易受到足够的重

① 侯明、熊庆丽：《我国养老金融发展问题研究》，《新金融》2017年第2期。
② 殷兴山：《养老金融视域的政府与市场》，《武汉金融》2012年第12期。

视，而发展专业的养老金融机构则有助于解决这一问题。金融业是持牌经营的行业，受到严格的金融监管是全球通用的法则，在金融监管中可以研究鼓励成立更多的专业发展养老金融的机构，以专业机构专营的方式保证金融机构内部真正从战略上重视养老金融业务，并且集中优势资源发展养老金融业务。这种做法的优越性还表现在，由于是专业的金融机构发展养老金融业务，虽然受到业务性质限制其盈利水平不一定能够得到保障，但可以通过财政补贴或者税收优惠的方式维持其可持续经营，可以提高财政资金的使用效率。

三是对养老金融发展中实际面临的多头监管也要研究优化解决。目前，养老金融发展涉及的监管机构包括人力资源和社会保障部、财政部、民政部、银保监会、证监会等多个部门，多头监管问题突出。如企业年金和职业年金业务方面，人力资源和社会保障部负责企业年金和职业年金政策制定、金融机构资格准入、机构和产品信息披露、业务监管等；银保监会负责银行企业年金和职业年金的账户托管、账户管理的规范运营，以及养老保险公司参与年金投资管理的监管；证监会负责企业年金和职业年金的资金投资运作、业务处理的监管。[1] 由于涉及多头监管，中间存在监管重叠和监管空白，容易引发相关的问题，需要在实际发展中及时研究解决。英国金融服务委员会（FSA）专门设立了养老金监管部，欧盟的保险与职业年金监管局（EIOPA）在金融监管时把养老金与银行、证券、保险等传统金融产品同等看待[2]，其做法值得借鉴。

五、完善养老金的管理

养老金管理主要涉及三个环节，即养老金的筹集、运作和发放。其中运作环节涉及养老金的保值增值，是养老金管理的重点和关键环节。就我

---

① 岳磊：《商业银行养老金融业务四大问题待解》，《中国银行业》2016 年第 1 期。
② 胡继晔：《养老金融：理论界定及若干实践问题探讨》，《财贸经济》2013 年第 6 期。

国的情况看，养老金管理的三个环节都存在较多的问题，需要研究解决。我国在养老金三支柱框架建设方面进行了多年的探索，但目前三支柱框架建设仍然存在较多的问题，需要根据形势变化和老年人的需求不断予以完善，优化第一支柱基本养老金的管理，强化并做实第二支柱、第三支柱，推进三支柱之间的协调发展。但不论如何，在做好养老金的管理方面，都需要从养老金的筹集、运作和发放三方面努力，同时做好养老金的监管和风险管理。

一是养老金的筹集环节需要丰富资金来源。英国将养老金视为与银行、证券、保险等传统金融机构同等重要的金融形态。欧洲保险与职业年金局在金融监管中，把养老金与银行、证券、保险等传统金融机构的产品放到同等位置。[①]美国的基本养老金和私人养老金总资产均超过其股市总市值，并且为资本市场提供了长期资金。美国微软、苹果等信息技术企业，在早期发展中都得益于养老金这样的长期资金投入。我国也要充分重视养老金的各种积极作用，其不仅局限于为老年人提供养老资金，还有助于经济金融的稳定，金融市场结构的优化。也要认识到，经济发展水平决定了养老金筹集的不是越多越好，也不是规模越大越好，而是需要综合考虑老年人的养老金待遇水平，以及年轻人的消费水平等因素，合理确定养老金的缴费费率。[②]

二是养老金的运作环节需要强化市场力量。养老金的运作既需要政府解决公平问题，又需要依赖市场解决效率问题。发达国家养老金的运作都充分利用了市场化的力量，并取得了较好的成效。金融市场能够为养老金的运作提供多样化的金融产品，能够有效实现养老金的保值增值，增加机构和个人参与养老金的积极性，推动养老金的规模扩大。发达国家在养老金的投资渠道方面，股票市场和债券市场是最主要的投资领域，但投资范围也在不断扩大，投资的产品种类不断增多，基金、期货、期权、大宗商

① 陈莹莹：《关于发展我国养老金融的观点综述》，《经济研究参考》2014 年第 18 期。
② 康传坤、楚天舒：《人口老龄化与最优养老金缴费率》，《世界经济》2014 年第 4 期。

品等都逐步纳入了投资范围。结合这种情况，我国在养老金的运作管理方面，要利用好金融机构作为受托人的管理模式，增强市场力量在养老金保值增值中的作用。传统金融机构如商业银行在积极发挥自身优势，做好养老基金受托管理、账户管理、资金托管的前提下，要联合基金、信托、期货、养老金等加大养老金的投资管理服务，[①]也可以成立专门的投资运营机构，由其进行养老金的投资管理[②]。目前，国内的养老金主要用于存款和国债投资，这种做法有利于保障其本金安全，但不利于其保值增值。因而，对养老金的投资范围既要严格管理，要根据形势变化不断放宽，尤其是第二支柱、第三支柱养老金本身就是长期资产积累，有较强的保值增值需求，更需要扩大投资范围以提高收益。

三是养老金的发放环节需要及时足额发放。福利具有较强的刚性，易于提高不易于降低。在养老金的发放环节，需要根据实际情况做些优化调整。比如针对个人账户"空账运行"等情况，既需要通过划转国有资本等方式做实个人账户，又需要结合人口预期寿命日益延长的情况，逐步延迟退休年龄并延迟养老金的领取年龄。

四是需要做好养老金的监管和风险管理。目前，我国由人力资源和社会保障部主管基本养老金、企业年金，其更关注养老金的筹集和发放，对养老金的金融产品属性和运行专业性相对较弱。在养老金的运营过程中，财政部、银保监会、证监会等都部分参与监管，存在多头监管和监管空白问题。[③]这种情况决定了需要从更高层面考虑养老金的监管问题，对养老金的监管进行顶层设计，甚至是成立专门的养老金监管机构负责养老金的统一监管。不论是监管机构还是管理养老金的金融机构，都要做好压力测试，强化信息的对外披露，做到机构独立、资产分离，强化风险管理制度建设，利用信息科技手段强化风险监测，采用分散投资抵御非系统性风

① 冯丽英：《掘金商业银行养老金融业务》，《中国银行业》2015年第11期。
② 余全强：《对于发展养老金融的建议》，《经济研究参考》2014年第54期。
③ 胡继晔：《养老金融：理论界定及若干实践问题探讨》，《财贸经济》2013年第6期。

险，完善养老金的风险管理。

第三节　强化金融机构在养老金融发展中的作用

　　金融机构作为金融服务的提供方，在养老金融发展中具有较大的潜力可以挖掘。政府发展养老金融的政策有效实施，需要金融机构积极参与并组织落地。个人和企事业单位的养老金融服务需求，需要通过金融机构来满足。这决定了，为了更好地推动养老金融发展，需要金融机构在其中发挥更加关键的作用。根据中国养老金融50人论坛、中国家庭金融调查与研究中心的调查数据，国内对整个养老期间预期的平均资产储备额为93.76万元，但实际已经储备的养老资产平均值为45.55万元，有83.8%的居民所储备的养老资产尚未达到预期的养老资金储备需求。[①]这预示着，养老金融发展的市场空间巨大，金融机构不仅要根据政府的部署，积极配合政府推进养老金融发展，更要从战略定位、资源配置等方面，按照商业化经营的要求，提高发展养老金融的主动性。围绕养老金融的客户需求，金融机构需要开展有针对性的产品创新，不断加大对老年人、老龄产业、养老金的金融支持。

一、提高发展养老金融的主动性

　　养老金融发展过程中，需要金融机构在其中发挥关键的作用。这主要是由于，金融业是专业性比较强的行业，其较强的专业性意味着没有经过专业的训练或者从事相关的工作，就难以全面学习了解金融业中的知识要

---

① 中国养老金融50人论坛、中国家庭金融调查与研究中心：《中国养老金融调查报告（2017）》，北京，2017年8月，第10页。

点。从理论上看，政府在养老金融发展中负有不可推卸的责任，其有义务提供较好的社会保障，让老年人安享晚年，但现实的经济发展水平等因素直接决定了政府难以包揽老年人的各种需求。政府在利用金融手段实现财富保值增值方面缺乏专业能力，在养老金融发展中需要借助金融机构的专业能力，通过金融机构来落实其相关的措施。个人积累资金用于养老面临保值增值的问题，其也缺少足够的专业知识等条件，难以通过个人努力实现这一目标，同样需要金融机构来为其提供专业的服务。对此，金融机构需要拓宽养老金融发展思路，有效把握人口老龄化带来的养老金融消费潜力，并将之转化为对金融产品和服务的有效需求。

一方面，金融机构需要积极配合政府部门的决策，积极参与到政府的养老金融发展项目中来。目前来看，基本养老保险基金的托管和投资管理，养老金和新农保等养老资金的代收代发，企业年金及企业年金基金的托管、账户管理和投资管理，个人税收递延型商业养老保险等养老金三支柱框架建设的金融服务，以及政府主导推出的住房反向抵押养老保险等金融创新业务，都需要金融机构积极参与进来，保障项目的落地实施。在这方面，金融机构主要是更加积极地配合政府政策，提高自身的专业化能力，发挥自己的专长，为政府养老金融发展举措提供足够的支撑保障。在此过程中，要充分注意，配合政府将养老金融发展政策落到实处，不是简单地获取相关的资格，更重要的是能够真正参与进来，提升养老金融发展的整体水平。

另一方面，金融机构要从战略高度重视养老金融业务发展，加大资源配置，提高养老金融发展能力。养老金融业务往往具有高成本、高风险、低收益的特点，特别是业务发展初期运营成本较高，不容易引起金融机构的重视。但是，养老金融也具有受金融周期波动影响较小的特点①，作为金融机构需要主动出击，从履行社会责任的角度，主动在战略上重视养老金融发展，做好业务发展的顶层设计，根据养老金融发展情况进行组织架

---

① 王雅娟：《商业银行发展养老金融的现状与趋势分析》，《中国银行业》2018 年第 9 期。

构调整和要素配置，切实满足养老金融发展的需要。尤其是对个人的金融服务需求，金融机构需要认识到，与机构相比个人往往更缺乏足够的专业知识，甚至是对投资理财缺乏正确的理念，这些在老年人身上表现得更为明显，更需要金融机构主动作为，为老年人提供合适的金融服务。

二、围绕客户加大金融产品创新

一是通过金融产品创新扩大养老金融客户群体。金融产品是连接金融机构和客户的桥梁，也是落实金融机构发展战略的载体。在养老金融产品创新方面，从客户群体看不仅局限于老年人，也要充分考虑年轻人。这是由于，养老金融是主要服务于老年人及其相关金融服务需求的金融，但不是局限于老年人的金融。随着经济发展水平的提高，人们会更加关注自己的养老规划，以保障自己一生的生活消费基本稳定。金融机构需要充分认识到这一点，并围绕其开展创新提供相关的金融产品。具体而言，就需要金融机构具有服务个人客户全生命周期的理念，统筹创新针对不同年龄段人口的金融产品，关注年轻人的收支特点，为年轻人提供长久期的金融产品，将其在年轻时多余的资金充分利用起来，并实现保值增值，以丰富其养老资金来源。事实上，在进行养老投资理财时，23.9%的人口考虑的首要因素是安全稳健和保值增值。[1] 以上是从整个金融行业看，从单个金融机构看，还包括要通过产品创新服务好年轻人，随着客户年龄的增长和金融服务需求的变化提供相应的金融服务，培养客户忠诚度，不断扩大其老年客户群体。

二是通过金融产品创新优化养老金融服务的获取渠道。在金融服务渠道从线下逐步往线上迁移，也就是从物理网点渠道逐步向电子渠道迁移，服务渠道日益综合化的情况下，要求金融产品创新能够适应不同的渠道，

---

[1] 中国养老金融50人论坛、中国家庭金融调查与研究中心：《中国养老金融调查报告（2017）》，北京，2017年8月，第13页。

尤其是能够适应线上渠道的特点，让线上渠道能够发挥更大的作用，降低金融服务成本，提高金融服务效率。客户对线上渠道的使用往往缺乏金融机构业务人员的现场指导，因而更需要在产品设计中能够尽可能简化客户端的操作，更加严格的风险管理，在简化操作的同时降低风险。尤其是对老年人客户而言，通过银行获得投资理财信息的比例达到31.5%，银行仍然是其获得投资理财信息的首要渠道。① 这是由于，其更习惯于通过物理网点渠道获得金融服务以增强安全感，防范金融诈骗的能力较弱，也需要金融机构在通过产品创新优化金融服务获取渠道的过程中做好风险管理。

三是通过金融产品创新丰富养老金融服务产品。美国、日本等发达国家在养老金融发展过程中都有目标日期基金、长期护理保险、住房反向抵押贷款等主打产品，并取得了较好的发展成效。这意味着，在养老金融发展方面，合适的产品可以有效推动业务发展以更好地服务客户，自然需要更好地结合老年人的金融消费需求、资产构成等方面的特点开展有针对性的产品创新。目前，我国养老金融发展的专门产品相对缺乏，造成个人的资产配置中房地产等不动产占比较高，金融资产配置占比较低。这不仅是资产配置比例结构不合理的问题，还增加了风险管理的难度。通过金融产品创新来丰富养老金融产品时，要适当考虑这一情况。一方面，要通过审慎发展住房反向抵押养老保险，盘活老年人的房产资产；② 另一方面，要通过更丰富的金融产品引导居民个人将其资产更多地配置在金融产品上，降低对房产的过度依赖，解决房产不容易分割、处置以及老年人无法有效盘活其持有的房产来提高生活水平的问题。

三、研究对老龄产业的金融支持

老龄产业在人口老龄化时代具有较大的发展空间，我国在老龄产业发

---

① 中国养老金融50人论坛、中国家庭金融调查与研究中心：《中国养老金融调查报告（2017）》，北京，2017年8月，第14页。
② 陈磊：《我国养老金融创新与住房反向抵押贷款定价模型研究》，《老龄科学研究》2014年第3期。

展方面也相对滞后，不能很好地满足老年人的需求。老龄产业发展面临较为突出的资金短缺问题，同样需要金融机构的支持。然而，就目前国内的情况看，老龄产业难以吸引金融机构对其提供融资支持的特点突出。作为资产规模最大的金融行业，银行业开展的养老金融业务针对个人的较多，针对老龄产业的较少。[①] 这是由于，国内老龄产业发展仍然处于初期阶段，金融机构信贷支持养老机构的过程中贷款主体不好确定[②]，发展中的不确定性因素较多；养老机构具有公益性质，资产难以有效抵押，土地不满足抵押条件，设备过于专业抵押评估价值不高；老龄产业本身具有微利经营的特点，美国、日本等国家的老龄产业利润率仅为5%左右[③]，养老机构一般需要10~15年才能收回投资成本[④]，投资周期较长并且风险较大，金融机构对其提供信贷支持的积极性不高[⑤]。

对此，金融机构可以考虑从如下方面强化对老龄产业的金融支持：首先，对整个老龄产业的金融支持以支付结算类业务为主。老龄产业中不可避免地会存在较多的支付结算，金融业尤其是商业银行要发挥其优势做好支付结算服务。其次，在国内老龄产业差异化经营的情况下，选择商业化水平比较高的主体进行融资支持。虽然老龄产业以公益性为主，但因为不同老年人的支付能力不同，支付能力较高的老年人为了获得更好的服务会选择商业化水平较高的机构，以高价购买高质量服务。对于按照商业化原则提供养老服务，并且盈利水平有保障的项目，商业银行也可以研究对其进行融资支持。再次，通过服务老龄产业链中上下游产业的方式，间接服务老龄产业。[⑥] 最后，在对老龄产业融资支持的过程中，金融机构也有必要

① 徐丹：《商业银行发展养老金融策略分析》，《新金融》2013年第11期。
② 根据浙江省民政厅的数据，浙江省约90%的养老机构持有的执照是"民营非企业组织"，该类机构在公司治理架构、盈利能力、现金流水平等方面都较难满足银行的授信准入条件。尤其是新办的养老机构，在完成设施建设并获得批准设立前，银行内控制度不允许其成为承贷主体。中国人民银行杭州中心支行货币信贷管理处课题组：《浙江省养老金融发展问题研究》，《浙江金融》2017年第2期。
③ 孙博：《老龄化时代应建立大养老金金融思维》，《清华金融评论》2016年第2期。
④ 苏蕾、李俊茹：《商业银行支持养老服务业探析》，《武汉金融》2017年第3期。
⑤ 刘宝美、丁肖琦：《日本养老金融发展的启示》，《金融时报》2016年9月5日第12版。
⑥ 冯丽英：《掘金商业银行养老金融业务》，《中国银行业》2015年第11期。

积极争取政府的政策支持。如在抵押担保条件方面，呼吁政府对老龄产业公益性用地的抵押予以适当支持，或者政府成立专门的担保机构或基金为老龄产业内的主体融资提供担保。

除商业银行以外，研究探索保险业、信托业对养老机构进行投资。尤其是保险业可以探索以股权合作等方式，参与养老服务机构的建设，以此推进金融业和老龄产业之间的融合。政策性金融机构需要从政策性金融的角度对老龄产业提供金融支持。在此过程中，对于资金量需求较大、投资期限较长的养老地产等老龄产业项目，可采用以商业银行为主导，信托业、保险业积极参与，共同打造股权合作、股权投资以及养老房地产信托投资基金（REITs）等服务模式。[①] 台湾地区通过设立产业发展基金、发挥资本市场直接融资功能，有效满足老龄产业的融资需求。[②] 金融机构支持老龄产业，可以积极寻求与非金融机构开展异业合作，研究与非金融机构合作为老龄产业中的主体提供综合化服务。

第四节　充分调动个人发展养老金融的能动性

无论是优化养老金融发展的政策支持，还是提高金融机构发展养老金融的主动性，其主要是从供给方面发展养老金融，养老金融有效发展还需要从需求方面发力，最终通过供求的综合作用更好地促进养老金融发展。养老金融发展的需求侧最根本的是来源于人，决定了需要从个人发展养老金融的能动性方面着手，充分利用个人力量推进养老金融发展，具体包括树立正确的养老理念，不断提高金融素养，加强个人的养老规划。从养老

---

① 冯丽英：《掘金商业银行养老金融业务》，《中国银行业》2015 年第 11 期。
② 杨少芬、吴湧超、邵昱晔、朱佳佳：《台湾地区养老金融发展经验与借鉴》，《现代台湾研究》2018 年第 4 期。

金融不仅是服务于老年人群体的角度看，调动个人发展养老金融的能动性不是仅针对老年人，而是针对所有的个人，让每个人都积极参与进来。

一、树立正确的养老理念

基于可以选择的养老方式，树立正确的养老理念。从目前国内外的情况看，养老方式主要包括：年轻时储蓄，子女的孝敬，社会保障以及商业保险。我国社会保障制度正在逐步完善并提高保障水平的过程中，商业保险发展规模不大，养老主要依靠的是年轻时的储蓄，以及子女的孝敬。虽然养儿防老的传统理念没有错，但由于长期实行独生子女的计划生育政策，独生子女在赡养老人方面存在心有余而力不足的问题，这就更加凸显了年轻时储蓄的重要性。然而，养老储蓄需要年轻时收入水平较高，能够有效满足各项消费需求并有充足的结余，这并不是每个人都可以实现的。另外，年轻时为养老储蓄，这势必是一个较长时期的储蓄，其不可避免地要考虑通货膨胀问题，采用简单的储蓄养老方式，难以有效抵御通货膨胀，并不能保障老年生活所需。

面对上述情况，就需要根据实际情况，逐步放弃储蓄养老理念，并树立投资养老理念。从整个社会看，要从更积极的方面看待老年人群体，更多地看到老年人群体对产业结构调整以及经济发展的积极推动作用，引导人们树立养老责任在国家、企业和个人三方之间合理配置的理念。[1]从个人层面看，在储备养老金的过程中，可以采用部分储蓄部分投资的方式，储蓄部分作为最低生活保障，投资部分的较高收益用于提高老年生活品质。对于储蓄和投资的比例分配，可以根据个人的实际情况灵活设定。在具体投资的领域上，金融和非金融资产都应有所涉及，金融领域的基金、养老保险等可以作为投资的重点。在此过程中，需要秉承价值投资的理念，注

---

[1] 张佩、毛茜：《中国养老金融创新发展：现实障碍、经验借鉴与应对策略》，《西南金融》2014年第7期。

意投资的稳健性，并且能够长期坚持，充分利用金融机构的专业性，提高投资的专业化水平。

二、不断提高金融素养

金融业属于专业性相对较强的行业，金融投资需要具备专门的知识积累。一是对金融要有常识性的认识。金融投资行为都是有风险的，高收益的背后往往是高风险，在开展各项投资尤其是养老投资方面，不能片面追求高收益，还要清醒地认识到其背后的高风险。这要求在投资产品选择方面不能简单选择高收益产品，还需要关注高风险问题。同时，对各类风险的表现形式及其应对措施也要有正确的理解和认识。对银行存款、理财、基金、保险等金融产品有基本的了解，明确投资行为不同于存款行为，理解投资过程中投资者和金融机构之间的关系，在对金融有基本了解的基础上开展正确的投资选择。

二是养老投资策略要与自身相匹配。随着财富的增长，个人的风险偏好会发生变化。在财富水平较低时，家庭往往通过基金、理财等间接开展投资，财富水平提高后则更多地进行股票等直接投资。[①] 在养老投资时需要正确认识自己的风险偏好，自身的财富积累情况，并据此选择合适的投资方式。不仅如此，对老年人而言，尤其重要的是要考虑自己的身体承受能力，投资出现重大损失后身体是否能承受，减少因为投资出问题而对身体健康造成重大负面影响的情况出现。在选择具体的投资产品方面，需要认真了解自己所投资的产品，如产品的属性、投资方向、投资周期、资产特点、主要风险等，在对产品有全面正确认识的基础上，再进行具体的投资，努力保障所投资的产品符合自己的特点和需求。实际开展投资的过程中，要设置好止盈止损线，并且能够切实增强自身的规则意识，按照预先的计划开展投资。

---

① 徐佳、谭娅：《中国家庭金融资产配置及动态调整》，《金融研究》2016 年第 12 期。

三是提高金融反欺诈能力。随着金融科技的发展，金融诈骗行为越来越多，并且通过电子渠道诈骗的情况较多，要求每个人都要提高防范金融诈骗的意识，老年人的养老资金更需要努力保障其安全。在防范金融诈骗方面：第一，要有正确的认识，天下没有免费的午餐，天上也不会掉馅饼，戒除自身贪图小便宜的想法，让自己能够经得起诱惑；第二，养成通过正规金融机构获得金融服务的习惯，做好自身的各种信息保密工作，对自己的身份信息、财产信息、通信信息等妥善保管，防止个人信息被不法分子利用；第三，在遭遇金融诈骗后，要保存好相关的证据，并及时寻求公安、司法部门的帮助。

三、加强个人养老规划

随着预期寿命的延长，个人退休后生活的时间会更长，更加凸显养老规划的重要性。在个人养老规划方面，其不仅局限于经济金融领域，还包括个人健康、兴趣爱好、养老地点、养老方式、生活照护、情感慰藉等多种内容。养老资产管理和经济规划是个人养老规划的主体内容[1]，此处仅结合经济金融领域的养老规划展开分析。在养老金融规划方面，要对其有正确的认识，不能把其简单等同于投资，也不是提前退休，而是要根据自己对未来生活的期望，选择合适的投资产品，科学地配置养老资产，积累一定规模的养老资金。根据中国养老金融50人论坛、中国家庭金融调查与研究中心的调查数据，目前国内尚有81.9%的60岁以上老年人储备的养老资产没有达到自己的预期，这更加凸显了做好养老规划的重要性和迫切性。[2]

一是要尽早树立养老规划意识。国内对养老普遍缺少规划，做过个人

---

① Maarten C. J. van Rooij, Annamaria Lusardi and Rob J. M. Alessie, "Financial Literacy, Retirement Planning and Household Wealth", *Economic Journal*, Vol. 122, No.560, 2012, pp. 449–478.

② 中国养老金融50人论坛、中国家庭金融调查与研究中心：《中国养老金融调查报告（2017）》，北京，2017年8月，第11页。

养老规划的老年人占比只有 19.78%。[①] 我国人口预期寿命延长，退休之后需要更多的养老资产，子女数量减少，家庭生命周期延长，对老年期的经济能力提出更高的要求，也更迫切需要开展科学的养老规划。在经济发展水平较低，财政能够提供的养老保障重在保基本，家庭逐渐小型化其养老功能日益衰弱，机构养老尚未充分发展的情况下，个人有必要对养老进行有效的规划。具体而言，需要结合自身的经济能力，尽早有意识地进行规划，为养老保留必要的资产，让自己在生命周期的不同阶段尤其是老年阶段的生活得到有效保障。金融知识的积累有助于个人风险承受能力的提高，金融知识掌握得越多、对金融决策的结果越了解，个人进行养老规划的可能性越大。[②] 这就需要在进行个人养老规划时，要以掌握必要的金融知识为基础。

二是要尽早开展个人养老规划。就我国的情况看，26.8% 的居民认为在 30 岁之前就要开始做好养老储备，61.8% 的居民认为在 40 岁之前就要开始购买养老保险或开展其他投资等进行养老储备，但也有 14.8% 的居民认为在 50 岁以后才需要考虑养老问题。[③] 这说明，国内居民具有一定为养老储备资产的意识，但存在开始的时间较晚等问题。事实上，国内有超过 61% 的居民认为依靠退休金养老。[④] 这么做的问题在于，按照目前的退休金支付水平和居民的养老储备情况，单独依靠退休金而没有在科学规划的基础上进行合适的养老储备，并不利于保障老年生活。这就需要个人根据自己的能力，尽早开展养老规划，比如初期可通过购买长期分红险的方式，强制自己逐步形成为养老储备的习惯。

三是要合理配置个人养老资产。养老规划的目的是通过资产的合理配置，让养老资产保值增值，保障老年生活。就目前国内的情况看，即使是

①④ 张文娟、纪竞垚：《中国老年人的养老规划研究》，《人口研究》2018 年第 2 期。

② 施喜容、孟德锋：《金融知识、风险承受能力与退休养老规划选择》，《金融教育研究》2018 年第 2 期。

③ 中国养老金融 50 人论坛、中国家庭金融调查与研究中心：《中国养老金融调查报告（2017）》，北京，2017 年 8 月，第 5 页。

有养老规划的个人，在养老资产配置时也主要是简单的存款，开展现金储蓄养老规划的个人占有养老规划老年人的比例为 59.49%，购买商业保险与投资理财的占比为 17.06%[1]此外拥有房地产的 60 岁以上老年人占比为83.5%，高于美国、德国、日本[2]，对其他金融资产配置得较少。这种情况出现，一方面与国内金融市场发展程度较低，波动性较大有关；另一方面是个人对养老资产配置缺乏足够的了解和科学的规划。因而，就需要根据自己的养老资产具体情况，以及对金融知识的了解，适当提高风险偏好，合理配置个人养老资产。社会养老保险对家庭风险金融资产投资的影响明显，完善的社会养老保险可以有效降低未来的不确定性，显著提高家庭持有风险金融资产的可能性和风险金融资产比重，边际效应分别达到约 25%和 22%。[3] 这预示着，在个人配置养老资产的过程中，需要政府和金融机构为个人增加金融养老资产配置提供必要的支持。

---

[1] 张文娟、纪竞垚：《中国老年人的养老规划研究》，《人口研究》2018 年第 2 期。
[2] 中国养老金融 50 人论坛、中国家庭金融调查与研究中心：《中国养老金融调查报告（2017）》，北京，2017 年 8 月，第 9—10 页。
[3] 宗庆庆、刘冲、周亚虹：《社会养老保险与我国居民家庭风险金融资产投资》，《金融研究》2015 年第 10 期。

参考文献

彼得·德鲁克：《养老金革命》，刘伟译，东方出版社 2009 年版。

蔡昉：《人口因素如何影响中国未来经济增长》，《科学发展》2013 年第 6 期。

曹伟、丁阅越：《商业银行企业年金业务发展展望》，《新金融》2017 年第
8 期。

曾海军：《信托公司养老金融新路径》，《21 世纪经济报道》2014 年 11 月 6
日第 10 版。

车树林、王琼：《人口年龄结构对我国居民投资偏好的影响——基于 CHFS
数据的实证研究》，《南方金融》2016 年第 9 期。

陈璨：《个人税收递延型商业养老保险试点进展与经验思考》，《中国保险》
2019 年第 8 期。

陈华、王晓：《养老金融的现状、问题及建议》，《党政论坛》2017 年第 10 期。

陈磊：《我国养老金融创新与住房反向抵押贷款定价模型研究》，《老龄科学
研究》2014 年第 3 期。

陈培勇：《德国和瑞典养老保险法律比较》，《中国社会保障》2010 年第 4 期。

陈卫民、施美程：《发达国家人口老龄化过程中的产业结构转变》，《南开学
报（哲学社会科学版）》2013 年第 6 期。

陈莹莹：《关于发展我国养老金融的观点综述》，《经济研究参考》2014 年第
18 期。

程承坪、吴琛：《健康战略下发达国家发展养老健康产业借鉴研究》，《当代
经济管理》2018 年第 3 期。

池光胜：《人口老龄化与实际有效汇率的实证研究》，《金融研究》2013 年第

2 期。

池光胜：《人口年龄结构转变对通货膨胀的影响研究》，《国际金融研究》2015
　　年第 12 期。

党俊武：《老龄金融是应对人口老龄化的战略制高点》，《老龄科学研究》2013
　　年第 5 期。

董德志：《投资交易笔记（续）》，经济科学出版社 2016 年版。

董克用、孙博：《养老金融：概念界定、理论体系与发展趋势》，载董克用、
　　姚余栋：《中国养老金融发展报告（2016)》，社会科学文献出版社
　　2016 年版，第 1–8 页。

董克用：《重构我国养老金体系的战略思考》，载董克用、姚余栋：《中国养
　　老金融发展报告（2016)》，社会科学文献出版社 2016 年版，第 10–
　　48 页。

冯丽英：《掘金商业银行养老金融业务》，《中国银行业》2015 年第 11 期。

冯丽英：《商业银行养老金融业务优势及转型》，《中国金融家》2015 年第
　　11 期。

冯丽英：《完善资本市场：美国养老金入市对中国的启示》，载董克用、姚
　　余栋：《中国养老金融发展报告（2016)》，社会科学文献出版社 2016
　　年版，第 283–292 页。

冯占军、李连芬：《保险业与养老服务的融合》，《中国金融》2018 年第 15 期。

富兰克林·德·罗斯福：《罗斯福选集》，关在汉译，商务印书馆 1982 年版。

高宝霖：《日本养老保险年金制度研究》，《山东社会科学》2010 年第 7 期。

高宝霖：《日本农村养老保险经验与借鉴》，《中国金融》2012 年第 1 期。

高见：《老龄化对中国通货膨胀与失业率关系的影响》，《南方金融》2009 年
　　第 2 期。

宫晓霞、崔华泰、王洋：《财政支持农村社会养老保险制度可持续发展：国
　　外经验及其启示》，《经济社会体制比较》2015 年第 2 期。

龚锋、余锦亮：《人口老龄化、税收负担与财政可持续性》，《经济研究》
　　2015 年第 8 期。

郭瑾：《国际金融危机对我国养老保险制度改革的启示》，《中国人力资源社会保障》2010 年第 8 期。

郭子睿、张明：《货币政策与宏观审慎政策的协调使用》，《经济学家》2017 年第 5 期。

国际货币基金组织：《世界经济展望：不均衡的增长——短期和长期因素》，华盛顿：国际货币基金组织，2015 年。

国际货币基金组织：《〈全球金融稳定报告〉概要》，华盛顿：国际货币基金组织，2017 年。

国君宏观团队：《社保征管体制改革，经济影响几何》，http：//mini.eastday.com/a/180903154308882-10.html，2018 年 9 月 3 日。

海鸿雁：《日本农村养老保险制度的经验与启示》，《中国社会报》2014 年 9 月 15 日第 7 版。

何伟：《日本个人年金保险投资管理情况》，《中国劳动保障报》2013 年 7 月 19 日第 4 版。

洪崎：《创新养老金融模式》，《中国金融》2016 年第 7 期。

侯明、熊庆丽：《我国养老金融发展问题研究》，《新金融》2017 年第 2 期。

胡继晔：《养老金融：理论界定及若干实践问题探讨》，《财贸经济》2013 年第 6 期。

胡继晔：《养老服务金融报告：跨行业的金融探索与创新》，载董克用、姚余栋：《中国养老金融发展报告（2016)》，社会科学文献出版社 2016 年版，第 126-158 页。

胡继晔：《金融服务养老的理论、实践和创新》，《西南交通大学学报（社会科学版）》2017 年第 4 期。

华颖：《德国 2014 年法定养老保险改革及其效应与启示》，《国家行政学院学报》2016 年第 2 期。

黄识全：《国内基金产品设计应定位明确》，《期货日报》2016 年 10 月 31 日第 4 版。

黄小希：《〈中国养老机构发展研究报告〉预测我国养老机构将现五大发展

趋势》，http：//www.gov.cn/xinwin/2015-07/16/content_2898318.htm，2015
年 7 月 16 日。

黄志凌：《中国养老模式变革推动金融市场结构变化》，《中国银行业》2014
年第 7 期。

黄志凌：《我国养老模式的变革与金融结构前瞻》，《全球化》2014 年第 10 期。

贾康：《中国超老龄化社会即将到来》，《经济》2016 年第 10 期。

姜超：《零利率是长期趋势》，https：//www.sohu.com/a/35349404_114984，
2015 年 10 月 13 日。

交通银行：《交通银行股份有限公司 2018 年年度报告》，2019 年。

交通银行：《交通银行股份有限公司 2019 年年度报告》，2020 年。

金凤：《个人税收递延型商业养老保险回顾与展望》，《经济研究导刊》2020
年第 6 期。

金凤伟：《金融发展进程中的养老基金与经济增长研究》，博士学位论文，
辽宁大学，2012 年。

康传坤、楚天舒：《人口老龄化与最优养老金缴费率》，《世界经济》2014 年
第 4 期。

李超民：《美国养老事业的财政支持研究》，《上海商学院学报》2015 年第
1 期。

李丹：《建设综合养老金融生态圈》，《中国金融家》2018 年第 2 期。

李芳、李志宏：《人口老龄化对城乡统筹发展的影响与对策探析》，《西北人
口》2014 年第 2 期。

李克纯：《养老产业金融混战升级　卡位老龄化中国》，《中国房地产报》
2014 年 9 月 29 日第 B01 版。

李魁：《人口年龄结构变动与经济增长》，博士学位论文，武汉大学，2010 年。

李连芬、刘德伟：《美国养老保险制度改革及其对我国的启示》，《当代经济
管理》2010 年第 10 期。

李楠、姚慧琴：《日本企业年金制度的发展及对我国的启示》，《西北大学学
报（哲学社会科学版)》2014 年第 5 期。

李森：《日本年金制度的内涵、特征及主要问题》，《日本学刊》2008 年第 4 期。

李文军、陈洪波：《人口老龄化对金融体系影响的理论分析与对策建议》，《老龄科学研究》2013 年第 8 期。

李鑫：《浅析我国农村社会养老保险制度的发展历程及建议》，《才智》2010 年第 5 期。

李豫、柯杰瑞：《中国养老保险制度改革与借鉴：美国企业年金制度和资本市场实践》，《浙江金融》2013 年第 6 期。

李豫新、程谢君：《中国"后人口转变"时代老龄化对居民储蓄率的影响》，《南方金融》2017 年第 8 期。

李珍：《建立多层次多支柱老年收入保障体制的若干思考》，《行政管理改革》2014 年第 1 期。

林擎国、王伟：《人口老龄化对我国产业结构调整与优化的影响》，《学术研究》2001 年第 2 期。

林晟：《美国生命周期基金面临挑战》，《证券时报》2006 年 12 月 25 日第 B05 版。

林义、周娅娜：《德国里斯特养老保险计划及其对我国的启示》，《社会保障研究》2016 年第 6 期。

林毅夫：《新结构经济学：反思经济发展与政策的理论框架》，苏剑译，北京大学出版社 2014 年版。

刘宝美、丁肖琦：《日本养老金融发展的启示》，《金融时报》2016 年 9 月 5 日第 12 版。

刘涛：《德国养老保险制度的改革：重构福利国家的边界》，《公共行政评论》2014 年第 6 期。

刘阳禾：《金融陷阱致养老危机 65 岁以上独居老人最容易受骗》，http：//business.sohu.com/20161130/n474492578.shtml，2016 年 11 月 30 日。

娄飞鹏：《大类资产配置：理论、现状与趋势——基于人口老龄化的视角》，《金融理论与实践》2017 年第 6 期。

娄飞鹏：《发展养老金融的国际实践与启示》，《西南金融》2019 年第 8 期。

娄飞鹏：《发展养老金融需要综合施策》，《学习时报》2017 年 4 月 14 日第 2 版。

娄飞鹏：《金融机构发展养老金融的创新实践与建议》，《北京金融评论》2019 年第 2 期。

娄飞鹏：《老龄化社会中的商业银行老龄金融发展分析》，《甘肃金融》2014 年第 7 期。

娄飞鹏：《人口老龄化与利率走势的关系——基于全球数据的实证研究》，《中国货币市场》2017 年第 11 期。

娄飞鹏：《三大结构性因素相互关系及对商业银行的影响》，《北京金融评论》2014 年第 4 期。

娄飞鹏：《商业银行积极应对人口老龄化的思路建议》，《西南金融》2014 年第 2 期。

娄飞鹏：《商业银行物理网点的存续、布局与转型》，《金融教学与研究》2015 年第 6 期。

娄飞鹏：《我国养老金三支柱体系建设的历程、问题与建议》，《金融发展研究》2020 年第 2 期。

娄飞鹏：《养老金融发展的理论与实践问题》，《西南金融》2019 年第 7 期。

娄飞鹏：《以养老金融推进养老服务发展》，《学习时报》2019 年 8 月 21 日第 2 版。

鲁志国、黄赤峰：《人口老龄化与产业结构调整》，《中国经济问题》2003 年第 3 期。

马红梅：《德国养老保险基金运营模式与政策借鉴》，《社会科学家》2017 年第 1 期。

马凯旋、侯风云：《美国养老保险制度演进及其启示》，《山东大学学报（哲学社会科学版）》2014 年第 3 期。

马宇、王群利：《人口老龄化对政府债务风险影响的实证研究》，《国际金融研究》2015 年第 5 期。

梅兴文：《银行养老金融业务策略》，《中国金融》2018 年第 7 期。

民政部：《2000 年民政事业发展统计报告》，http：//www.mca.gov.cn/article/
    sj/tjgb/200801/200801150093959.shtml，2001 年 4 月 3 日。

民政部：《2015 年社会服务发展统计公报》，http：//www.mca.gov.cn/article/
    sj/tjgb/201607/20160715001136.shtml，2016 年 7 月 11 日。

民政部：《2017 年社会服务发展统计公报》，http：//www.mca.gov.cn/article/
    sj/tjgb/201808/20180800010446.shtml，2018 年 8 月 2 日。

明明：《浅谈人口问题对经济和市场的影响》，https：//www.soho.com/a/
    218840124_313170，2018 年 1 月 25 日。

莫骄：《人口老龄化背景下的家庭金融资产选择》，博士学位论文，南开大
    学，2014 年。

莫莉：《全球养老基金平稳增长　公募基金重要性提升》，《金融时报》2017
    年 9 月 30 日第 8 版。

彭文生：《渐行渐近的金融周期》，中信出版集团 2017 年版。

彭晓娟：《老龄化挑战下养老信托优势和发展对策研究》，《西南金融》2017
    年第 4 期。

清华大学老龄社会研究中心、清华大学经济管理学院中国保险与风险管理
    研究中心、腾讯金融科技智库：《国人养老准备报告》，北京，2018 年
    10 月。

屈燕：《做"养老金融"领跑者——对话兴业银行副行长陈锦光》，《当代金
    融家》2014 年第 12 期。

全国社会保障基金理事会：《社保基金会与投资管理人的关系》，http：//
    www.ssf.gov.cn/tzyy/201205/t20120509_5122.html，2009 年 9 月 25 日。

全国社会保障基金理事会：《全国社会保障基金理事会社保基金年度报告
    （2017 年度）》，http：//www.ssf.gov.cn/cwsj/ndbg/201807/t20180731_7417.
    html，2018 年 7 月 31 日。

全国社会保障基金理事会：《基本养老保险基金托管机构评审结果公告》，
    http：//www.ssf.gov.cn/yljjtzgl/201611/t20161129_7191.html，2016 年 11

月 29 日。

全国社会保障基金理事会：《基本养老保险基金证券投资管理机构评审结果公告》，http：//www.ssf.gov.cn/yljjtzgl/201612/t20161206_7195.html，2016年 12 月 6 日。

全国社会保障基金理事会：《全国社会保障基金理事会社保基金年度报告（2018 年度)》，http：//www.ssf.gov.cn/cwsj/ndbg/201907/t20190711_7611.html，2019 年 7 月 13 日。

人力资源和社会保障部：《企业年金基金管理机构名单》，http：//www.mohrss.gov.cn/gkml/xzxk/bbjxzxk/201803/t20180326_290605.html，2018 年 3 月 26 日。

人力资源和社会保障部：《人力资源社会保障部关于公布企业年金基金管理机构资格调整情况的通告》（人社部函〔2018〕64 号），http：//www.mohrss.gov.cn/gkml/shbx/shbxjjjg/qynjjd/201806/t20180620_296088.html，2018 年 6 月 20 日。

人力资源和社会保障部：《人力资源社会保障部关于建信养老金管理有限责任公司企业年金基金管理机构资格延续的通告》（人社部函〔2018〕184 号），http：//www.mohrss.gov.cn/gkml/shbx/shbxjjjg/qynjjd/201901/t20190102_308018.html，2019 年 1 月 2 日。

人力资源和社会保障部：《人力资源社会保障部关于企业年金基金管理机构资格延续的通告》（人社部函〔2019〕152 号），http：//www.mohrss.gov.cn/shbxjjjds/SHBXJDSzhengcewenjian/201910/t20191031_338400.html，2019 年 10 月 31 日。

Robert Holzmann：《人口老龄化和养老金融保障体系：一项乐观分析》，《劳动经济研究》2014 年第 4 期。

上海浦东发展银行：《上海浦东发展银行股份有限公司 2013 年年度报告》，2014 年。

上海浦东发展银行：《上海浦东发展银行股份有限公司 2014 年年度报告》，2015 年。

上海银行：《上海银行股份有限公司 2018 年年度报告》，2019 年。

上海银行：《上海银行股份有限公司 2019 年年度报告》，2020 年。

沈建、张汉威：《德国社会养老保障制度及其启示》，《宏观经济管理》2008 年第 6 期。

施红敏：《塑造有温度的养老金融服务品牌》，《中国银行业》2018 年第 4 期。

施喜容、孟德锋：《金融知识、风险承受能力与退休养老规划选择》，《金融教育研究》2018 年第 2 期。

世界卫生组织：《关于老龄化与健康的全球报告》，http：//www.who.int/ageing/publications/world-report-2015/zh/，2016 年。

宋德玲：《日本企业年金税收优惠制度及其对我国的启示》，《社会科学战线》2016 年第 9 期。

苏东水：《产业经济学》，高等教育出版社 2000 年版。

苏蕾、李俊茹：《商业银行支持养老服务业探析》，《武汉金融》2017 年第 3 期。

孙博：《老龄化时代应建立大养老金融思维》，《清华金融评论》2016 年第 2 期。

孙博：《养老型基金：从储蓄养老到投资养老的新途径》，载董克用、姚余栋：《中国养老金融发展报告（2017）》，社会科学文献出版社 2017 年版，第 307-347 页。

孙东雅、姜利琴：《美国长期护理保险模式》，《中国金融》2016 年第 18 期。

孙祁祥、朱南军：《中国人口老龄化分析》，《中国金融》2015 年第 24 期。

孙涛、黄光明：《农村社会养老保险运行模式构建及创新研究》，《农业经济问题》2007 年第 1 期。

田新朝：《养老消费金融发展路径与政策研究》，《理论月刊》2016 年第 12 期。

汪伟、艾春荣：《人口老龄化与中国储蓄率的动态演化》，《管理世界》2015 年第 6 期。

汪伟、刘玉飞、彭冬冬：《人口老龄化的产业结构升级效应研究》，《中国工业经济》2015 年第 11 期。

王翠琴、黄庆堂：《日本农村养老保险制度及对我国新农保的借鉴》，《当代经济管理》2010 年第 10 期。

王国锋：《当前我国养老产业发展状况及投融资路径探讨》，《金融发展研究》2016 年第 6 期。

王虎：《国际货币基金组织总裁拉加德认为财政政策对应对人口结构变化至关重要》，《中国财经报》2016 年 5 月 7 日第 6 版。

王锦凌：《发力养老金信托　参与全生命周期养老金融综合服务》，《中国银行业》2018 年第 8 期。

王伟：《住房反向抵押养老保险的发展与借鉴》，《保险研究》2014 年第 7 期。

王雅娟：《商业银行发展养老金融的现状与趋势分析》，《中国银行业》2018 年第 9 期。

魏建、宋微：《影响我国农民参加农村社会养老保险的因素及对策研究》，《理论月刊》2007 年第 4 期。

吴锡扬、黄灿云：《国际养老金融发展经验及启示》，《福建金融》2016 年第 5 期。

伍戈、曾庆同：《人口老龄化和货币政策：争议与共识》，《国际经济评论》2015 年第 4 期。

悉尼·霍默、理查德·西勒：《利率史（第四版）》，肖新明、曹建海译，中信出版社 2010 年版。

习近平：《决胜全面建成小康社会　夺取新时代中国特色社会主义伟大胜利》，人民出版社 2017 年版。

谢洪壮：《财政支持的新型农村养老保险研究》，硕士学位论文，哈尔滨工业大学，2013 年。

新华社：《中共中央办公厅、国务院办公厅印发〈国税地税征管体制改革方案〉》，http://www.xinhuanet.com/politics/2018-07/20/c_1123156533.htm，2018 年 7 月 20 日。

兴业银行：《兴业银行股份有限公司 2015 年年度报告》，2016 年。

兴业银行：《兴业银行股份有限公司 2016 年年度报告》，2017 年。

兴业银行：《兴业银行股份有限公司 2017 年年度报告》，2018 年。

徐丹：《商业银行发展养老金融策略分析》，《新金融》2013 年第 11 期。

徐佳、谭娅：《中国家庭金融资产配置及动态调整》，《金融研究》2016 年第
　　12 期。

新华网：《调查表明美国老年人易遭金融诈骗》，http：//www.xinhuanet.com/
　　2017-10/17/c_1121816867.htm，2017 年 10 月 17 日。

徐敬惠：《经营养老金融产品　保险机构独具七大优势》，《证券时报》2017
　　年 11 月 2 日第 A04 版。

徐四季：《老龄化下德国养老保障制度改革研究》，《西北人口》2016 年第
　　5 期。

杨斌、丁建定：《美国养老保险制度的嬗变、特点及启示》，《中州学刊》
　　2015 年第 5 期。

杨斌、和俊民、陈婕：《美国养老保险制度政府财政责任：特征、成因及启
　　示》，《郑州大学学报（哲学社会科学版）》2015 年第 5 期。

杨斌、王三秀：《日本养老保险制度的变迁及其对我国的启示》，《西安财经
　　学院学报》2016 年第 5 期。

杨光辉：《中国人口老龄化与产业结构调整的统计研究》，博士学位论文，
　　厦门大学，2006 年。

杨良初、王敏、孟艳：《促进中国老龄产业发展的财政政策研究》，《财政科
　　学》2016 年第 12 期。

杨孟：《政府支持养老服务业发展三路径》，《中国社会科学报》2015 年 4 月
　　27 日第 A07 版。

杨少芬、吴湧超、邵昱晔、朱佳佳：《台湾地区养老金融发展经验与借鉴》，
　　《现代台湾研究》2018 年第 4 期。

杨绍杰、关晓云：《美国养老保险基金投资运营经验与借鉴》，《经济纵横》
　　2007 年第 7 期。

杨燕绥、胡乃军、刘懿：《养老资产与养老金融》，《金融发展研究》2012 年
　　第 12 期。

杨燕绥、张弛：《老龄产业发展依赖三个创新》，《中国国情国力》2014 年第

1 期。

姚余栋、王赓宇：《发展养老金融与落实供给侧结构性改革》，《金融论坛》
2016 年第 5 期。

殷兴山：《养老金融视域的政府与市场》，《武汉金融》2012 年第 12 期。

游士兵、任静儒、赵雨：《我国人口老龄化加速发展对城市化发展速度的影
响》，《中国人口·资源与环境》2016 年第 6 期。

于秀伟：《德国新型个人储蓄性养老保险计划述评》，《社会保障研究》2013
年第 3 期。

余全强：《对于发展养老金融的建议》，《经济研究参考》2014 年第 54 期。

余永定：《中国的经济发展与经济安全》，http://business.sohu.com/20160917/
n468567293.shtml，2016 年 9 月 17 日。

原新、刘士杰：《1982~2007 年我国人口老龄化原因的人口学因素分解》，
《学海》2009 年第 4 期。

岳磊：《商业银行养老金融业务四大问题待解》，《中国银行业》2016 年第
1 期。

张建国：《发挥银行优势服务养老事业》，《中国金融》2013 年第 7 期。

张乐川：《日本国民年金制度困境分析》，《现代日本经济》2013 年第 5 期。

张立龙：《新世纪德国养老保障改革——李斯特养老金计划》，《经济研究参
考》2014 年第 57 期。

张佩、毛茜：《中国养老金融创新发展：现实障碍、经验借鉴与应对策略》，
《西南金融》2014 年第 7 期。

张水辉：《进一步认识人口老龄化及其正面效应》，《市场与人口分析》2003
年第 4 期。

张维迎：《什么改变中国：中国改革的全景和路径》，中信出版社 2012 年版。

张文娟、纪竞垚：《中国老年人的养老规划研究》，《人口研究》2018 年第
2 期。

张晏玮、孙健：《美国长期护理保险实践及其对我国的启示》，《价格理论与
实践》2018 年第 2 期。

张伊丽：《人口老龄化背景下日本公共养老金制度的经济学分析》，博士学位论文，华东师范大学，2013 年。

招商银行：《招商银行股份有限公司 2006 年年度报告》，2007 年。

招商银行：《招商银行股份有限公司 2008 年年度报告》，2009 年。

招商银行：《招商银行股份有限公司 2010 年年度报告》，2011 年。

招商银行：《招商银行股份有限公司 2011 年年度报告》，2012 年。

招商银行：《招商银行股份有限公司 2012 年年度报告》，2013 年。

招商银行：《招商银行股份有限公司 2013 年年度报告》，2014 年。

招商银行：《招商银行股份有限公司 2014 年年度报告》，2015 年。

招商银行：《招商银行股份有限公司 2016 年年度报告》，2017 年。

招商银行：《招商银行股份有限公司 2017 年年度报告》，2018 年。

招商银行：《招商银行股份有限公司 2019 年年度报告》，2020 年。

赵昕东、李林：《中国劳动力老龄化是否影响全要素生产率？》，《武汉大学学报（哲学社会科学版）》2016 年第 6 期。

赵洋：《如何看待宏观审慎管理"升级"》，《金融时报》2016 年 1 月 4 日第 2 版。

甄珍：《探索养老产业发展新路径》，《经济日报》2016 年 6 月 2 日第 13 版。

郑秉文：《欧债危机下的养老金制度改革——从福利国家到高债国家的教训》，《中国人口科学》2011 年第 5 期。

郑秉文：《供给侧：降费对社会保险结构性改革的意义》，《中国人口科学》2016 年第 3 期。

郑秉文：《解读〈企业年金办法〉》，《现代国企研究》2018 年第 4 期。

郑培军：《德国养老保险制度介绍及对我国的启示》，《清华金融评论》2017 年第 S1 期。

中国工商银行：《中国工商银行股份有限公司 2007 年年度报告》，2008 年。

中国工商银行：《中国工商银行股份有限公司 2008 年年度报告》，2009 年。

中国工商银行：《中国工商银行股份有限公司 2009 年年度报告》，2010 年。

中国工商银行：《中国工商银行股份有限公司 2011 年年度报告》，2012 年。

中国工商银行：《中国工商银行股份有限公司 2017 年年度报告》，2018 年。

中国工商银行：《中国工商银行股份有限公司 2018 年年度报告》，2019 年。

中国光大银行、波士顿咨询公司：《中国资产管理市场 2015 报告》，http：//
www.cebbank.com/site/gryw/yglc/ggxx/5413698/16197340/index.html，2016
年 4 月 6 日。

中国光大银行：《中国光大银行股份有限公司 2010 年年度报告》，2011 年。

中国光大银行：《中国光大银行股份有限公司 2011 年年度报告》，2012 年。

中国光大银行：《中国光大银行股份有限公司 2013 年年度报告》，2014 年。

中国光大银行：《中国光大银行股份有限公司 2014 年年度报告》，2015 年。

中国建设银行：《中国建设银行股份有限公司 2007 年年度报告》，2008 年。

中国建设银行：《中国建设银行股份有限公司 2008 年年度报告》，2009 年。

中国建设银行：《中国建设银行股份有限公司 2009 年年度报告》，2010 年。

中国建设银行：《中国建设银行股份有限公司 2012 年年度报告》，2013 年。

中国建设银行：《中国建设银行股份有限公司 2013 年年度报告》，2014 年。

中国建设银行：《中国建设银行股份有限公司 2015 年年度报告》，2016 年。

中国建设银行：《中国建设银行股份有限公司 2017 年年度报告》，2018 年。

中国建设银行：《中国建设银行股份有限公司 2018 年年度报告》，2019 年。

中国建设银行：《中国建设银行股份有限公司 2019 年年度报告》，2020 年。

中国民生银行：《中国民生银行股份有限公司 2008 年年度报告》，2009 年。

中国民生银行：《中国民生银行股份有限公司 2009 年年度报告》，2010 年。

中国民生银行：《中国民生银行股份有限公司 2010 年年度报告》，2011 年。

中国民生银行：《中国民生银行股份有限公司 2012 年年度报告》，2013 年。

中国民生银行：《中国民生银行股份有限公司 2017 年年度报告》，2018 年。

中国农业银行：《中国农业银行股份有限公司 2008 年年度报告》，2009 年。

中国农业银行：《中国农业银行股份有限公司 2013 年年度报告》，2014 年。

中国农业银行：《中国农业银行股份有限公司 2014 年年度报告》，2015 年。

中国农业银行：《中国农业银行股份有限公司 2018 年年度报告》，2019 年。

中国人民银行杭州中心支行货币信贷管理处课题组：《浙江省养老金融发展

问题研究》,《浙江金融》2017年第2期。

中国人民银行货币政策分析小组:《2015年第四季度中国货币政策执行报告》,http://www.pbc.gov.cn/zhengcehuobisi/125207/125227/125957/2161441/3016811/index.html,2016年2月6日。

中国人民银行货币政策分析小组:《2016年第一季度中国货币政策执行报告》,http://www.pbc.gov.cn/zhengcehuobisi/125207/125227/125957/3066656/3059540/index.html,2016年5月6日。

"中国养老机构发展研究"课题组:《中国养老机构发展研究》,《老龄科学研究》2015年第8期。

中国养老金融50人论坛、中国家庭金融调查与研究中心:《中国养老金融调查报告(2017)》,北京,2017年8月。

中国银行:《中国银行股份有限公司2009年年度报告》,2010年。

中国银行:《中国银行股份有限公司2011年年度报告》,2012年。

中国银行:《中国银行股份有限公司2017年年度报告》,2018年。

中国银行:《中国银行股份有限公司2018年年度报告》,2019年。

中国银行:《中国银行股份有限公司2019年年度报告》,2020年。

中国邮政储蓄银行:《中国邮政储蓄银行股份有限公司2019年年度报告》,2020年。

中国证券投资基金业协会:《基金投资者情况调查分析报告(2014年度)》,http://www.amac.org.cn/tjsj/sjbg/389549.shtml,2015年7月20日。

中国证券投资基金业协会:《基金个人投资者投资情况调查问卷分析报告(2018年度)》,https://www.amac.org.cn/researchstatistics/report/tzzbg/201912/P020191231584835724544.pdf,2019年12月30日。

中华人民共和国国家统计局:《中国主要统计指标诠释(第二版)》,中国统计出版社2013年版。

中信银行:《中信银行股份有限公司2015年年度报告》,2016年。

中信银行:《中信银行股份有限公司2016年年度报告》,2017年。

中信银行:《中信银行股份有限公司2017年年度报告》,2018年。

中信银行：《中信银行股份有限公司 2018 年年度报告》，2019 年。

中信银行：《中信银行股份有限公司 2019 年年度报告》，2020 年。

周海珍、吴俊清：《个人税收递延型商业养老保险受益群体和财政负担分析——基于新旧个人所得税税制的比较》，《保险研究》2019 年第 8 期。

周省诚：《倒按揭专属"卡"只为争食养老金融》，《杭州金融研修学院学报》2014 年第 6 期。

周小波、周立群：《人口结构对股市参与率和参与程度的影响》，《证券市场导报》2017 年第 6 期。

朱艳圣：《日本的年金制度及其改革》，《当代世界与社会主义》2008 年第 6 期。

朱宇方：《不只是老龄化——德国养老保障的改革动因》，《社会观察》2015 年第 11 期。

宗庆庆、刘冲、周亚虹：《社会养老保险与我国居民家庭风险金融资产投资》，《金融研究》2015 年第 10 期。

Albert Ando and Franco Modigliani, "The 'Life Cycle' Hypothesis of Saving: Aggregate Implications and Tests", *American Economic Review*, Vol. 53, No. 1, 1963, pp. 55–84.

Axel H. Boersch-Supan and Joachim K. Winter, "Population Aging, Savings Behavior and Capital Markets", NBER Working Paper No. 8561, 2001.

David E. Bloom and Jeffrey G. Williamson, "Demographic Transitions and Economic Miracles in Emerging Asia", *The World Bank Economic Review*, Vol. 12, No. 3, 1998, pp. 419–455.

David E. Bloom, David Canning and Günther Fink, "Implications of Population Aging for Economic Growth", NBER Working Paper No. 16705, 2011.

David E. Bloom, David Canning, Richard K. Mansfield and Michael Moore, "Demographic Change, Social Security Systems, and Savings", *Journal of Monetary Economics*, Vol. 54, No. 1, 2007, pp. 92–114.

David S. Gerber and René Weber, "Aging, Asset Allocation, and Costs: Evidence for the Pension Fund Industry in Switzerland", IMF Working Paper, 2007.

Elwin Tobing, "Demography and Cross–Country Differences in Savings Rates: A New Approach and Evidence", *Journal of Population Economics*, Vol. 25, No. 3, 2012, pp. 963–987.

Franco Mondigliani and Richard Brumberg, "Utility Analysis and the Consumption Function: An Interpretation of Cross–Section Data", in Kenneth K. Kurihara ed., *Post –Keynesian Economics*, London: Rutgers University Press, New Brunswick, 1955, pp. 388–437.

Gary P. Brinson, L. Randolph Hood and Gilbert L. Beebower, "Determinants of Portfolio Performance", *Financial Analysts Journal*, Vol. 42, No. 4, 1986, pp. 39–44.

IMF, *Uneven Growth: Short and Long–Term Factors*, Washington D.C.: IMF, Apirl 2015.

Jean–Claude Trichet, "The Monetary Policy Implications of Aging", https://www.ecb.europa.eu/press/key/date/2007/html/sp070926.en.html, September 26, 2007.

John Ameriks and Stephen P. Zeldes, "How Do Household Portfolio Shares Vary with Age?", Columbia University Working Paper, 2000.

Laurence J. Kotlikoff and Lawrence H. Summers, "The Role of Intergenerational Transfers in Aggregate Capital Accumulation", *Journal of Political Economy*, Vol. 89, No. 4, 1981, pp. 706–732.

M. Keith Chen, "The Effect of Language on Economic Behavior: Evidence From Savings Rates, Health Behaviors, and Retirement Assets", *American Economic Review*, Vol. 103, No. 2, 2013, pp. 690–731.

Maarten C. J. van Rooij, Annamaria Lusardi and Rob J. M. Alessie, "Financial Literacy, Retirement Planning and Household Wealth", *Economic Journal*, Vol. 122, No.560, 2012, pp. 449–478.

Marianna Brunetti and Costanza Torricelli, "Demographics and Asset Returns: Does the Dynamics of Population Ageing Matter?", *Annals of Finance*, Vol. 6, No. 2, 2010, pp. 193–219.

OECD, "Pension Markets in Focus 2017", http://www.oecd.org/pensions/pensionmarketsinfocus.htm, October 20, 2017.

OECD, *OECD Pensions Outlook* 2012, OECD Publishing, 2012. https://www.oecd‐ilibrary.org/finance‐and‐investment/oecd‐pensions‐outlook‐2012_9789264169401‐en.

Paul Gerransa, Marilyn Clark‐Murphya and Craig Speelman, "Asset Allocation and Age Effects in Retirement Savings Choices", *Accounting and Finance*, Vol. 50, No. 2, 2010, pp. 301–319.

Paul M. Romer, "Endogenous Technological Change", *Journal of Political Economy*, Vol. 98, No. 5, 1990, pp. 71–102.

Paul R. Masson and Ralph W. Tryon, "Macroeconomic Effects of Projected Population Aging in Industrial Countries", *Staff Papers (International Monetary Fund)*, Vol. 37, No. 3, 1990, pp. 453–485.

Sausan M. Collions, "Saving Behavior in Ten Developing Countries", in B. Douglas Bernheim and Jhon B. Shoven, eds. *National Saving and Economic Performance*, Chicago: University of Chicago Press, 1991, pp. 349–376.

United Nations, *Political Declaration and Madrid International Plan of Action on Ageing*, New York: United Nations, 2002.

World Bank, *Averting the Old Age Crisis: Policies to Protect the Old and Promote the Growth*, New York: Oxford University Press, 1994.

索 引

C

财政政策　4，8，38，143，151，186，
　189，190，191，192，220，221

产业结构　7，18，37，41，42，43，44，
　45，174，205，211，215，216，219，
　221

长期护理保险　101，161，162，202，
　219，223

长寿风险　60，189

超老龄化社会　6，14，214

城居保　109，112，114

城乡结构　7，18，37，41，43，44，45

城镇化率　43

城镇居民社会养老保险　109，112，113

城镇职工基本养老保险　59，106，109，
　112，114，115

储蓄率　8，9，11，17，53，54，55，215，
　219

存贷款利差　40，46，47，48，49，50，
　51，52，53，56

存款利率　46，47，48，49，50，51，52，
　53，113

D

待遇确定型　158

贷款利率　46，47，49，50，51，52，53，
　54

F

菲利普斯曲线　6

风险管理　19，63，97，98，99，102，
　103，104，134，152，197，198，199，
　202，217

弗兰科·莫迪利安尼　8，53

G

高质量发展　1，2，3，4，145

个人储蓄养老保险　15，133

个人税收递延型商业养老保险　15，103，
　133，134，135，136，151，184，191，
　200，211，214，227

个人账户　82，86，107，108，109，111，

112，113，120，121，123，124，126，127，129，130，137，138，158，177，198

公共养老 2，9，120，172，174，179，180，183，187，223

H

宏观调控 192，194

货币政策 8，186，192，193，194，213，220，226

J

基本养老保险 15，17，19，59，60，66，76，77，102，103，105，106，107，108，109，112，113，114，115，116，117，118，119，120，121，122，123，124，125，127，128，133，137，138，139，174，175，189，200，217，218

家庭养老 2，109，110，111，112，170，187

缴费确定型 158

金融结构 3，6，10，214

经济发展 1，2，3，7，11，18，21，26，33，38，39，40，41，42，43，45，46，53，60，91，110，114，121，151，180，181，182，183，189，193，197，200，201，205，208，215，222

经济增长 4，6，7，8，10，15，16，18，

23，27，37，38，39，40，41，103，176，190，193，211，214

就业结构 7，18，37，41，42，43

K

科林·克拉克 42

L

老龄产业 1，2，3，4，6，7，12，14，19，63，65，71，74，84，102，104，105，142，143，145，148，149，150，151，152，153，167，182，185，186，187，188，189，191，192，193，194，199，202，203，204，221，222

老龄化社会 1，2，6，7，14，16，21，22，23，25，26，27，29，39，43，53，56，167，182，214，216

老龄金融 5，6，16，56，212，216

利率 6，8，10，11，18，37，40，45，46，47，48，49，50，51，52，53，54，55，56，57，111，113，214，216，220

M

贸易逆差 7

贸易顺差 7

目标日期基金 136，161，162，163，165，202

P

配第—克拉克定律 42

Q

企业补充养老保险 15，107，125，126，
133，174，175，178

企业年金 12，15，19，58，59，61，64，
65，66，67，68，69，70，76，79，80，
81，82，83，84，85，86，87，88，94，
101，102，103，105，122，123，124，
125，126，127，128，129，130，131，
132，133，158，168，169，172，173，
175，184，191，196，198，200，211，
214，215，218，219，223

企业年金基金 66，68，76，79，80，
81，82，83，84，87，102，123，125，
126，127，131，132，200，218

区域结构 25，41

全国社保基金 19，59，68，70，76，77，
78，84，86，87，105，137，138，139，
140，142

全要素生产率 6，38，223

R

人口城乡结构 7，18，37，41，43，44，
45

人口出生率 29，30，31，39

人口红利 38，39，56，193

人口老龄化 1，2，3，4，5，6，7，8，
9，10，11，13，14，16，17，18，19，
20，21，22，23，24，25，26，27，28，
29，30，31，33，34，35，37，38，39，
40，41，43，44，45，46，47，49，50，
51，52，53，54，55，56，57，58，59，
60，61，62，63，76，96，103，104，
114，119，137，143，155，167，170，
171，172，173，180，181，186，187，
188，189，190，192，193，197，200，
202，211，212，214，215，216，217，
218，219，220，221，222，223

人口年龄结构 6，7，10，11，16，18，
21，22，23，38，39，43，44，45，56，
57，172，211，212，214

人力资本 7，18，37，38，40，41

S

三次产业结构 7，18，37，41，42，43

商业养老保险 12，15，58，59，102，
103，104，124，133，134，135，136，
144，151，170，184，191，200，211，
214，227

社会统筹 107，109，111，112，113，
120，121，127

社会统筹账户 120，121

生命周期理论 53

生命周期消费理论　8

T

替代率　94，114，121，176，177，179

通货膨胀　6，7，8，60，140，141，160，
　162，193，194，205，212

退休金　58，59，114，160，163，167，
　169，208

W

瓦尔特·李斯特　176

威廉·配第　42

未备先老　1，2，18，20，21，181

未富先老　1，2，18，20，21，25，26，
　181

X

西奥多·舒尔茨　40

西蒙·库兹涅茨　42

新农保　78，109，111，112，114，170，
　171，190，200，219

新型农村社会养老保险　85，109，111，
　113，119

性别结构　26，31

Y

养老保险制度　14，19，20，103，105，
　106，107，108，109，110，112，113，
　114，119，121，122，123，125，126，
　127，128，133，155，156，157，158，
　159，160，165，166，167，168，170，
　171，172，174，175，176，177，178，
　179，180，189，212，213，214，215，
　216，219，221，223

养老产业金融　5，74，214

养老储备　60，208

养老服务机构　12，102，145，146，147，
　148，151，153，204

养老服务金融　5，60，61，132，213

养老机构责任保险　12，101，153

养老基金　7，10，13，54，58，60，61，
　65，76，102，103，120，137，138，
　139，184，198，214，217

养老金　1，2，3，4，5，7，8，9，10，
　11，12，13，14，15，16，17，18，19，
　20，37，53，54，58，59，60，61，63，
　64，65，66，67，68，69，70，71，72，
　73，74，75，76，77，78，79，80，81，
　82，83，84，85，86，87，88，89，94，
　95，96，97，99，100，101，102，103，
　104，105，107，108，109，111，112，
　113，114，115，116，117，119，120，
　121，122，128，132，134，136，138，

143, 145, 151, 152, 155, 156, 157, 158, 159, 160, 161, 163, 165, 166, 167, 168, 169, 171, 172, 173, 174, 175, 176, 177, 178, 179, 180, 181, 182, 183, 184, 185, 186, 187, 188, 189, 190, 191, 192, 193, 194, 195, 196, 197, 198, 199, 200, 201, 202, 203, 204, 205, 207, 208, 209, 211, 212, 213, 214, 215, 216, 217, 218, 219, 220, 221, 222, 223, 226, 227

养老金金融 5, 65, 67, 69, 79

养老金融 1, 2, 3, 4, 5, 7, 11, 12, 13, 14, 15, 16, 17, 19, 20, 54, 60, 61, 63, 64, 65, 66, 67, 68, 69, 70, 71, 72, 73, 74, 75, 76, 84, 85, 87, 88, 89, 91, 94, 95, 96, 97, 99, 100, 101, 102, 103, 104, 105, 107, 114, 119, 120, 122, 132, 143, 145, 151, 152, 155, 156, 157, 158, 159, 160, 161, 165, 166, 167, 171, 172, 173, 174, 179, 180, 181, 182, 183, 184, 185, 186, 187, 189, 190, 191, 192, 193, 194, 195, 196, 197, 198, 199, 200, 201, 202, 203, 204, 205, 207, 208, 209, 211, 212, 213, 214, 215, 216, 217, 218, 219, 220, 221, 222, 226, 227

养老金三支柱框架 15, 19, 20, 105, 122, 155, 165, 182, 184, 188, 189, 190, 191, 192, 197, 200

养老资产 1, 2, 3, 4, 5, 11, 12, 103, 199, 207, 208, 209, 221

Y

预防性储蓄 57

预期寿命 26, 39, 43, 45, 162, 198, 207, 208

Z

职业年金 12, 15, 19, 58, 61, 66, 70, 85, 86, 103, 105, 122, 123, 124, 125, 126, 127, 128, 130, 131, 132, 133, 151, 184, 191, 196, 197

住房反向抵押贷款 161, 164, 165, 202, 211

住房反向抵押养老保险 12, 72, 73, 102, 144, 165, 200, 202, 220

资本市场 3, 10, 13, 54, 55, 59, 60, 61, 101, 102, 104, 150, 158, 159, 160, 184, 197, 204, 212, 215

资产管理 5, 12, 58, 60, 65, 66, 67, 68, 79, 80, 83, 84, 86, 87, 207, 224

资产配置 2, 6, 9, 10, 18, 37, 57, 58, 59, 61, 62, 66, 134, 137, 138, 139, 162, 163, 202, 206, 209, 215, 221

后　记

世间的存在，既有周期性的，又有趋势性的。周期和趋势并非截然对立，往往是相互联系的，看待周期和趋势的角度不同，就会有不同甚至是截然相反的结论。从长期看是趋势性的，从短期看却是周期的循环往复。一个个短期的周期不断积累，在长期就可能展现出趋势性特点。从宏观看是趋势性的，从微观看却是周期性的。一个个微观的周期不断积聚，在宏观层面就可能表现出趋势性特点。周期往往有轮回，而趋势往往不断自我强化甚至不可逆转。

人口老龄化是短期、微观周期综合作用的结果，其持续发展也是长期、宏观的趋势。就个人层面、微观层面而言，日复一日、年复一年，在日月轮回、岁律更新的周期变化中，一个人就在不知不觉中经历了幼年、童年、青年、中年、老年，进而完成完整的生命周期。然而，从宏观层面和大历史发展的角度看，在一代又一代人的周期性代际更替中，技术不断进步，经济不断增长，健康不断改善，人口预期寿命不断提高，最终形成了人口老龄化这一不可逆转的大趋势。

我们已经处于并将长期处于人口老龄化社会，这一趋势是不可逆转的。在此过程中如果说有所不同的话，也只是老龄化水平高低的不同。人类数千年来追求的最终目标是人类的自由全面发展。正因如此，不断提高人类的预期寿命，让更多的人能够有更多的时间体验世间的美好，也应该是我们努力的一个重要方向。人类自身发展的问题需要人类自身来关注并应对。人口老龄化是经济社会进步的表现，其不可避免，更不可怕，需要的是人类的密切关注和积极应对。

在积极应对人口老龄化，实施积极应对人口老龄化国家战略的过程中，不仅要有养老、敬老、孝老的社会环境，还要有较为充足的资产储备。虽然人的预期寿命延长，个人退休后的余寿总体不断延长，可以退而不休继续贡献社会，但老年人的体能、创造力等方面决定了其仍然属于被抚养人口，消费特征更突出而生产属性在下降。为了保障个人能够安享晚年，自然需要有相对充裕的养老资产储备，需要积极发展养老金融来服务老年人等，实现养老资产的保值增值。

我关注人口老龄化是从硕士研究生开始，这也是当时所学专业人口、资源与环境经济学的研究领域。虽然硕士毕业攻读博士，直至博士毕业后从事金融实务工作，研究方向和工作内容都有所变化，但在此期间仍然持续关注人口老龄化以及如何更好地应对人口老龄化。2014 年初我就开始公开发表文章，探讨商业银行如何发展老龄金融以积极应对人口老龄化，之后又围绕养老金融这一主题形成一系列研究成果。在从事博士后研究期间，也将养老金融发展作为研究方向。

本书可以说是近些年来个人对养老金融发展思考研究的一个集中展现。全书相对系统地探讨了养老金融的界定，我国人口老龄化的现状和发展趋势，人口老龄化对经济金融发展的影响，金融机构、政府部门发展养老金融的举措，国外养老金融发展的经验与启示，以及优化养老金融发展及政策支持的相关建议。试图形成一个从微观到宏观，从个人到金融机构再到政府，相对系统、综合地发展养老金融以应对人口老龄化的框架，为积极应对人口老龄化贡献绵薄之力。

在个人成长过程中，有幸得到众多良师益友的关心帮助，我一直铭记在心并致以深深的谢意。同样十分感谢家人给我很多理解和支持，让我可以利用业余时间做点自己喜欢的研究。本书的研究得到导师、同学多方面的指导帮助，中国养老金融 50 人论坛和论坛专家的深刻见解给我很多启发，对此深表感谢。本书还是国家社科基金重点项目"习近平劳动经济思想研究"（批准号：18AJL002）的研究成果，出版也得到《中国社会科学博士后文库》的支持，一并表示感谢。

　　伴着一双儿女慢慢成长，自己的年龄也在增长。虽然没有太多感觉，但不得不承认自己已年近不惑。个人成为老年人看似遥远，但也会很快到来，对此无法选择。教育孩子也需要做好自我管理，接下来更要珍惜时光做有意义、有价值的事情，让自己更充实，也通过身体力行，在潜移默化中让儿女自觉管理好自己。尽管孩子尚幼，但他们充满好奇，正在快速学习，需要给他们营造好的环境，给他们正确的引导，让他们健康快乐地成长，在人生的不同阶段有不同的收获。

娄飞鹏

2021 年 2 月 9 日于北京

专家推荐表

第九批《中国社会科学博士后文库》专家推荐表 1

《中国社会科学博士后文库》由中国社会科学院与全国博士后管理委员会共同设立，旨在集中推出选题立意高、成果质量高、真正反映当前我国哲学社会科学领域博士后研究最高学术水准的创新成果，充分发挥哲学社会科学优秀博士后科研成果和优秀博士后人才的引领示范作用，让《文库》著作真正成为时代的符号、学术的示范。

推荐专家姓名	贾 康	电 话	
专业技术职务	研究员	研究专长	经济学
工作单位	中国财政科学研究院	行政职务	
推荐成果名称	养老金融发展及政策支持研究		
成果作者姓名	娄飞鹏		

（对书稿的学术创新、理论价值、现实意义、政治理论倾向及是否具有出版价值等方面做出全面评价，并指出其不足之处）

人口老龄化是全球面临的一个大挑战，我国因为老年人口数量大、老龄化速度快等方面的原因所面临的挑战更严峻，亟须从各个方面开展深入系统的研究，为积极应对人口老龄化提供参考借鉴。从这方面看，《养老金融发展及政策支持研究》一书具有较强的现实意义，是一部契合经济社会发展现实需要的著作。

全书从我国人口老龄化的历程、现状和趋势着手，围绕政府、金融机构、个人三方养老金融发展主体，分析了养老金融发展及政策支持的实践成效和问题，明确了养老金融发展及政策支持的思路和重点，并结合国外的实践经验和我国的实际情况提出了较为切实可行的建议。全书的研究视角和研究内容具有较好的创新意义。

总体来看，全书逻辑严密、论证充实、成果质量高，对政府、金融机构、个人积极参与养老金融发展具有较高的参考价值。鉴于上述情况，推荐其参选第九批《中国社会科学博士后文库》，并希望能获得支持公开出版，让本书的研究能够得以更好的传播推广，为我国养老金融更好的发展及支持政策的优化完善发挥更大的作用。

签字：贾康

2019 年 12 月 9 日

说明： 该推荐表须由具有正高级专业技术职务的同行专家填写，并由推荐人亲自签字，一旦推荐，须承担个人信誉责任。如推荐书稿入选《文库》，推荐专家姓名及推荐意见将印入著作。

第九批《中国社会科学博士后文库》专家推荐表 2

《中国社会科学博士后文库》由中国社会科学院与全国博士后管理委员会共同设立，旨在集中推出选题立意高、成果质量高、真正反映当前我国哲学社会科学领域博士后研究最高学术水准的创新成果，充分发挥哲学社会科学优秀博士后科研成果和优秀博士后人才的引领示范作用，让《文库》著作真正成为时代的符号、学术的示范。

推荐专家姓名	董克用	电　话	
专业技术职务	教授	研究专长	社会保障理论与政策
工作单位	中国人民大学公共管理学院	行政职务	
推荐成果名称	养老金融发展及政策支持研究		
成果作者姓名	娄飞鹏		

(对书稿的学术创新、理论价值、现实意义、政治理论倾向及是否具有出版价值等方面做出全面评价，并指出其不足之处)

我国正在经历全球规模最大、速度最快、持续时间最长的人口老龄化过程，人口老龄化将成为我国长期面临的严峻挑战。应对人口老龄化离不开金融的媒介融通作用，金融工具和技术是积极应对人口老龄化的重要方式，也是适应传统养老模式转变、满足人民群众日益增长的养老需求的必由之路。这决定了围绕养老金融开展研究的意义重大。

《养老金融发展及政策支持研究》一书从理论上系统分析了人口老龄化对经济金融发展的影响，从实践方面系统阐述了金融机构发展养老金融的做法，政府对养老金融发展的政策支持，研究内容十分丰富。全书对养老金融的内涵，养老金融发展的参与主体及职责定位，养老金融发展的思路，政策支持养老金融发展的重点与措施等均提出了独到的见解，也具有较强的实践指导意义。

综合来看，该书选题立意高、成果质量高，是一部难得的创新研究成果。鉴于此，特推荐其参选第九批《中国社会科学博士后文库》，希望能顺利入选并公开出版，让本书的研究成果能够更好地应用于积极应对人口老龄化的经济社会实践。

签字：董克用

2019 年 12 月 9 日

说明：该推荐表须由具有正高级专业技术职务的同行专家填写，并由推荐人亲自签字，一旦推荐，须承担个人信誉责任。如推荐书稿入选《文库》，推荐专家姓名及推荐意见将印入著作。

经济管理出版社
《中国社会科学博士后文库》
成果目录

第一批《中国社会科学博士后文库》（2012 年出版）

序号	书　名	作　者
1	《"中国式"分权的一个理论探索》	汤玉刚
2	《独立审计信用监管机制研究》	王　慧
3	《对冲基金监管制度研究》	王　刚
4	《公开与透明：国有大企业信息披露制度研究》	郭媛媛
5	《公司转型：中国公司制度改革的新视角》	安青松
6	《基于社会资本视角的创业研究》	刘兴国
7	《金融效率与中国产业发展问题研究》	余　剑
8	《进入方式、内部贸易与外资企业绩效研究》	王进猛
9	《旅游生态位理论、方法与应用研究》	向延平
10	《农村经济管理研究的新视角》	孟　涛
11	《生产性服务业与中国产业结构演变关系的量化研究》	沈家文
12	《提升企业创新能力及其组织绩效研究》	王　涛
13	《体制转轨视角下的企业家精神及其对经济增长的影响》	董　昀
14	《刑事经济性处分研究》	向　燕
15	《中国行业收入差距问题研究》	武　鹏
16	《中国土地法体系构建与制度创新研究》	吴春岐
17	《转型经济条件下中国自然垄断产业的有效竞争研究》	胡德宝

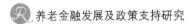

第二批《中国社会科学博士后文库》（2013年出版）

序号	书　名	作　者
1	《国有大型企业制度改造的理论与实践》	董仕军
2	《后福特制生产方式下的流通组织理论研究》	宋宪萍
3	《基于场景理论的我国城市择居行为及房价空间差异问题研究》	吴　迪
4	《基于能力方法的福利经济学》	汪毅霖
5	《金融发展与企业家创业》	张龙耀
6	《金融危机、影子银行与中国银行业发展研究》	郭春松
7	《经济周期、经济转型与商业银行系统性风险管理》	李关政
8	《境内企业境外上市监管问题研究》	刘　轶
9	《生态维度下土地规划管理及其法制考量》	胡耘通
10	《市场预期、利率期限结构与间接货币政策转型》	李宏瑾
11	《直线幕僚体系、异常管理决策与企业动态能力》	杜长征
12	《中国产业转移的区域福利效应研究》	孙浩进
13	《中国低碳经济发展与低碳金融机制研究》	乔海曙
14	《中国地方政府绩效管理研究》	朱衍强
15	《中国工业经济运行效益分析与评价》	张航燕
16	《中国经济增长：一个"破坏性创造"的内生增长模型》	韩忠亮
17	《中国老年收入保障体系研究》	梅　哲
18	《中国农民工的住房问题研究》	董　昕
19	《中美高管薪酬制度比较研究》	胡　玲
20	《转型与整合：跨国物流集团业务升级战略研究》	杜培枫

第三批《中国社会科学博士后文库》（2014 年出版）

序号	书　名	作　者
1	《程序正义与人的存在》	朱　丹
2	《高技术服务业外商直接投资对东道国制造业效率影响的研究》	华广敏
3	《国际货币体系多元化与人民币汇率动态研究》	林　楠
4	《基于经常项目失衡的金融危机研究》	匡可可
5	《金融创新与监管及其宏观效应研究》	薛昊旸
6	《金融服务县域经济发展研究》	郭兴平
7	《军事供应链集成》	曾　勇
8	《科技型中小企业金融服务研究》	刘　飞
9	《农村基层医疗卫生机构运行机制研究》	张奎力
10	《农村信贷风险研究》	高雄伟
11	《评级与监管》	武　钰
12	《企业吸收能力与技术创新关系实证研究》	孙　婧
13	《统筹城乡发展背景下的农民工返乡创业研究》	唐　杰
14	《我国购买美国国债策略研究》	王　立
15	《我国行业反垄断和公共行政改革研究》	谢国旺
16	《我国农村剩余劳动力向城镇转移的制度约束研究》	王海全
17	《我国吸引和有效发挥高端人才作用的对策研究》	张　瑾
18	《系统重要性金融机构的识别与监管研究》	钟　震
19	《中国地区经济发展差距与地区生产率差距研究》	李晓萍
20	《中国国有企业对外直接投资的微观效应研究》	常玉春
21	《中国可再生能源决策支持系统中的数据、方法与模型研究》	代春艳
22	《中国劳动力素质提升对产业升级的促进作用分析》	梁泳梅
23	《中国少数民族犯罪及其对策研究》	吴大华
24	《中国西部地区优势产业发展与促进政策》	赵果庆
25	《主权财富基金监管研究》	李　虹
26	《专家对第三人责任论》	周友军

第四批《中国社会科学博士后文库》（2015 年出版）

序号	书　名	作　者
1	《地方政府行为与中国经济波动研究》	李　猛
2	《东亚区域生产网络与全球经济失衡》	刘德伟
3	《互联网金融竞争力研究》	李继尊
4	《开放经济视角下中国环境污染的影响因素分析研究》	谢　锐
5	《矿业权政策性整合法律问题研究》	郗伟明
6	《老年长期照护：制度选择与国际比较》	张盈华
7	《农地征用冲突：形成机理与调适化解机制研究》	孟宏斌
8	《品牌原产地虚假对消费者购买意愿的影响研究》	南剑飞
9	《清朝旗民法律关系研究》	高中华
10	《人口结构与经济增长》	巩勋洲
11	《食用农产品战略供应关系治理研究》	陈　梅
12	《我国低碳发展的激励问题研究》	宋　蕾
13	《我国战略性海洋新兴产业发展政策研究》	仲雯雯
14	《银行集团并表管理与监管问题研究》	毛竹青
15	《中国村镇银行可持续发展研究》	常　戈
16	《中国地方政府规模与结构优化：理论、模型与实证研究》	罗　植
17	《中国服务外包发展战略及政策选择》	霍景东
18	《转变中的美联储》	黄胤英

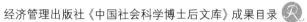

第五批《中国社会科学博士后文库》（2016 年出版）

序号	书　名	作　者
1	《财务灵活性对上市公司财务政策的影响机制研究》	张玮婷
2	《财政分权、地方政府行为与经济发展》	杨志宏
3	《城市化进程中的劳动力流动与犯罪：实证研究与公共政策》	陈春良
4	《公司债券融资需求、工具选择和机制设计》	李　湛
5	《互补营销研究》	周　沛
6	《基于拍卖与金融契约的地方政府自行发债机制设计研究》	王治国
7	《经济学能够成为硬科学吗？》	汪毅霖
8	《科学知识网络理论与实践》	吕鹏辉
9	《欧盟社会养老保险开放性协调机制研究》	王美桃
10	《司法体制改革进程中的控权机制研究》	武晓慧
11	《我国商业银行资产管理业务的发展趋势与生态环境研究》	姚　良
12	《异质性企业国际化路径选择研究》	李春顶
13	《中国大学技术转移与知识产权制度关系演进的案例研究》	张　寒
14	《中国垄断性行业的政府管制体系研究》	陈　林

第六批《中国社会科学博士后文库》（2017 年出版）

序号	书　名	作　者
1	《城市化进程中土地资源配置的效率与平等》	戴媛媛
2	《高技术服务业进口对制造业效率影响研究》	华广敏
3	《环境监管中的"数字减排"困局及其成因机理研究》	董　阳
4	《基于竞争情报的战略联盟关系风险管理研究》	张　超
5	《基于劳动力迁移的城市规模增长研究》	王　宁
6	《金融支持战略性新兴产业发展研究》	余　剑
7	《粮食流通与市场整合——以乾隆时期长江中游为中心的考察》	赵伟洪
8	《文物保护绩效管理研究》	满　莉
9	《我国开放式基金绩效研究》	苏　辛
10	《医疗市场、医疗组织与激励动机研究》	方　燕
11	《中国的影子银行与股票市场：内在关联与作用机理》	李锦成
12	《中国应急预算管理与改革》	陈建华
13	《资本账户开放的金融风险及管理研究》	陈创练
14	《组织超越——企业如何克服组织惰性与实现持续成长》	白景坤

第七批《中国社会科学博士后文库》（2018年出版）

序号	书　名	作　者
1	《行为金融视角下的人民币汇率形成机理及最优波动区间研究》	陈　华
2	《设计、制造与互联网"三业"融合创新与制造业转型升级研究》	赖红波
3	《复杂投资行为与资本市场异象——计算实验金融研究》	隆云滔
4	《长期经济增长的趋势与动力研究：国际比较与中国实证》	楠　玉
5	《流动性过剩与宏观资产负债表研究：基于流量存量一致性框架》	邵　宇
6	《绩效视角下我国政府执行力提升研究》	王福波
7	《互联网消费信贷：模式、风险与证券化》	王晋之
8	《农业低碳生产综合评价与技术采用研究——以施肥和保护性耕作为例》	王珊珊
9	《数字金融产业创新发展、传导效应与风险监管研究》	姚　博
10	《"互联网+"时代互联网产业相关市场界定研究》	占　佳
11	《我国面向西南开放的图书馆联盟战略研究》	赵益民
12	《全球价值链背景下中国服务外包产业竞争力测算及溢出效应研究》	朱福林
13	《债务、风险与监管——实体经济债务变化与金融系统性风险监管研究》	朱太辉

第八批《中国社会科学博士后文库》（2019 年出版）

序号	书　名	作　者
1	《分配正义的实证之维——实证社会选择的中国应用》	汪毅霖
2	《金融网络视角下的系统风险与宏观审慎政策》	贾彦东
3	《基于大数据的人口流动流量、流向新变化研究》	周晓津
4	《我国电力产业成本监管的机制设计——防范规制合谋视角》	杨菲菲
5	《货币政策、债务期限结构与企业投资行为研究》	钟　凯
6	《基层政区改革视野下的社区治理优化路径研究：以上海为例》	熊　竞
7	《大国版图：中国工业化 70 年空间格局演变》	胡　伟
8	《国家审计与预算绩效研究——基于服务国家治理的视角》	谢柳芳
9	《包容型领导对下属创造力的影响机制研究》	古银华
10	《国际传播范式的中国探索与策略重构——基于会展国际传播的研究》	郭　立
11	《唐代东都职官制度研究》	王　苗

第九批《中国社会科学博士后文库》（2020 年出版）

序号	书　名	作　者
1	《中度偏离单位根过程前沿理论研究》	郭刚正
2	《金融监管权"三维配置"体系研究》	钟　震
3	《大股东违规减持及其治理机制研究》	吴先聪
4	《阶段性技术进步细分与技术创新效率随机变动研究》	王必好
5	《养老金融发展及政策支持研究》	娄飞鹏
6	《中等收入转型特征与路径：基于新结构经济学的理论与实证分析》	朱　兰
7	《空间视角下产业平衡充分发展：理论探索与经验分析》	董亚宁
8	《中国城市住房金融化论》	李　嘉
9	《实验宏观经济学的理论框架与政策应用研究》	付婷婷

《中国社会科学博士后文库》
征稿通知

　　为繁荣发展我国哲学社会科学领域博士后事业，打造集中展示哲学社会科学领域博士后优秀研究成果的学术平台，全国博士后管理委员会和中国社会科学院共同设立了《中国社会科学博士后文库》（以下简称《文库》），计划每年在全国范围内择优出版博士后成果。凡入选成果，将由《文库》设立单位予以资助出版，入选者同时将获得全国博士后管理委员会（省部级）颁发的"优秀博士后学术成果"证书。

　　《文库》现面向全国哲学社会科学领域的博士后科研流动站、工作站及广大博士后，征集代表博士后人员最高学术研究水平的相关学术著作。征稿长期有效，随时投稿，每年集中评选。征稿范围及具体要求参见《文库》征稿函。

联系人：宋　娜

电子邮箱：epostdoctoral@126.com

通讯地址：北京市海淀区北蜂窝 8 号中雅大厦 A 座 11 层经济管理出版社掌尚文化分社

邮编：100038

经济管理出版社